社会主义核心价值观的
价值共识问题研究

SHEHUI ZHUYI HEXIN JIAZHIGUAN DE
JIAZHI GONGSHI WENTI YANJIU

徐春喜◎著

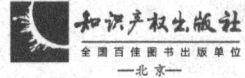

图书在版编目（CIP）数据

社会主义核心价值观的价值共识问题研究/徐春喜著. —北京：知识产权出版社，2022.5

ISBN 978 – 7 – 5130 – 8106 – 1

Ⅰ.①社… Ⅱ.①徐… Ⅲ.①社会主义核心价值观—研究—中国 Ⅳ.①D616

中国版本图书馆 CIP 数据核字（2022）第 055421 号

责任编辑：李学军　　　　　　　　　责任校对：潘凤越
封面设计：刘　伟　　　　　　　　　责任印制：孙婷婷

社会主义核心价值观的价值共识问题研究

徐春喜　著

出版发行：知识产权出版社有限责任公司	网　　址：http://www.ipph.cn
社　　址：北京市海淀区气象路 50 号院	邮　　编：100081
责编电话：010 – 82000860 转 8559	责编邮箱：752606025@qq.com
发行电话：010 – 82000860 转 8101/8102	发行传真：010 – 82000893/82005070/82000270
印　　刷：北京虎彩文化传播有限公司	经　　销：新华书店、各大网上书店及相关专业书店
开　　本：720mm×1000mm　1/16	印　　张：14
版　　次：2022 年 5 月第 1 版	印　　次：2022 年 5 月第 1 次印刷
字　　数：216 千字	定　　价：98.00 元

ISBN 978 – 7 – 5130 – 8106 – 1

出版权专有　侵权必究

如有印装质量问题，本社负责调换。

前　言

马克思和恩格斯在《德意志意识形态》中指出，"发展着自己的物质生产和物质交往的人们，在改变自己的这个现实的同时也改变着自己的思维和思维的产物"。❶ 当代中国社会的现代转型，极大地改变了中国社会的文化生态，多元文化价值观的存在是其基本面相，其深层本质是文化价值领域的分化和冲突，也即"个体自由"与"价值共识"的冲突。这对社会发展秩序、个体生存发展都构成一种"现代困境"和威胁。从规律的意义上审视，在人类社会共同体中，只有形成对某种主导价值观的价值共识，人们才有可能为了共同利益而奋斗，人们的思想和行为也才会有所遵从。但是，现代社会的价值共识相对于传统社会的价值共识要面对更为复杂的情况，如果说传统社会的价值共识是建立在社会未分化的基础上，常态情况下价值共识的统一性并不能成为一个显性问题，那么现代意义上，在社会日益分化的基础上，文化的"多元""多样"和"多变"则对价值共识形成持续性挑战。只有充分认识、尊重和理解文化的"多"，才能找到恰当的价值共识之路，由此引发了构建社会主义核心价值观的理论诉求和实践思考，且只有在对社会主义核心价值观形成价值共识的基础上，社会主义核心价值观才能够成为多元文化的"核心"和"主导"。因此，如何形成"价值共识"是一个值得理论探讨的问题，也是当代中国社会文化治理亟须解决的现实难题。

党的十九大报告指出，"社会主义核心价值观是当代中国精神的集中

---

❶ 马克思恩格斯文集（第1卷）[M]. 北京：人民出版社，2009：525.

体现,凝结着全体人民共同的价值追求",要"把社会主义核心价值观融入社会发展各方面,转化为人们的情感认同和行为习惯"。❶ 这既强调了社会主义核心价值观的重要地位,又提出了以社会主义核心价值观来引领与整合多种文化所蕴含的"同一性"和达成价值共识的要求。"培育和践行社会主义核心价值观,不断增强意识形态领域主导权和话语权"❷,对于促进党和人民事业的发展具有重大意义。不论是经济、政治还是文化的交往,其深层次都是价值观的交往。对当代中国来说,丰富人们的精神文化生活、增强人们的精神力量、整合社会意识、汇聚社会共识、维护社会和谐稳定,都需要培育和践行社会主义核心价值观。社会主义核心价值观作为"观念的上层建筑",涵摄了社会发展与社会结构调整的指导思想与价值取向,实现社会主义核心价值观的主导作用与形成价值共识具有逻辑同构性。

研究如何实现社会主义核心价值观的价值共识问题,即落实习近平总书记"培育和践行社会主义核心价值观要在'落细、落小、落实'上着力"的指示。我们基于这样一种理论假设,即只有社会成员对社会主义核心价值观达成普遍的价值共识,社会主义核心价值观才能够内化于心、外化于行、固化于制,成为全社会共享的思想基础、理想信念、精神力量和行为规范。可以说,价值共识是中国改革开放四十多年来一个重大的理论问题和实践问题,主要针对和致力于解决的是价值多元化引发的社会问题。价值观涉及诸多具体观念,就其深刻性和根本性而言,作为文化灵魂的价值观,只有达至普遍性和原理性,方能满足社会大众的精神追求和学科专业诉求。

本书聚焦社会主义核心价值观的"价值共识"问题的分析和反思。"价值共识"是指不同文化主体之间通过相互沟通交流,对某种价值观的正确性和合理性达成一致的态度。因此,本书将以价值共识为切入点,系统研究当代中国社会主义核心价值观的价值共识产生根源、理论基础、主

---

❶ 党的十九大报告学习辅导百问编写组. 党的十九大报告学习辅导百问 [M]. 北京:党建读物出版社,学习出版社,2017:33-34.

❷ 习近平. 习近平谈治国理政(第三卷)[M]. 北京:外文出版社,2020:18.

体构成、达成路径等问题，期待为切实提高国家文化软实力做出有益的探索。

全书由五章内容构成。

第一章，价值共识是培育社会主义核心价值观的前提和基础。马克思指出："问题就是公开的、无畏的、左右一切个人的时代声音。问题就是时代的口号。"❶ 价值共识的性质、任务隐藏于其产生的时代条件和背景之中。社会存在决定社会意识，文化不是自因而是他因的。以历史唯物主义视域审视价值共识问题的产生根源，即是对当代中国价值共识问题成因的全面梳理和研究的理论前提的廓清。本研究分别从文化交往全球化、互联网时代、中国社会转型以及文化分化等维度阐释中华民族伟大复兴中国梦的实现对价值共识的迫切需要和诉求，并以此论述价值共识何以成为一个问题。价值共识关涉到文化自信、社会和谐稳定，并且是践行社会主义核心价值观的基础性和前提性问题。

第二章，价值共识是培育社会主义核心价值观的关键性节点。价值共识作为一种意识，本质上是一种评价性的存在。价值评价与真理性认识不同：真理性认识解决"是什么"的问题，是主体向客体的趋近；而价值评价解决"为什么"或"为了谁"的问题。价值共识以真理性认识为前提，但价值共识是主体尺度、效益尺度，遵循目的性原则。而是否接受和践行社会主义核心价值观，价值共识是其价值判断与选择的内生动力。主体并非必然选择正确的，只有正确且满足主体利益，主体才更可能选择。正如列宁所述："必须把人的全部实践——作为真理的标准，也作为事物同人所需要它的那一点的联系的实际确定者——包括到事物的完满的'定义'中去。"❷ "价值共识"的生成必须回答三个基本问题：为什么要追求"价值共识"？"共识"什么？如何达成"共识"？所以第二章重点回答价值共识何以是培育核心价值观的关键点。大众的思想文化是"多"——多元、多样、多变的事实性存在；价值共识是"多"中求"一"的"应然"努

---

❶ 马克思恩格斯全集（第40卷）[M]. 北京：人民出版社，1982：289.
❷ 列宁选集（第4卷）[M]. 北京：人民出版社，1995：419.

力——凝聚价值共识、建立社会主义核心价值观。价值共识的本质是个体意识的社会同一性或社会凝聚,即我们研究的价值共识是如何在全社会形成对社会主义核心价值观的"共识",而不是对其他价值观的价值共识。讨论价值共识问题,首要的是弄清楚价值共识的内涵和基本特征,弄清对社会主义核心价值观价值共识所处的历史方位和内在结构,把握其发展方向,实现"精准"共识。本章从不同维度分别对达成社会主义核心价值观的价值共识进行解读,解析了价值共识的四个基本特征,即基础的复杂性、层次的公共性、达成的动态性和利益的共享性。在此基础上,从理论、历史和实践等方面对社会主义核心价值观价值共识进行定位,并着重分析了核心价值观价值共识的逻辑起点、过程结构、理论结构和层次结构。

第三章,社会主义核心价值观价值共识实现机制分析。老子云:"天下大事,必作于细"。解决价值共识的生成问题,"多"与"一"转换的关键点在于对社会主义核心价值观价值共识的直接现实性及其精神机制实现的途径进行深入研究和多维辨思。恩格斯说过:"一切差异都在中间阶段融合,一切对立都经过中间环节而互相转移。"❶ 本章从筑牢社会共同思想基础这一首要目标、构筑民族共有精神家园这一重点目标和培养向上向善的时代新人这一主体目标三个方面确定价值共识的目标机制;从马克思主义及其中国化为思想导引、满足社会个体利益发展需要为内驱动力、中国特色社会主义实践驱动力三个方面论述价值共识达成的动力机制;从构建全局顶层设计、宣传舆论导向、文化浸润感染三个方面确定价值共识的保障机制;从全社会整体优化、各阶层有序优化、意识形态建设优化三个方面讨论价值共识的整体优化机制。

第四章,社会主义核心价值观价值共识的达成对策。价值共识的达成关键是"借需"推进。要从当代中国社会价值共识的构建需要全社会对"共识需要"必要性、迫切性有"共识",对以社会主义核心价值观为主导的价值观有"共识",对达成"共识"人人有责等方面激发需求。不断坚

---

❶ 马克思恩格斯文集(第9卷)[M]. 北京:人民出版社,2009:471.

持和改进党对文化的领导权,通过分析"和而不同"与"异中求和"中西有别整合之路,坚定走中国价值共识之路的信心。价值共识作为一个综合工程,任何一个环节存在短板或漏洞都会影响到价值共识达成效果。从价值共识的培育渠道来看,主要有"自上而下"和"自下而上"两种渠道。而"自上而下"和"自下而上"是不可分割的双向动态过程,"自上而下"是方向盘,没有"自上而下"的引领,"自下而上"将是一个漫长的、不可预知方向的过程;"自下而上"是基本盘,没有"自下而上","自上而下"就没有落脚点和支撑点,就是无根之萍。

第五章,社会主义核心价值观价值共识的实践要求。关于社会主义核心价值观之价值共识的研究应从经济基础与上层建筑辩证关系的角度全面理解,首先要充分考虑社会主体的经济生活利益诉求及其在社会主义核心价值观价值共识达成中的作用,其次要充分兼顾新时代中国特色社会主义意识形态应当通过与文化形态的结合实现自身的价值整合功能,避免纯粹政治工具化意识形态以及纯粹经济利益意识,致力于"价值共识"与人的生命存在及其现实化生存相融合的文化实践精神挖掘。价值共识是一个基于现实而不是仅仅在头脑中完成的过程,共享利益客体的存在是价值共识形成的必要基础。当代中国社会主义核心价值观价值共识的社会基础是新时代中国特色社会主义的巨大成就,以及中国社会发展的人民价值取向。中国特色社会主义是不断完善和发展的,这就要求价值共识与时俱进,深耕于当代中国社会实践,借力于新时代中国特色社会主义之"势"。同时,从以国家文化安全为基点主导价值共识的构建、以中国梦为文化符号凝聚价值共识、认同选择和创新价值载体并转变价值话语方式"借力"推进三个方面对价值共识的理论与实践做进一步的丰富与提升。

目 录

绪 论 1
一、研究背景与意义 3
　（一）研究背景 3
　（二）研究的理论意义和实践意义 6
二、国内外研究综述 9
　（一）国内研究现状 10
　（二）国外研究现状 15
　（三）简要评析 18
三、研究方法及其重点、难点和创新点 20
　（一）研究思路 20
　（二）研究方法 22
　（三）研究重点、难点和创新点 23

第一章　价值共识是培育社会主义核心价值观的前提与基础 25
一、核心价值观价值共识何以成为问题 26
　（一）核心价值观价值共识与文化交往全球化 27
　（二）核心价值观价值共识与互联网时代 34
　（三）核心价值观价值共识与社会转型 39
　（四）核心价值观价值共识与文化分化 43
二、核心价值观价值共识因何凸显必要 45
　（一）核心价值观价值共识是社会主义文化自信的集中表达 ... 45

（二）核心价值观价值共识是新时代中国特色社会主义的
　　　　 发展诉求 ·· 48
　　（三）核心价值观价值共识是培育核心价值观的基础性问题 ········ 50
三、核心价值观价值共识缘何可以达成 ····························· 52
　　（一）价值共识可能性的代表性理论 ····························· 53
　　（二）价值共识可能性的现实依据 ································ 55

第二章　价值共识是培育社会主义核心价值观的关键性节点　58
一、价值共识的深度解读 ··· 59
　　（一）共识与价值共识 ··· 60
　　（二）"核心"和"主导"与最大公约数的支撑 ················ 62
　　（三）聚焦和把握核心价值观与价值共识的张力 ············· 67
二、核心价值观价值共识的基本特征 ······························ 71
　　（一）基础的复杂性 ·· 71
　　（二）层次的公共性 ·· 72
　　（三）达成的动态性 ·· 75
　　（四）利益的共享性 ·· 77
三、核心价值观价值共识的定位分析 ······························ 79
　　（一）理论定位 ·· 79
　　（二）历史定位 ·· 82
　　（三）实践定位 ·· 84
四、核心价值观价值共识的结构分析 ······························ 87
　　（一）核心价值观价值共识的逻辑起点 ························ 87
　　（二）核心价值观价值共识的过程要素 ························ 91
　　（三）核心价值观价值共识的理论结构 ························ 97
　　（四）核心价值观价值共识的层次结构 ······················ 101

第三章　社会主义核心价值观价值共识实现机制分析　104
一、确定核心价值观价值共识方向的目标机制 ················ 104
　　（一）首要目标：筑牢社会共同思想基础 ···················· 104

（二）重点目标：构筑民族共有精神家园 …………… 106
　　（三）主体目标：培养向上向善的时代新人 …………… 108
二、启动核心价值观价值共识达成的动力机制 …………… 110
　　（一）思想导引：马克思主义及其中国化 …………… 110
　　（二）内驱动力：满足社会个体利益发展的需要 …………… 111
　　（三）基础动力：中国特色社会主义实践 …………… 113
三、督导核心价值观价值共识发展的保障机制 …………… 114
　　（一）构建全局顶层设计的保障机制 …………… 115
　　（二）构建宣传舆论导向的保障机制 …………… 116
　　（三）构建文化浸润感染的保障机制 …………… 118
四、形成核心价值观价值共识的整体优化机制 …………… 119
　　（一）核心价值观价值共识之全社会整体优化 …………… 120
　　（二）核心价值观价值共识之各阶层有序优化 …………… 121
　　（三）核心价值观价值共识之意识形态建设优化 …………… 123

第四章　社会主义核心价值观价值共识的达成对策 …………… 125
一、坚持党在核心价值观构建中的文化领导权 …………… 125
　　（一）文化领导权的实质：获得文化认同 …………… 126
　　（二）文化领导权的作用：获得核心价值认同 …………… 128
　　（三）文化领导权的再构：动态整体建构 …………… 129
二、"和而不同"与"异中求和"中西有别整合之路 …………… 131
　　（一）和而不同：中国式价值共识整合思维 …………… 132
　　（二）异中求和：西方式价值共识整合思维 …………… 133
　　（三）求同存异：坚定走中国价值共识之路 …………… 136
三、"自上而下"与"自下而上"的双渠道培育 …………… 138
　　（一）自上而下：多渠道引导价值共识方向 …………… 138
　　（二）自下而上：全方位凝聚价值共识达成 …………… 144
四、大力推进大众的有亲和力的协商文化发展 …………… 147
　　（一）推动文化大众化，汇聚接地气的价值共识 …………… 148

（二）提升文化亲和力，增强核心价值观感染力 …… 150
　　（三）发展协商文化，保障价值共识顺畅达成 …… 152
　五、借鉴西方价值共识的思路和做法 …… 154
　　（一）自由主义视野下的价值共识 …… 154
　　（二）社群主义视野下的价值共识 …… 156
　　（三）当代西方多元文化主义的异中求和 …… 157

第五章　社会主义核心价值观价值共识的实践要求 …… 161
　一、夯实基础：以国家文化安全为基点主导价值共识的构建 …… 161
　　（一）"破"与"立"：文化安全以价值共识而定 …… 163
　　（二）"护"与"传"：文化安全以价值共识为用 …… 166
　　（三）"补"与"合"：文化安全以价值共识而强 …… 170
　二、强化符号：以中国梦为文化符号凝聚价值共识认同选择 …… 173
　　（一）以"中国梦"为文化符号凝聚国家认同 …… 174
　　（二）以"中国梦"为文化符号凝聚文化认同 …… 176
　　（三）以"中国梦"为文化符号凝聚价值认同 …… 178
　三、坚持创新：创新价值观载体并且转变价值观话语方式 …… 180
　　（一）用好用活价值共识载体 …… 180
　　（二）创新价值共识话语方式 …… 184

结　语 …… 187

参考文献 …… 191

后　记 …… 210

绪 论

如果说文化是一个民族、一个国家贯穿于求存图强繁衍发展全过程的血脉和灵魂,那么价值观则是一个民族和国家的免疫系统。一个没有核心文化价值观主导的国家和民族,就不会有强大的生命力和凝聚力。毫无疑义的是,中国经过四十多年的改革开放,"实现了从高度集中的计划经济体制到充满活力的社会主义市场经济体制、从封闭半封闭到全方位开放的历史性转变,实现了从生产力相对落后的状况到经济总量跃居世界第二的历史性突破,实现了人民生活从温饱不足到总体小康、奔向全面小康的历史性跨越"❶。我们可以为提振世界经济、完善全球治理贡献更多的中国方案,但遗憾的是我们在文化建设方面尚未取得与经济建设相匹配的成就和地位。古印第安人有句谚语"别走得太快,等一等灵魂",在当下中国经济发展步入新常态,正处于滚石上山、爬坡过坎的阶段,社会经济发展只能继续前行不能停步,这就要求社会主义核心价值观培育必须加快速度扎实推进,这是时代赋予当代中国人的历史担当。

当代中国正处于社会转型加速期,利益格局正在进行深度调整,人们的思想观念随之发生深刻变化。与此同时,当今世界正面临百年未有之大变局,文化多样、价值观多元是全球化时代的显著特征之一,全球化带来的"历时态文明的同时态承受"和"多样态文明的同场域交锋"共同发生作用并相互激荡,加剧了文化大交融、思想大活跃、观念大碰撞的态势。

---

❶ 习近平. 在庆祝中国共产党成立100周年大会上的讲话 [N]. 光明日报, 2021-07-02 (02).

作为文化灵魂与精髓的价值观，在这样的内外部条件作用下，必然在多元化发展道路上并肩前进。换言之，文化的多样性必然导致价值观的多元化，这是不可抗拒的文化价值发展规律。价值观多元化对一个社会来说有益处也有弊端，益处是增强了社会成员的主体意识，唤醒了人们的自我价值意识，这在一定程度上激发了个体进取心和社会活力，客观上可以促进社会的发展与人类进步；弊端则是给人们的价值观带来日益主观化与非理性化的风险，并导致社会主流价值观的导向与引领功能弱化，社会价值取向日趋无序化，个体的价值规范日渐失范，社会堕入一定程度的迷惘与失落状态，就使得人类社会面临"不能承受之轻"。对当代中国而言，迫切需要对社会多元价值观进行有效整合，构筑起全社会对社会主义核心价值观的普遍共识，以巩固马克思主义在意识形态领域的指导地位。而只有通过实现人民群众对社会主义核心价值观的普遍价值共识，将国家主流意识形态与社会成员价值观有机融合在一起，才能形成有着共同价值目标、价值取向和价值准则的稳定社会共同体。所以实现社会成员对"社会主义核心价值观"的普遍价值共识是一项值得深入研究的课题。

"问题是时代的格言"，社会主义核心价值观培育和践行成效更主要地取决于人民群众是否对"社会主义核心价值观"有着强烈的认同度与高度的自觉遵循意愿。社会主义核心价值观作为一种"宏大叙事"，所要实现的是社会成员个体意识的社会同一性，那么"社会主义核心价值观"与"同一性"之间如何实现逻辑上的"内在联系"，则是培育和践行社会主义核心价值观的基础性和前提性问题。而只有承认"价值共识"，社会主义核心价值观才能获得逻辑上的合法性。沿着社会主义核心价值观构建的理路，我们大致可以将社会主义核心价值观的培育与践行看作是中国共产党用马克思主义中国化的理论成果武装全党和教育人民的重要内容和重要举措。由此，我们回归到"主体—客体—主体"的认识论路线中，不难发现，社会主义核心价值观与社会成员个体意识社会同一性之间的统一，实际上就是两个主体——核心价值观主导者与接受者的统一，而统一的关键是主导者与接受者共同的客体——社会主义核心价值观。因为"客体"是主导者与接受者这两个"主体"间发生真实关联的唯一"可能性"。然而，可能性不是现实性,对此我们所要做的就是去积极澄清,使社会主义核心价值观主导者与接受者这两个"主体"的认知实现有机统一,让可能性转化为现实性。转换的前提就是达成对"社会主义核心价值观"的价值共识。换言之,"价值共识"是社会主义核心价值观体现"核心"地位、发挥"主导"功能,实现个体意识的社会同一性的关键点。所以,形成对社会主义核心价值观的普遍价值共识,对构建社会主义核心价值观,实现中华民族伟大复兴的中国梦都有着重大的理论意义和实践价值。

一、研究背景与意义

(一) 研究背景

党的十六届六中全会提出要建设社会主义核心价值体系,党的十八大提出:"倡导富强、民主、文明、和谐,倡导自由、平等、公正、法治,倡导爱国、敬业、诚信、友善,积极培育和践行社会主义核心价值观。"❶ 党的十九大指出:"社会主义核心价值观是当代中国精神的集中体现,凝结着全体人民共同的价值追求。"❷

我们说,文化的深层次是价值观,之所以是"深层次",就在于价值观解决了"为什么"这一根本问题,文化的作用主要通过价值观来体现。在现代社会,核心价值观问题是一个无法回避的重大理论和现实问题,因为核心价值观作为社会的黏合剂为人们的社会活动提供了方向。当代中国文化建设的时代任务之一即是培育和践行社会主义核心价值观,通过阐释和倡导社会主义核心价值观,使之为社会多元主体所理解、认同和接受,进而内化成人们共同追求和遵行的价值目标及行为准则。只有对核心价值观形成普遍价值共识,才能为社会成员提供共同价值标准,使社会成员践

---

❶ 胡锦涛. 坚定不移沿着中国特色社会主义道路前进 为全面建成小康社会而奋斗——在中国共产党第十八次全国代表大会上的报告 [R]. 北京:人民出版社,2012:31-32.

❷ 党的十九大报告学习辅导百问编写组. 党的十九大报告学习辅导百问 [M]. 北京:党建读物出版社,学习出版社,2017:33.

行共同的价值观,调节和规范社会成员之间的交往和行为。那么,我们所倡导的社会主义核心价值观是否会成为以及怎样才能成为社会多元主体的价值共识,就是摆在我们面前的一个时代课题。只有解决这一前提性的理论问题,并且探索出形成价值共识的实践路径,社会主义核心价值观的培育和践行才能取得预期的成效,从这点来看,达成普遍的价值共识与实现社会主义核心价值观的主导作用具有本质一致性和逻辑同构性。

哲学意义上的价值,简单来说是指客体对主体的有用性,客体的属性和功能可以满足主体的需要并产生正向效应。人是价值观的主体,如同"世界上没有两片完全相同的树叶",现实的人基于自身所处的社会存在基础做出符合其利益的价值判断和价值选择,于是构成了复杂的社会多元主体。价值主体不同并不代表价值判断和价值选择会完全不同,不同的人可能有着相同的价值观,而同一价值观也能被社会多元主体共享,即形成一种价值共识。价值共识的实质即基于公共领域或公共空间对公共价值形成的基本或大体一致的看法。在私人领域或私人空间价值共识存在与否意义不大,比如一个人是骑单车还是驾车出行,不需共识,是其个人的选择自由,但如果在骑单车或驾车时违反交通规则,则破坏了交通秩序这一基本社会共识,那就是公共领域的问题了。公共领域关乎社会成员的共同利益,如果社会成员或群体的自我价值观在公共领域无法兼容以致不能形成基本共识,就会产生价值观的冲突和造成社会的撕裂,而这种冲突若得不到及时化解,轻则造成各种社会乱象,重则导致社会动荡不安。所谓"文武之道,一张一弛",解决价值观冲突问题,国家公共权力的刚性约束当然是一个办法,但也需要在人民大众中形成普遍价值共识以实现柔性引领和疏导。

由上述可见,公共领域的价值观多元需要谋求价值共识,价值共识不仅是价值判断和价值选择的共识,更应该是内化为社会多元主体价值准则的共识。价值主体对客体的"好"与"不好"可以做出一个大致相同的价值判断,但未必会做出同样的价值选择,即使做出同样的价值选择,也未必会将其作为价值准则来指导自己的行为方式。对同一社会群体和同一社会阶层来说,由于文化背景与生活背景相似、利益追求相近,相对容易达成价值共识,"但是在整个社会中形成价值共识是一件非常困难的事情,多元主体在处境、利益上很难保持完全一致,当差异胜于一致时就无法形成广泛的价值共识"。❶

在全社会形成普遍价值共识是一项艰巨的任务,因为"社会主义核心价值观的培育、弘扬、践行将永远处于一个不断接近真理的过程当中,这个过程就是人们不断地认识、实践、发展、完善社会主义核心价值观的过程,必然始终伴随着主观和客观、思维和存在、实然和应然的相互碰撞和激荡"。❷ 那么,社会主义核心价值观能否成为当代中国社会多元主体的价值共识呢?社会主义核心价值观以"三个倡导"的方式从国家、社会和公民三个层面提出了当代中国的价值目标、价值原则和价值规范,"三个倡导"是社会主义核心价值观的基本内容,充分反映了现阶段中国社会价值认同的"最大公约数",对社会进步和公民个人发展都有着强大的引领作用,可以肯定地说,"三个倡导"完全具备社会主义核心价值的标准。但同时我们也注意到一个问题,就是社会主义核心价值观不仅要"入耳",还要"入脑""入心",这是社会主义核心价值观内化于心的过程;除了这个过程,更有一个社会成员要用社会主义核心价值观来规范和指导自身行为方式的问题,即社会主义核心价值观外化于行的过程。现实地说,我们距离这些目标的达成还有一定的距离,部分民众对社会主义核心价值观整体表现得比较冷漠。正如前文所说,人们能够做出正确的价值判断,但如果认为社会主义核心价值观与自己日常生活关联较小,就未必产生价值认同,未必将其作为自身的价值选择,更不必说将此内化为自身的价值准则。横亘于社会主义核心价值观培育和践行路上的困难和障碍主要有以下几个方面。一是现代多元文化价值观的影响。文化多样、价值观多元是现代社会的基本特征,在给人们更多价值选择的同时也在事实上离散了社会主义核心价值观的共识。二是社会主义核心价值观能否体现全体社会成员的共同利益追求。价值观的冲突从某个角度来讲也是利益的冲突,没有一

---

❶ 兰久富. 倡导社会主义核心价值观的理论前提 [J]. 哲学研究, 2014 (08): 19.
❷ 田鹏颖. 社会主义核心价值观的存在形态 [J]. 社会主义核心价值观研究, 2021 (03): 21.

致的共同利益就难有一致的价值共识。三是社会主义核心价值观如何实现日常化、具体化、形象化和生活化。社会主义核心价值观既要有相当的高度和层次,给人民群众以一定的价值追求空间,又要有接地气的表现形式,使人们发自内心认同并愿意以此指导和规范自己的社会行为。这就要求社会主义核心价值观在落细、落小、落实上下功夫,具备相当的亲和力,使人民群众感到亲切。

"当代中国精神的积淀和凝练,紧紧跟随着中国人民和中华民族开创中国特色社会主义伟大事业的实践步伐。"❶ 培育和践行社会主义核心价值观集中反映了当代中国人民对于科学价值引领的呼唤,凝结着当代中国人民对美好生活的价值追求,作为价值理想,无疑可以起到汇聚人心的作用,我们应该努力夯实涵养社会主义核心价值观的现实社会基础,为之创设良好的人文社会环境。当代中国无论是社情还是核心价值观培育现状,都在倒逼价值共识的形成,通过唤醒人民大众的价值自觉形成普遍的价值共识,恰恰可以用柔性的方式和理性的思维告诉人们在多元价值选择的困惑中哪些事情才是正确的,通过怎样正确的行为才能达到正确的目的。

鉴于此,有必要在学理层面对社会主义核心价值观的价值共识问题进行系统梳理,并阐释制约价值共识的内外因素,探究价值共识运行机制,找到中国式的价值共识路径。围绕社会主义核心价值观形成价值共识不仅有助于规避和化解价值观冲突,更是文化自觉的体现和文化自信的基础,对于社会主义核心价值观的培育和践行以及促进新时代文化大发展、大繁荣,都具有十分重要而深远的意义。

(二) 研究的理论意义和实践意义

习近平总书记指出:"提高国家文化软实力,关系'两个一百年'奋斗目标和中华民族伟大复兴中国梦的实现。"❷ 而支撑国家文化软实力的,从根本性上讲就是社会主义核心价值观。或者说,只有凝练出被广大社会

---

❶ 戴木才. 伟大抗疫精神的价值观意义 [J]. 道德与文明, 2020 (06): 14.
❷ 习近平. 习近平谈治国理政 [M]. 北京: 外文出版社, 2014: 160.

成员普遍认同并积极践行的核心价值观，文化才真正有资格被称之为"软实力"。价值问题体现的是人的生存与发展的终极意义，社会主义核心价值观是中国文化发挥效能的源代码，是社会民众心理的调控器，更是解决当代中国诸多社会问题的一剂良方。

1. 理论意义

（1）对社会主义核心价值观的价值共识进行研究有助于丰富和发展马克思主义价值理论。科学社会主义是科学与价值的统一，由于种种原因，在社会主义理论研究时，曾于一段时间内我们更迫切地需要对社会主义的科学性加以论证，无形中忽视了对社会主义价值理性的研究，对人的主体性和价值理想之于社会的重大推动作用的研究相对较少，对价值的应然功能没有深度挖掘，对社会主义的合理性阐述不够。研究社会主义核心价值观的价值共识可以拓展马克思主义价值理论视野。

（2）对社会主义核心价值观的价值共识进行研究有助于加强中国特色社会主义意识形态理论建设。我国社会意识形态领域受内部和外部环境影响，长期处于"多"与"一"的两极张力之中，社会成员强烈需要多样的价值选择和价值追求，而国家和社会则希冀能够凝聚全社会共识以形成最大合力，二者之间的矛盾催生了当代中国的"价值之问"——如何实现"多"与"一"的辩证统一，亦即如何通过"价值共识"使多元"价值观念"最终实现理想状况的"形态化"。社会主义核心价值观从本质上规定了中国特色社会主义意识形态的性质与方向，凝聚对社会主义核心价值观的普遍价值共识，是加强意识形态工作的思想根底。

（3）对社会主义核心价值观的价值共识进行研究能够拓展社会主义核心价值观理论空间，推动社会主义核心价值观落地。社会主义核心价值观是党和政府所倡导的"主导价值观"，"主导价值观"只有被社会大众普遍认同才能成为"主流价值观"，才能有效发挥核心价值观的作用。当代中国在价值观建设方面亟待破解的一个难题是：社会主义核心价值观在学理上如何取得"核心"地位，在实践中如何体现"主导"效能？如果没有对社会主义核心价值的普遍认知认同，核心价值观无论怎样"易记、易懂、易传",都是游离于表层的价值观念,而不是内化于社会成员思维和行为中的价值法则。推进社会成员对社会主义核心价值观的认同,离不开价值共识理论的学理支撑。

2. 实践意义

(1)社会主义核心价值观的价值共识研究有助于推动中国特色社会主义文化建设,坚定文化自信。价值观是文化的内核,不同的价值观决定了不同的文化发展轨迹,其反映的是一个从"实然"走向"应然"的过程。价值共识是一个对价值观念进行"基因测序""基因筛选"和"基因优化"的过程,加大核心价值观价值共识,使"应然"的过程具备可控性、稳定性和正向性,使实现"应然"的目标成为大概率事件甚至是必然结果,积极主动地促进中国特色社会主义文化建设,提升国家文化软实力。

(2)社会主义核心价值观的价值共识研究有助于建设新时代中国特色社会主义。建设新时代中国特色社会主义首先要使社会成员在认识上达成最大共识,价值共识正是通过文化自检对文化样态和文化精神进行反思和批判以实现价值自觉和价值自信,有利于确认新时代中国价值认同标准。持有相近或相同的价值标准才会在根本上优化社会秩序,减少并化解社会矛盾,进而不断推动新时代中国特色社会主义建设。

(3)社会主义核心价值观的价值共识研究有助于引领多元社会思潮,优化社会环境。社会主义核心价值观是中国特色社会主义意识形态的核心内容,对维护和推动中国特色社会主义建设具有思想保证作用。全球化时代,世界各国之间不论是经济、政治还是文化的交往,背后深层次的都是价值观的交往,由于中西方存在的文化势差和西方价值思潮所具有的迷惑性、鼓动性等原因,中国特色价值观的培育和建构受到西方多元文化价值思潮的冲击和挑战,这在一定程度上扰乱了国人的思想。西方价值观的渗透矛头直指我国的国家制度,企图在不知不觉中从根本上瓦解中国人民对马克思主义的信仰和对共产主义的价值追求。只有培育社会主义核心价值观,实现社会大众对核心价值观的价值认同,才能筑牢中国价值观的"长城",有效抵御西方价值观的渗透。

二、国内外研究综述

目前国内社会主义核心价值观的价值共识研究的直接成果还不是很丰沛。截至 2018 年 8 月 17 日，以"价值共识"为关键词检索，有 803 条结果；以"社会主义核心价值观＋价值共识"为主题在中国知网上搜索，有 435 条结果；以"价值认同"为关键词检索有 2987 条结果。与此相关的，如"公共价值"有 573 条结果、"普遍价值"有 178 条结果、"社会共识"有 1330 条结果。我国对价值共识问题的研究相对比较薄弱，主要是因为研究起步较晚。中国传统社会的社会结构较为简单，经济、政治和文化生态呈现的是一个相对稳定的闭环状态，"大一统"的思想文化传统根深蒂固。在这种社会未分化的基础上，传统社会的价值共识更易于形成，"仁义礼智信"等中国传统社会核心价值观支撑起中国几千年农业文明社会的价值世界。在社会未分化状态下，价值共识必然不会成为一个显性问题。从中华人民共和国成立至改革开放前的这段时期，由于我国在指导思想上过于强调"政治挂帅"，社会成员价值观同质化程度较高，"价值共识"仍然不构成一个问题。但是，随着改革开放和经济社会的发展，随着社会经济成分的多样化，人们的思想日渐解放，社会日渐宽容，人们价值选择的差异性得到尊重和保护，社会成员的价值观日益多元化，这在客观上造成了全社会共有价值标准缺位、共同价值理想缺失的问题。问题倒逼着现实解决，于是培育社会主义核心价值观，凝聚全社会价值共识就成为当代中国亟待完成的一项重要历史任务。

关于价值共识的研究，国内外学者从价值共识概念、是否存在价值共识、价值共识的作用、价值共识实现途径等方面进行了深入的研究。一直以来，国外学者对是否存在价值共识就存在较大争议，有承认价值共识存在的、有否认价值共识存在的，还有持中立意见的。国内学者中认为存在价值共识的占据主流。国外学者认为价值共识对实现民主、减少社会冲突、维护社会稳定等作用明显，国内学者多从维护社会秩序、凝聚共同理想和巩固执政地位等方面展开研究。相比而言，国外学者对价值共识的研究较为系统，而国内学者专门研究价值共识的著述还比较有限，对价值共识的理解与阐释基本上处于常识理解层面，大多集中于价值共识的某一方面或某一环节，而缺少对价值共识理论根源、理论基础、主体构成、平台建设和实施路径等基本层面的综合性思考。特别是在聚焦社会主义核心价值观的价值共识研究方面，还有着十分广阔的研究空间和研究前景。关于社会主义核心价值观研究，主要是从基本理论研究、方法路径研究、实证研究等方面展开。从中国知网相关数据统计来看，2016年是社会主义核心价值观研究的分水岭，由之前的研究"热烈期"进入研究"沉思期"，国内学者更多地开始反思社会主义核心价值观研究背后更为基础和根本的内容。党的十九大之后，学界对习近平社会主义核心价值观指导思想进行深层阐发，对新时代社会主义核心价值观基本理论问题进行了深入思考，形成了丰富的、有建设性意义的认识。特别是"文化自信研究受到了学界的高度关注，并与社会主义核心价值观研究形成了共振。受此影响，在社会主义核心价值观研究中文化因素备受研究者的青睐，成为新的学术增长点"。❶

（一）国内研究现状

改革开放之后，中国当代学术界开始日益关注价值问题，关注视野从最初人的价值观层面拓展到现在的社会范畴价值观。价值主体利益和需要的多样性、多变性，决定了人的价值追求的复杂多样，或者说，人的价值追求是一个基于现实的具体的动态过程。社会的价值追求反映的是一定时期社会成员普遍认同和遵循的价值理想与价值标准。在社会价值体系中核心价值观居于深层统治地位，对处于从属地位的一般价值观起着支配作用，是社会成员对社会存在的一种价值自觉，体现了社会发展的内在要求。

---

❶ 周鹏. 我国社会主义核心价值观研究进展与热点分析 [J]. 重庆大学学报（社会科学版）（网络首发），2020－11－20.

1. 关于价值共识的概念研究

对于价值共识的概念,学界一般认为包含三个要素,即不同价值主体、共享客体以及客体对主体的普遍性需要满足。李德顺教授认为,共同价值是指"不同主体在同一系列的行为中各自获得需要的满足,主体间通过多元互补或动态延续而一致起来的价值结果"。❶ 汪信砚教授认为,价值共识"是指不同价值主体之间通过相互沟通而就某种价值或某类价值及其合理性达到一致意见",并且认为价值共识包括价值认同与价值认异,而价值认同的可能性远远小于价值认异。❷ 胡敏中教授认为,公共价值或价值共识是指同一客体或同类客体同时满足不同主体或公众需要所产生的效用与意义,应属于公共产品与公共服务范畴。❸

国内学者充分认识到"多"与"一"、"差异"与"共性"的辩证关系,并指出价值共识的历史性与变化性。沈湘平教授认为,价值共识是以分立、差异为前提和基础的公共性。价值共识本身是有价值的,不是对价值多元的简单否定,而是对差异的一种补充、升华。价值共识不是现成的消极存在,而是需要人们去积极澄清和追求而达成的结果。❹ 陈先达教授认为,价值共识是在各民族文化交流中形成的对某些基本价值的认可,这种认可是有条件的、历史的和变化的,不是脱离各个民族的价值而独立存在的抽象共相。❺ 王新生教授认为,"在最一般的意义上,价值共识可以被看作是特定社会的人们对现实生活的共同理解"。这种共同理解最终落脚在生产劳动和基于社会生产基础的社会交往上。❻

关于价值共识的结构构成和内容实质也是学界的一个重要研究方向。方旭光认为,认同一般分为自我认同和社会认同两个层面,而"价值认同的实质在于,价值主体将自身的价值观念同化于社会价值规范,并不断改

---

❶ 李德顺. 普遍价值及其客观基础 [J]. 中国社会科学, 1998 (06): 6.
❷ 汪信砚. 普世价值·价值认同·价值共识——当前我国价值论研究中三个重要概念辨析 [J]. 学术研究, 2009 (11): 8-10.
❸ 胡敏中. 论公共价值 [J]. 北京师范大学学报 (社会科学版), 2008 (01): 100.
❹ 沈湘平. 反思价值共识的前提 [J]. 学术研究, 2011 (03): 6-7.
❺ 陈先达. 论普世价值与价值共识 [J]. 哲学研究, 2009 (04): 4.
❻ 王新生. 市场社会中的价值共识 [J]. 南开学报 (哲学社会科学版), 2005 (03): 64-65.

变自身的价值观念以顺应社会价值规范的行为过程,它是社会成员对社会价值规范所采取的认可、内化达到自觉遵循的过程"。❶ 杨峻岭教授认为,价值认同是指某一国家或民族的人们在长期的社会交往过程中逐渐形成的对某种价值观念、标准或价值理想、目标的认可、接纳并愿意共享的情感体验。❷

2. 关于价值共识的特点和达成原则研究

价值共识的特点和达成原则应该是价值共识学理研究的重点和难点,国内学者在西方译介基础上,立足于我国现实,形成一定程度上的原创成果。胡敏中教授认为,公共价值具有符合自身规律的特征。第一,公共价值具有公共性和公正性特征,即公共产品的共享性。第二,公共价值具有社会层面性特征,应当是全社会认同并遵循的价值集合。公共价值并不否定个人或特殊群体在遵循公共价值的基础上有着个性化的价值追求。第三,公共价值具有大规模性和宽广性特征。既是公共价值主体的全覆盖,也是公共价值本身应该具有的宽广度。第四,公共价值具有可操作性和可实施性特征。第五,公共价值具有公众参与性和治理性特征。公共价值的建立主要依靠国家公共权力的刚性主导,同时也必须依靠社会的支持,二者缺一不可。第六,公共价值具有非资本性和非市场性特征。❸ 在构建原则上,胡敏中认为,价值共识构建要从大局和长远出发;尊重差异,包容多样,平等对待;互利、互惠和共赢;适度调整自我价值。❹

沈湘平教授认为,价值共识的基本旨趣在于克服虚无主义,存在论基础是差异性共在,方法论原则是公共性原则,认识论前提是可知论信念,伦理前提是主体的基本德性,政治前提是社会的正义良序。❺ 江畅教授认

---

❶ 方旭光. 认同的价值与价值的认同——社会主义核心价值观论 [M]. 北京:中国社会科学出版社, 2014:147-148.
❷ 杨峻岭. 论当代中国政治认同的主要内容 [J]. 社会主义核心价值观研究, 2016 (05):25.
❸ 胡敏中. 论公共价值 [J]. 北京师范大学学报(社会科学版), 2008 (01):101-103.
❹ 胡敏中. 论价值共识 [J]. 哲学研究, 2008 (07):102.
❺ 沈湘平. 反思价值共识的前提 [J]. 学术研究, 2011 (03):5-8.

为,当代中国价值观的特点集中体现在人民性、平等性、社群性或集体性、道德性四个方面。其中人民性和平等性,既超越了中国传统价值观又和西方现代价值观存在本质上的不同。社群性或集体性根源于中国传统价值观,同时兼顾了个体的权益。道德性体现的是"德治"与"法治"并重并行,相互弥补相互提高。❶

孙伟平教授认为,文化价值观价值共识的达成需要做到的是正视文化的个性与多样性,只有充分尊重文化的这种独特性和多元化,文化价值观的共识才会得以实现,共识的结果才合理、具有进步意义。需要注意的是,随着全球化的进程,文化的同质性持续被强化,而同时随着文化的发展,文化的分化又更加趋于精细化、复杂化和多样化,给价值观的共识提供了更多更高层次的资源。❷戴木才教授认为,核心价值观要具有统摄性、共识性和恒常性的特点。核心价值观引导人们向着同一价值导向、同一价值目标奋斗,不建构起核心价值观就无法整合社会心理基础。❸

3. 关于价值共识建构的路径研究

李德顺认为,一是传统的"外推式"的"普遍价值"形成方式,以"推己及人"为前提,其逻辑是"个人→他人→一切人→可普遍化道德"。二是"内生"的普遍价值生成路径,即在人们共同活动和交往的社会关系结构、特定的活动方式条件下产生的必需的秩序、规则要求。在尊重多元文化和不同生活方式自主发展的基础上,采取"内生"而非"外推"的方式,才是达成普遍价值的根本途径。❹胡敏中教授总结归纳了达成价值共识的两条主要途径:一是通过价值主体自身内部的力量达成;二是通过第三方的力量达成。这两条途径彼此联系,相辅相成。胡敏中教授进而认为,社会主义核心价值观既需要对人民群众的教育,也需要人民群众的自

---

❶ 江畅. 论价值观与价值文化 [M]. 北京:科学出版社, 2014: 68 - 69.
❷ 孙伟平. 论多元文化价值观存在的根据及意义 [J]. 湖南社会科学, 2007 (04): 2 - 4.
❸ 戴木才. 凝练核心价值观要站在人类价值共识的制高点 [N]. 光明日报, 2012 - 04 - 28 (11).
❹ 李德顺. 普遍价值及其客观基础 [J]. 中国社会科学, 1998 (06): 11 - 14.

觉认知和主动内化。❶

沈湘平教授总结剖析了国内外学界关于达成价值共识的六种路径：意识形态的建构式灌输、教化与渗透；价值的社会契约；寻找重叠（交叉）共识；视域融合；合理交往和价值的澄明。并进一步挖掘认为，尽管路径有所不同，但其中有达成共识的基本关注点，即关注价值共识的政治前提、关注价值共识的语言基础、关注价值共识的公共性实质。❷ 江畅教授认为，构建当代中国价值观，首要做好三个方面的工作：一是进一步解放思想，破除旧观念、确立新观念；二是理论与实践相结合；三是实现当代中国价值观的制度化、法制化。❸

李建华教授认为，推进主流价值观认同的途径主要有：一是通过公共政策来体现主流价值观；二是通过大众文化来渗透主流价值观；三是拓展社会组织空间，引导大众通过参与来认同主流价值观。❹ 韩震教授认为，在国家认同与族群认同之间应该注意扩大两者的文化交叠，族群的认同不能超越或凌驾于国家认同之上，国家的文化认同必须大于族群的文化认同。❺

裴德海教授认为，实现价值认同的主要途径有：一是思想灌输；二是利益调节；三是实践养成；四是机制保障。❻ 方爱东教授认为通过传播、教育和渗透等途径达成价值认同，具体要把握好三个环节：一是事实认同，二是情感认同，三是行为认同。❼

国内学界关于政治共识、道德共识等的相关研究成果较为丰富，预示着价值共识研究向分殊领域深化的走向和趋势。

---

❶ 胡敏中. 论价值共识 [J]. 哲学研究, 2008 (07): 101.
❷ 沈湘平. 价值共识是否及如何可能 [J]. 哲学研究, 2007 (02): 108-111.
❸ 江畅. 论价值观与价值文化 [M]. 北京: 科学出版社, 2014: 151-152.
❹ 李建华. 多元文化时代的价值引领——社会主义核心价值体系建设与社会思潮有效引领研究 [M]. 北京: 人民出版社, 2012: 263-268.
❺ 韩震. 论国家认同、民族认同及文化认同——一种基于历史哲学的分析与思考 [J]. 北京师范大学学报 (社会科学版), 2010 (01): 111.
❻ 裴德海. 从一般价值到核心价值——社会主义核心价值观培育与践行的双重逻辑 [M]. 合肥: 安徽教育出版社, 2012: 127-128.
❼ 方爱东. 社会主义核心价值观研究 [M]. 合肥: 中国科学技术大学出版社, 2013: 230-231.

（二）国外研究现状

西方自近代以来，多元价值观与价值共识的紧张关系始终存在。为解决这一问题，西方思想家主张重构价值共识，主要有如下三种代表性的思想路径。

1. 社群主义的主张

社群主义是20世纪80年代在对自由主义特别是新自由主义的批判中形成和发展起来的，坚持的是社群至上的价值观。主要代表人物有查尔斯·泰勒、阿拉斯戴尔·麦金太尔、迈克尔·沃尔泽和迈克尔·桑德尔等人。社群主义者解决社会问题的方案主要是完结原子式的个人主义，发挥社群的多重功能。强调社群优先于个人、"共同善"优先于个人的权利、国家应在"公益政治"最大化和道德教育方面承担起重任。

社群主义者认为，社群决定了个人的理想与价值，拥有共同的价值观、遵守共同的行为规范、有着共同的生活目标。个人存在并归属于一定的社群，社群对于个人有着优先性。社群中的人们拥有并共享"共同善"，也就是说社群中个体的善的标准是同一的。由于生活方式与思维方式的一致性，人们在追求利益的时候不会同社群内其他个体产生冲突与矛盾。社群"共同善"优先于个人权利，个人的善以"共同善"为参照进行自我调整。"这种人类善可能是最善的生活形式。享受最善的生活即是享受繁荣，享受幸福"。❶ 政治社群应使所提供的公共利益最大化，才能更好地服务社群成员的善良生活。也只有最大的社群——国家才能真正实现这一任务，所以国家和社群的利益优先于个人利益。

社群主义者认识到文化认同对政治社群和国家的重要作用。"人不能仅仅自视为人，他们还更直接地藉其所属的文化、语言、宗教等局部性共同体来界定自己"。❷ 由于同一社群拥有的相同语言、习俗和传统等要素，

---

❶ [美] 阿拉斯戴尔·麦金太尔. 谁之正义？何种合理性？[M]. 万俊人译. 北京：当代中国出版社，1996：63.

❷ [加] 查尔斯·泰勒. 黑格尔与现代社会[M]. 徐文瑞译. 台北：台北联经出版事业公司，1990：180.

构成了社群自身独特的社会文化形态,强化了社群成员的历史文化归属和现实情感依赖,所以文化认同最终成为政治社群构成的基础和国家认同的根源。

社群主义者基本认为现代社会道德危机源于道德标准的主观化,社会失去了普遍的客观标准,要重建社会的客观道德标准,途径是依靠社会和国家,"重建"具有亚里士多德传统的道德共识。

2. 先验主义哲学式解决

法兰克福学派第二代领军人物哈贝马斯审视主体哲学范畴的规范基础理论,在此基础上把语言交往作为"主体间"联系的维度,重新为现代社会界定规范基础,"这种交往理性概念的内涵最终可以还原为论证性话语在不受强制的前提下达成共识这样一种核心经验。其中,不同参与者克服掉了他们最初的那些纯粹主观的信念,同时,为了共同的合理信念而确立了主观世界的同一性和生活世界的主体间性"。❶

哈贝马斯认为个体的人以真实、正当、真诚的语言交往作为桥梁和中介,主体间通过商谈、理解和协调达成共识,交织成社会存在形态。语言交往的过程既体现出主体的个性差异,又涵盖了社会的多元化,这样构建在主体间的交往之上的理性更加全面客观。换言之,社会成员只有通过自愿的、非强迫的合理性交往才会达到对客观事物理解的"一致性",并且在交往的过程中协调自身行为,共同建立起普遍认同的社会规范。

伽达默尔的"视域融合"思想和罗尔斯的"重叠共识"尽管与哈贝马斯的"交往理论"不同,彼此间存在分歧与论争,但也有丝丝相通之处。伽达默尔的"视域融合"思想主要是指理解者在对文本进行分析和理解的过程中,由于"前见"和"时间距离"的存在,理解者容易有更宽广的视野和不同的观察角度,而当理解活动不断深入时,理解者的视域和被理解者的视域就会不断融合。"真正的历史对象根本不是对象,而是自己和他

---

❶ [德] 尤尔根·哈贝马斯. 交往行为理论(第1卷):行为合理性与社会合理性 [M]. 曹卫东译. 上海:上海人民出版社,2004:11.

者的统一体,或一种关系,在这关系中同时存在着历史的实在以及历史理解的实在。"❶ 对跨文化交流来讲,首先就要对对方文化有所"前见",即要认知对方文化背景、内涵和己方包容、接受的程度,通过理解活动扩大文化间视域融合,视域融合同时又加深了理解。

价值的多样性是现代民主社会的主要特征,多元文化和多样价值观相互冲突且又不得不长期共存,这就必然带来一系列社会问题。罗尔斯就如何构建秩序良好、统一稳定的社会提出基于政治正义基础上的"重叠共识"论。由于社会成员认同的文化和秉持的价值观不同,不可能形成完全意义上的共识,但却有可能导致相似的判断结论。"社会统一的本性是通过一种稳定的诸合乎理性的完备性学说之重叠共识所给定的",❷ "'重叠共识'也可以理解为人们在承认价值方面发生分歧的同时,在规范方面却具有共识——基于不同价值的人们认可和遵守同样的规范"。❸

3. 基于宗教立场构建普遍伦理的思路

作为对于全球化时代人类道德滑坡问题的一个回应,德国神学家孔汉思等提出"全球伦理"。他们认为由于信仰的宗教和文化传统不同,就会存在各种分歧与纠纷,但即使在这种现实境遇下,人类在一些基本的价值观念上仍会有共同之处,"全球伦理不是要把各种宗教简化为最低限度的道德,而是要展示世界诸宗教在伦理方面现在已有的最低限度的共同之处",❹ 亦即要寻找到"一些有约束力的价值观、不可或缺的标准以及根本的道德态度的一种最低限度的基本共识"。❺

总之,国外的相关研究比较系统和深入,在解决达成价值共识方面,社群主义主张扩大国家、社会的强制性作用,把解决问题的路径

---

❶ [德] 伽达默尔. 真理与方法 [M]. 洪汉鼎译. 上海:上海译文出版社,2004:387.
❷ [美] 约翰·罗尔斯. 政治自由主义 [M]. 万俊人译. 南京:译林出版社,2000:45.
❸ 童世骏. 关于"重叠共识"的"重叠共识"[J]. 中国社会科学,2008(06):58.
❹ [德] 孔汉思,库舍尔. 全球伦理:世界宗教议会宣言 [M]. 何光沪译. 成都:四川人民出版社,1997:1.
❺ [德] 孔汉思,库舍尔. 全球伦理:世界宗教议会宣言 [M]. 何光沪译. 成都:四川人民出版社,1997:8.

锁定于前现代社会的"共同体",但缺乏对个人的关注;哈贝马斯的理论又倾向避开国家和社会,专注于民间,其中不乏片面的理解。普遍伦理的价值共识达成本身就局限于宗教领域,缺乏现实社会条件的分析和可能。

(三) 简要评析

国内学者对价值共识以及与其相关的道德共识、政治共识和社会共识等进行概念阐释和问题分析为本研究提供了学理上的支持,但仍有深入研究的空间。对价值共识缺少从产生根源、理论基础、主体构成、建设平台、实现途径等更为基本层面的系统思考和研究。总结国内外研究现状不难预见:其一,价值观的多元现实与实现对多元价值观的整合,以及达成社会主导价值观的价值共识渴望将始终贯穿于现代社会,中西方关于该问题讨论的持续性深刻证明了这一问题的研究有着持久生命力。其二,中国现代化的深入发展必然由注重物质层面转向文化层面。现实文化发展困境的本质解决,客观上取决于我们如何通过自觉的文化整合而形成强大的价值观力量,用于反哺、引领"文化的中国"和"中国文化"的发展。中国学界对这一问题的初步关注,都预示着价值共识问题将成为重要而持久的学术话题。

基于以上认识,本研究的空间和理论生长点将锁定如下方面。

其一,从中国语境出发,以时代性的历史坐标研究当代中国主导价值观的价值共识问题,必然指向社会主义核心价值观的价值共识研究。正如马克思所指出的:"哪怕是最抽象的范畴,虽然正是由于它们的抽象而适用于一切时代,但是就这个抽象的规定性本身来说,同样是历史条件的产物,而且只有对于这些条件并在这些条件之内才具有充分的适用性。"❶ 在当代中国思想文化领域最迫切的是培育和践行社会主义核心价值观。西方语境中关于价值共识的理论研究比我们起步早,成熟度也比较高。但是,任何理论都是一定实践的产物,当代中国社会发展具有不同于西方

---

❶ 马克思恩格斯全集(第30卷)[M].北京:人民出版社,1995:46.

的中国国情，我们面临的问题和解决问题的价值观追求也与之有根本区别，从当代中国社会主义核心价值观价值共识产生根源、理性基础、主体构成、建设平台、实现途径等角度审视和探寻问题的解决之道，阐释和创新社会主义核心价值观价值共识意义上的话语系统是本研究的意旨之一。

其二，把社会主义核心价值观价值共识理论的研究立场坚实地奠定于人民群众的立场之上。西方学者大多站在维护既得利益者的立场上，他们提出的民主共识、道德共识等代表的是处于统治地位的资产阶级权贵阶层的利益，具有一定的虚假的意识形态性质。在当代中国社会，我们研究社会主义核心价值观的价值共识应当坚持人民立场，研究如何在人民群众根本利益一致基础上和正视利益分化的现实中，能够形成代表人民利益，凝聚人民的智慧，为人民代言，旨在实现社会个体自由而全面发展的价值共识理论。

其三，坚持以马克思主义的理论和方法研究社会主义核心价值观的价值共识问题。西方学者研究价值共识问题，秉持的是个人主义立场，崇尚的是自由主义原则，这样的价值共识本身缺乏社会存在基础，不能达成被普遍接受的社会共识。由于不具备马克思主义的基本理论和方法，他们的理论存在诸多难以自洽之处，在实践上也就难以落实和实现。我们应当坚持马克思主义社会存在决定社会意识的基本原则，坚持实践的、辩证的、历史的方法，建构适合中国土壤的解决中国问题的社会主义核心价值观价值共识理论。

其四，以开放性态度研究社会主义核心价值观的价值共识问题，坚守中国文化自信的立场，对中华优秀传统文化进行创新性发展、对人类一切优秀文明成果进行创造性转换。秉持传统文化的优秀基因，批判、借鉴、吸收西方学者在价值共识问题研究方面的有益成果。

三、研究方法及其重点、难点和创新点

(一) 研究思路

1. 研究视角

社会主义核心价值观的培育和践行效果取决于全民对其的共识程度以及核心价值观融入社会生活的广度和深度。我们应以马克思主义认识论视角,分析社会主义核心价值观大众化的关键认识环节,寻求关键性问题突破。由此可见,无论从文化的角度还是从价值论的角度,无论从学理的角度还是从实践的角度,价值共识问题作为现代社会人类发展面临的时代性课题,都应该得到相应的重视。

2. 研究思路

本书主要由绪论、主体(五章)和结语三部分组成。

绪论部分主要包括研究社会主义核心价值观价值共识的理论意义和现实意义,当前国内外学术界对价值共识、社会主义核心价值观培育和践行的研究现状,本书采用的基本研究方法和思路。

主体部分包括五章内容。

第一章在绪论基础上深入阐释了价值共识是培育社会主义核心价值观的前提与基础性问题。这一章既是对绪论部分中问题缘起的进一步扩展,也是对社会主义核心价值观价值共识问题成因的全面梳理和研究的理论前提廓清。分别从文化交往全球化、互联网时代、中国社会转型以及文化分化四个维度阐释对当代中国社会主义核心价值观价值共识的正反两个方面的作用和影响,并以此论述社会主义核心价值观的价值共识何以成为一个问题。那么,面对这样一个社会问题,是否有必要优先破解呢?或者说,价值共识因何必要?价值共识又可否达成呢?本章从理论和现实两个层面给予了解答。

第二章主要探讨价值共识是社会主义核心价值观培育关键点的问题。

讨论价值共识问题，首要的是要弄清楚价值共识的内涵和基本特征，弄清对社会主义核心价值观价值共识所处的历史方位和内在结构，把握其发展方向，实现"精准"共识。本章从不同维度分别对达成社会主义核心价值观的价值共识进行解读。解析了价值共识的四个基本特征，即基础的复杂性、层次的公共性、达成的动态性和利益的共享性。在此基础上，从理论、历史和实践等方面对社会主义核心价值观价值共识进行定位，并着重分析了核心价值观价值共识的结构构成。

第三章着眼于社会主义核心价值观的价值共识机制分析。主要包括确定价值共识方向的目标机制、启动价值共识达成的动力机制、督导价值共识持续发展的保障机制和价值共识形成中的整体优化机制等内容。社会主义核心价值观的价值共识不是消极被规定的，而是人们去积极澄清和追求达成的结果，是一种自觉建构的获得性存在、主动为之的整合性结果。社会主义核心价值观的价值共识的达成应基于对象而设计，形成尊重需要、澄清价值观和激发责任的联动，主导价值观的辐射与边沿价值观聚合的双向互动。

第四章主要论述如何建构社会主义核心价值观价值共识的实现路径。当代中国社会价值共识的构建需要全社会对"共识需要"必要性、迫切性的"共识"；对以社会主义核心价值观为共识基础的"共识"，对达成"共识"人人有责的"共识"。不断坚持和改进党对文化的领导权，通过分析"和而不同"与"异中求和"中西有别价值整合之路，坚定走中国价值共识之路的信心。从价值共识的培育渠道来看，主要有"自上而下"和"自下而上"两种渠道。

第五章主要研究社会主义核心价值观的价值共识建构中所受到的实践要求。社会主义核心价值观价值共识的社会基础是新时代中国特色社会主义，中国特色社会主义本身就在不断完善和发展中，这就要求价值共识必须与时俱进，深耕于当代中国社会实践，借力于新时代中国特色社会主义之"势"。这一部分从以国家文化安全为基点主导价值共识的构建、以中国梦为文化符号凝聚价值共识认同选择、创新价值观载体并转变价值观话语方式三个方面，对社会主义核心价值观的价值共识的理论与实践做了补充与提升。

结语部分把新时代社会主义核心价值观的培育和践行及社会主义核心价值观的价值共识在上述研究基础上做进一步紧密连接，提出培育社会主义核心价值观应与时代同行，要用发展的眼光来看待社会主义核心价值观，看待价值共识的历史动态变化，增强建设中国特色社会主义的文化自觉与自信。

(二) 研究方法

1. 历史唯物主义方法

社会主义核心价值观的培育及其认同不是孤立和自足的，不能把培育社会主义核心价值观仅仅看作物质生活的反映和附庸，而应秉持历史唯物主义的态度和方法，坚持物质生活的基础性，同时充分注重社会主义核心价值观的相对独立性、对物质生活的超越性和引导性。在社会系统中研究社会主义核心价值观的价值共识问题。

2. 文献解读法

由于相关价值共识的研究文献较为零散，既有相对独立探讨价值共识的专门文献，探讨文化共识、社会共识、道德共识的文献，又有与经济、政治等问题的论述混杂在一起的文献，还有相关的社会主义核心价值观培育和践行的文献等。所以，要想全面系统研究当代中国社会主义核心价值观价值共识问题，就要认真研究解读已有文献和资料。

3. 综合与分析的方法

在全面系统解析马克思主义经典作家著作的基础上，对已有相关理论通过分析、综合的方法进行系统梳理，并从横向和纵向的角度来阐述价值共识对于人类发展的历史价值和当代价值。

4. 批判与建构相统一的方法

社会主义核心价值观的价值共识问题是一个具有现实性的问题，在研究社会主义核心价值观价值共识时，我们更多的是直陈问题，对问题进行批判。批判是前提和条件，建构是研究的最终目的。

（三）研究重点、难点和创新点

研究的重点：一是对社会主义核心价值观的价值共识内涵的界定；二是对社会主义核心价值观价值共识研究逻辑框架的搭建。

研究的难点：一是如何建构社会主义核心价值观的价值共识。具体包括机制和途径是什么，重要节点是什么的厘清和突破。二是在唯物史观整体性视域内，如何把握和建构社会主义核心价值观价值共识的支撑系统研究。

研究的创新点：首先是研究具有一定的前沿性。核心价值观研究在价值哲学研究中具有重要的地位。截至目前，学界对于社会主义核心价值观的研究已经取得较为丰硕的成果。然而，随着研究的拓展与实践的深入，社会大众对于社会主义核心价值观的价值共识问题被凸显出来。如果社会成员对核心价值观不能形成普遍的价值共识，换言之，如果不在价值共识方面有所突破，社会主义核心价值观的培育和践行将变得尤为困难与复杂。总体来说，国内学者对于价值共识的研究还不是很深入，尚未形成较为完备的理论体系，所以着眼于社会主义核心价值观价值共识的本研究，既是对社会主义核心价值观研究背后的更为基础和根本问题的价值哲学反思，又将价值论研究与现实问题有机结合起来，具有一定的研究前沿性。其次是研究内容的系统性。本研究试图把当代中国社会主义核心价值观的价值共识问题作为一个系统过程进行剖析，并以此整体规划研究思路与研究框架，力求跳出以时间为纵轴描述各历史阶段中国核心价值观流变过程的思维方式，集中揭示当代中国社会主义核心价值观价值共识问题的提出依据、本质属性、生成机制和达成对策等一系列核心问题，并努力用马克思主义唯物史观基本立场对价值共识问题进行全景式把握和探讨。再次是观点较新。社会主义核心价值观应该涵摄当代中国社会发展和社会结构调整过程中的指导性思想与价值取向，本研究紧紧围绕为什么要实现"价值共识"、"共识"什么、如何达成"共识"等方面进行了较为深入的研究，不纠缠于表面问题，努力坚持正本清源的研究目标，提出价值共识是社会主义核心价值观培育和践行的关键点，否则无以成就其"核心"地位和"主导"功能。本研究还分析了社会主义核心价值观价值共识的过程、理论和层次结构，明确提出了达成价值共识需要双向动态培育以形成合力等观点。

第一章 价值共识是培育社会主义核心价值观的前提与基础

社会存在决定社会意识,文化问题的根源深植于社会的经济和政治之中。当今世界是开放与多元的世界,当代中国正在步入一个从站起来、富起来到强起来的新时代。我们要清醒地认识到,"行百里者半九十。中华民族伟大复兴,绝不是轻轻松松、敲锣打鼓就能实现的"。❶事实上,处于中华民族复兴征途上的中国面临着比以往更加复杂严峻的内外部形势:一是全球化席卷着各种社会思潮涤荡当代中国人的思想,使人们的思想空前活跃,激发了思想观念大碰撞、文化价值大交融。这其中不乏消极、错误思潮,在一定程度和一定范围内给我国价值领域带来负面影响或破坏性冲击。二是互联网正悄然进行着一场全方位深刻变革,对几乎人类所有层面都产生重大的影响和变化,特别是"人人都有麦克风"的自媒体时代到来,不仅拓展了人们接受信息的渠道,更让普通民众拥有了成为信息源的可能,思想观念的传播与交流更加开放与便捷,却也容易出现官方与民间两个舆论场声调不一致的问题。三是当代中国正处于社会转型期,经济体制的深刻变革、社会结构的深刻变动和利益格局的深刻调整,都给思想观念领域带来深刻变化,人们思想活动的独立性、选择性、多变性、差异性不断增强,价值取向日趋多元化。四是文化分化直接导致文化价值观多元,传统价值体系已无力支撑人民日益增长的美好生活需要,新的价值体

---

❶ 党的十九大报告学习辅导百问编写组. 党的十九大报告学习辅导百问[M]. 北京:党建读物出版社,学习出版社,2017:12.

系尚在建立完善中。由此，必然造成人们价值取向的纷扰和价值选择的困难，价值真空、价值茫然、价值扭曲、价值错位、价值断裂等问题不断出现，而深藏在这些价值虚无问题背后的则是价值共识危机。正如习近平总书记提出的："经济总量无论是世界第二还是世界第一，未必就能够巩固住我们的政权。经济发展了，但精神失落了，那国家能够称为强大吗？"❶

当代中国应对价值共识危机的有效方式，就是要建立一种能够被绝大多数人所认同和接受的价值规范，这种价值规范应该是"普惠型"的，科学合理，兼具包容性与统摄性，我们提出培育社会主义核心价值观正寓意于此。"我国是一个有着13亿多人口、56个民族的大国，确立反映全国各族人民共同认同的价值观'最大公约数'，使全体人民同心同德、团结奋进，关乎国家前途命运，关乎人民幸福安康。"❷ 核心价值观如果不能获得社会民众的普遍认同，就无力对多元价值现实进行有效的认同性整合，也就不能占据"核心"地位，无法实现"主导"功能。所以，培育和践行社会主义核心价值观，首先就要回答一个前提性和基础性的理论问题，即如何通过"价值共识"使社会主义核心价值观成为社会多元价值主体的自觉价值选择。价值共识作为社会主义核心价值观的前提性和基础性问题，对当代中国而言尤为必要。

一、核心价值观价值共识何以成为问题

自社会主义制度建立以来，中国共产党对社会主义的探索就从未停止过，尤其是改革开放以来，中国共产党人逐步加深了对社会主义、中国特色社会主义的认识，更加坚定了道路自信、理论自信、制度自信、文化自信。"文化自信，是更基础、更广泛、更深厚的自信。"❸ 文化的核心是价值观，由"三个自信"到"四个自信"，不仅创造性地拓展了自信谱系，

---

❶ 学习小组. 习近平在兰考县委常委扩大会议上的讲话[EB/OL]. http：//www.xinhuanet.com/politics/2015-09/08/c_128206459.htm, 2015-09-08.

❷ 习近平. 习近平谈治国理政[M]. 北京：外文出版社，2014：168.

❸ 习近平. 在庆祝中国共产党成立95周年大会上的讲话[N]. 光明日报，2016-07-02(02).

第一章 价值共识是培育社会主义核心价值观的前提与基础

更凸显出中国共产党在建设中国特色社会主义实践中越来越深入地触及社会主义核心价值观问题。如果说中华民族"站起来""富起来"改变了曾经饱受磨难的"落后就要挨打""贫穷就要挨饿"的境遇，那么"强起来"的中华民族在世界范围就应首先跨越"失语就要挨骂"的历史沟坎，在国内则要避免主导价值观"非主导化""非主流"而导致的领导力下降问题。

（一）核心价值观价值共识与文化交往全球化

全球化的概念最初来自经济全球化，而经济基础决定上层建筑。马克思、恩格斯在《共产党宣言》中指出："资产阶级，由于开拓了世界市场，使一切国家的生产和消费都成为世界性的了。……物质的生产是如此，精神的生产也是如此。各民族的精神产品成了公共的财产。民族的片面性和局限性日益成为不可能，于是由许多种民族的和地方的文学形成了一种世界的文学。"❶所以，伴随经济全球化进程的深入，必然会引发作为上层建筑的文化发生或快或慢的调整和变革，最终形成与经济全球化相辅相成的文化交往全球化态势。文化借助于经济全球化之势，冲破了地域和民族间的藩篱，不同文化得以在全球范围内加速传播交流。文化领域的"在场"与"缺场"深度纠缠在一起，导致文化一元论与文化多元论之辩愈烈，价值差异与价值观之争愈显。

特别要说明的是，这里讨论的文化交往全球化并非指文化最终将走向同质化、单质化。所谓文化的"同一"是西方在文化领域和价值观领域埋下的又一个陷阱，希冀其所倡导的"普世价值观"能够"一统"全球。而世界发展到今天，人类文明演进到现代，试图通过"强制认同"或"引诱认同"来实现这一目标无疑是痴人说梦。文化作为一种更基础、更广泛、更深厚的观念存在，有着其特殊性和相对独立性。从文化的起源来看，文化是人类社会实践活动的产物，主体的不同、自然环境和社会环境的不同、社会心理的不同，决定了文化的千差万别。当然，不排除器物文化和制度文化在文化的全球化交往进程中会受到一定程度的影响，或者有着趋

---

❶ 马克思恩格斯文集（第2卷）[M]. 北京：人民出版社，2009：35.

同的趋势（实际上也不会完全单质化，一定仍保有原文化的元素），但文化的内核——价值观层面，早已沉淀固化为一个民族内在的心理结构，铸化成民族的"根"与"魂"。这种历史凝结成的"集体无意识"决定了民众深层的价值取向、价值选择和思维行为方式，表现为强大的惯性。换言之，文化的形式可以割取重组，但居于民族文化核心地位的价值观却较难篡改、更替和颠覆，也正是这种"顽固性"构成了民族文化的脊梁。我们所要做的就是为这个脊梁补钙，使其能够支撑起民族复兴大业。从文化的发展来看，文化交往全球化带来的多元文化"共场"加剧了文化间的冲突，却又促使文化走向更为复杂的分化，推动了文化的发展。从这个角度来说，文化交往全球化不仅没有消除文化多元，反倒是为新的多元创设了条件。我们同时也要辩证地看待问题，文化分化在一定程度上使主导价值观的价值共识达成遭遇"现代困境"，产生文化离散化的风险。

1. 文化交往全球化视角下价值观的冲突表征

经济的背后是文化，居于文化深层次起到主导和制约人的行为作用的是价值观。当代中国社会多元价值观的矛盾与冲突，从历时维度来看，它发轫于全球化和中国实现现代化的进程；从共时维度来看，它萌发于多元文化的交流交融交锋和国际话语权的争夺；从世界层面来看，裹挟于多元价值冲突中的主线是社会主义意识形态与资本主义意识形态的冲突和竞争，是社会主义制度和资本主义制度的冲突和竞争。文化交往全球化对当代中国价值观领域带来的挑战是巨大的，原来信任的如今被质疑了，原来熟悉的变得生疏了，原来认为理所当然的却又将信将疑了。全球视域多元价值观造成的价值模糊、价值观选择多变，使诸多原本不是问题的问题重新成了一个大问题，而冲击最大的是社会主导性价值观，即社会之灵魂的社会主义意识形态。全球化视域下价值观间的矛盾与冲突主要有以下几个特征。

一是共时性。文化交往全球化背景下，历史上不同时期的不同价值观从未像当代这样，借助于互联网和新媒体技术挤压在同一平面上集中呈现在人们面前。"在场"与"缺场"紧紧纠缠在一起，"古"与"今"、"中"

第一章 价值共识是培育社会主义核心价值观的前提与基础

与"西"之间的价值观张力不断被放大凸显，多元价值观之间的碰撞和冲突越来越多、愈演愈烈。多样的文化、多元的价值观、多种社会思潮给人们的思想造成巨大冲击。从社会的角度来看，多元价值观对中国社会原有的占主导地位的价值系统带来一定程度的破坏，人们对中国传统文化价值观和革命建设时期形成的基本理想、价值取向产生了质疑与困惑，致使其权威被弱化、主导地位在一定程度上被动摇，并使本身就正处于转型期的中国社会折射出精神世界一定程度的焦灼状态。从个体的角度来看，人们在拥有更多价值选择的同时也陷入了价值选择的迷惘与彷徨。"祛魅"之后的"诸神纷争"，让人们"思想的芦苇"更加飘浮不定，价值共识的达成比以往任何时期都愈加艰难。

二是共生性。文化交往全球化背景下的多元价值观共时态并存，彼此同台竞技、各显所长，相互之间发生着或大或小、或显或隐的矛盾与冲突。竞争的过程实际上也是交流的过程，冲突与矛盾的过程亦是共生与共识的过程。共生是自然界和人类社会一个基本存在方式，人的自我价值需要在人的社会实践关系中得以确认和体现，人的公共价值同样需要在共生的环境下达成基本共识。多元价值观的共生性能够克服价值观领域僵化的"主客二分"认识论思维模式。多元价值观共时态并存，并不意味着价值观以隔绝的形态独立存在且没有价值共识的可能性。"客观的物理的对象独立于我们，我们可以在'外面'对它进行观察，这没什么问题；而问题是，我们毫无批判地把这种认知模式移植到价值领域，以为我们可以站在群体'之外'观察群体、认为我的价值与他人和群体没有关系则是最大的问题。"❶ 多元价值观冲突如果不进行有效整合，"多"必生"乱"，最终必然指向价值共识危机，从冲突式共生走向共识性和谐发展，应是多元价值观的自觉选择。

三是复杂性。从价值主体来看，价值是指客观事物所具有的能够满足主体的人之需要的功能和属性。从历史唯物主义视野看，人作为价值的主

---

❶ 徐春喜，郭凤志. 重思关于构建社会主义核心价值观共识的几个前提性问题 [J]. 思想教育研究，2017（03）：81.

体兼备历史属性和现实属性,人们在价值比较和价值选择时既受原有惯性思维审视又要考虑与自身现实利益相契合,在目眩神迷中左顾右盼难以取舍。从文化的角度来看,多元文化共时性并存共生并且紧紧咬合在一起的状态,决定了不同价值观之间冲突的复杂性。传统文化、现代文化、后现代文化相互激荡,东方文化、西方文化相互交锋,精英文化与大众文化相互涌动,主流文化和亚文化相互冲突,多元文化彼此间以错综复杂的方式交融在一起。从价值观的角度来看,外观美丽的一簇簇"价值丛"下,实际是激流暗涌,旋涡迭起。而一个社会的核心价值观体现着该社会的意识形态,在深层制约和影响着社会个体的行为方式。正因为如此,西方发达资本主义国家一直在利用其所谓"高势位"文化价值观影响和干涉处于"低势位"国家和地区的文化价值观,试图把水搅浑,从而达到自己的目的。西方发达资本主义国家对我国的价值观渗透从来都不是单一方式,而是有套路的"组合拳",比如片面夸大儒家思想的地位,借"尊孔崇儒"之名行去马克思主义之事;以历史虚无主义解构革命文化价值观;以"普世价值"瓦解社会主义先进文化价值观,这些都无形中加剧了不同价值观间冲突的复杂性。

2. 文化交往全球化对培育社会主义核心价值观价值共识的积极作用

中国的改革开放,恰逢全球化风云际会之机,中国抓住历史机遇乘势而为,经过四十多年的发展,从一个积贫积弱的国家跃升成为一个对世界经济增长贡献率超过30%的社会主义国家。可以说,中国的发展离不开世界,中国拓展了"全球化"的内涵和外延,实现了从最初融入全球化到今天坚持和引领全球化的转变。正如习近平总书记指出的:"今天,人类交往的世界性比过去任何时候都更深入、更广泛,各国相互联系和彼此依存比过去任何时候都更频繁、更紧密。一体化的世界就在那儿,谁拒绝这个世界,这个世界也会拒绝他。万物并育而不相害,道并行而不相悖。"❶

首先,文化交往全球化诉求于民族核心价值观的价值认同。

---

❶ 习近平. 在纪念马克思诞辰 200 周年大会上的讲话 [N]. 光明日报, 2018 – 05 – 05 (02).

第一章 价值共识是培育社会主义核心价值观的前提与基础

自鸦片战争以降,西方列强凭借其强大的物质力量、军事力量、科技力量强迫中国打开封闭的大门,从此中国人认识到自身与世界列强之间的巨大时代落差,觉醒的中国先进分子开始在器物层面和制度层面进行思考,并逐渐将这种反思延伸到精神文化层面。在内忧外患下,中国对自己的传统文化基本上持简单的否定态度,这种局面因为种种原因一直延续到中华人民共和国成立前。也就是说在相当长的一段时期,中国传统文化在内外质疑与攻击下,渐渐失去存在的合理基础和合法依据,中国传统价值观也丧失抵御能力。改革开放后,内有对"文化大革命"的全面反思,外有各种文化价值思潮纷至沓来,中国社会开始重新思考对传统文化的态度问题。

全球化时代人类面临着许多共同的问题,比如自然环境变得恶劣、贫富差距不断扩大、个人主义和享乐主义盛行等,而中华优秀传统文化中蕴藏着"道法自然""天人合一""天下大同""克勤克俭"等丰富的人文思想和道德理念,可以为解决当代人类共同难题提供有益启示。全球化时代,文化是双向流动的,西方一些学者通过对中国优秀传统文化价值观的研究,发现了诸多根治现代西方社会弊病的理念和方法。这些都证明了中国优秀传统价值观尽管根植于自然经济,与现代市场经济有着不适应、不协调的地方,但完全可以通过推动中华优秀传统文化创造性转化和创新性发展使中华优秀传统文化价值观华丽蜕变再度绽放。与此同时,文化交往中的文化自觉和自醒日益使交往中的人们思考一个更为根本的问题:我是谁?从哪里来,向何处去?这必然导致人们对传统文化的"寻根",使人们重新思考民族文化存在的意义和价值,是在文化交往中被同一、丧失自我,还是自觉坚持民族文化的精神自我?这个民族文化的精神自我在当代的代表性载体是什么?这些问题直接指向社会主义核心价值观问题。面向世界的价值观不可能是个体价值观,一定是中华民族的核心价值观。社会主义核心价值观是否能够深入人心,一个重要的环节就是能否与民众心理和文化基因紧密结合,就是要在汲取人类文明共同成果的基础上,使中国优秀传统文化价值观与新时代精神和新实践要求相适应。

其次,文化交往全球化客观上提出对社会主义核心价值观的价值共识需求。

从中华人民共和国成立至改革开放前这段时期，我国由于对社会主义建设规律认识不够，对社会基本矛盾的判断出现偏差，从而导致在指导思想上过于强调"政治挂帅"。同时，"政治挂帅"的出现也与人们出于对中国共产党领导人民翻身做主的政治认同以及对革命文化的文化认同息息相关。但是长期社会文化生活政治化也在一定程度上束缚了人们的精神自由和个体价值追求，犹如弹簧失去弹性而丧失弹力一样，人们的思想文化活力不足。改革开放打开了国门，文化的全球化交往所带来的各种文化思潮让人们目不暇接，一时间人们释放出许久以来累积的精神压力，自由徜徉于"价值丛"中。随着时间流逝，人们对相对富足物质生活的渴望与热情在慢慢消退，转而重拾对人生终极意义的思考，"我是谁？我从哪里来？我要到哪里去？"什么样的人生才是有意义、有价值的人生？在这样的背景下，人们对高度凝聚人心、催人上进的革命文化价值观有了重新认识。可以说多元价值观语境唤醒了人们的价值自觉，人们更加期盼能够形成一个全社会普遍共识的价值理想，既扎根时代又指引未来，让生命的价值再次崇高起来。

社会和大众对革命文化的再认识也得到了国家层面的响应，革命文化和中华优秀传统文化、社会主义先进文化一道，"积淀着中华民族最深层的精神追求，代表着中华民族独特的精神标识"，❶ 文化交往全球化是不同国家或民族的价值观的全球性竞争，如果我们不能形成契合新时代中国特色社会主义的价值共识，构建不出社会主义核心价值观，进而输掉这场价值观领域的"没有硝烟的战争"，等待我们的必将是价值观的崩塌和社会运行机制的崩溃。忘记历史就意味着背叛，革命文化既是中华优秀传统文化的高度凝结又是社会主义先进文化的源头。没有革命文化，中国文化就不能称之为一个有机体，在中国优秀传统文化和社会主义先进文化之间出现了断层；没有革命文化价值观，中国的价值体系就立不起来，革命文化

---

❶ 习近平. 在庆祝中国共产党成立 95 周年大会上的讲话 [N]. 人民日报，2016-07-02 (02).

价值观是我们清醒应对"西化",捍卫思想文化安全的精神长城,是不走改旗易帜邪路的重要精神保证。

社会主义先进文化立足于中华优秀传统文化,以革命文化为源头,植根于中国特色社会主义伟大实践,代表着中国先进文化的前进方向,引领人类先进文化发展潮流。以马克思主义为指导的社会主义先进文化要保持先进性,就要有海纳百川的胸怀,借鉴和吸收文化全球化交往带给我们的一切人类文明成果,去伪存真、去粗取精。社会主义先进文化是中国特色社会主义的反映,能够满足人们自由全面发展需求,能够向世界提供中国智慧。社会主义先进文化价值观作为一种内源动力推动着中国特色社会主义的发展进步,特别是使人们在共同利益基础上形成共同价值准则和全社会共同理想,汇聚人心、凝聚共识,找准正确的社会主义核心价值观培育和发展方向,确保不走封闭僵化的老路。

3. 文化交往全球化对培育社会主义核心价值观价值共识的消极作用

文化交往全球化为我国的社会主义核心价值观建设提供了新的历史机遇和新的挑战,如何在文化大交流、价值观大碰撞中抓住历史机遇,深化社会主义核心价值观的价值共识,全面提升我国文化软实力,有效培育社会主义核心价值观成为一个新的时代课题。同时,我们也要看到文化交往全球化给我国文化认同和价值取向带来新的难题。

文化交往全球化下西方价值观念的渗透动摇了一部分人的共产主义信仰。时代发展到今天,西方发达资本主义国家对我国的价值观渗透有三个鲜明的特征:一是坚持渗透的长期性和持续性;二是加大渗透的广度和深度;三是完善渗透的伪装性和隐蔽性。特别是着重在改变人们的生活方式和思想理念方面下功夫,从表层的政治攻击转向深层的价值渗透,试图从根本上实现对共产主义意识形态的"历史终结"。不可否认的是,西方发达资本主义国家为了延续资本主义影响力和渗透力,也在根据世情社情做着一定程度上的政策调整和制度微调,使这种渗透具有极强的伪装性和蒙蔽性。而近代以来形成的"西强我弱"的思维定式使我国一部分人漠视在马克思主义指导下中国取得的巨大成就和进步,看不穿"资本主义优越论"的虚假性,看不透"共产主义失败论"的蛊惑性,进而怀疑否定马克思主义,丧失掉共产主义信仰。

文化交往全球化下多元文化价值思潮干扰了人们对社会主义价值理想的认同。中西文化长期以来的"西强我弱"的态势,多元文化价值思潮一是让人们困惑于选择,在放任自流中价值失位,在穷奢极侈中价值失真,在患得患失中价值失衡,在急功近利中价值失范;二是给社会确立普遍有效的价值认同带来干扰,导致价值危机。经过四十多年的改革开放,最初的新奇已趋淡化,曾经的冲动已趋理性,人们开始厌倦价值观矛盾冲突给精神世界造成的纷扰,逐渐认识到社会主义核心价值观对国家、社会和个人的重要意义,人们开始再次渴求稳定有序的价值世界。于是从精英到大众,从国家到个人都进行了深刻的价值反思,开始谋求确立一种反映社会主义本质、代表人民大众共同利益、体现中国特色的普遍稳定的核心价值观,就如哈贝马斯所认为的,"关于社会一体化,我和杜克海姆(Durkheim)都把它理解为通过价值和规范来保障某种社会生活世界的统一"。❶ 特别是党的十八大以来,习近平总书记站在历史的新高度,就中国文化和社会主义核心价值观阐发了一系列重要论述,形成了引领新时代的文化思想和价值观思想,指导中国人民坚定"四个自信",以社会主义核心价值观为人们的社会生活提供是非、善恶、美丑的价值标准和行动准则,以社会主义核心价值观来凝聚社会共识,并在实践上为我国培育和践行社会主义核心价值观指明了具体方向和基本路径。

(二)核心价值观价值共识与互联网时代

如果说文化交往全球化是大势所趋,那么互联网技术的开放性与即时性无疑推动了这个进程,并且加速了价值观的流动与传播。中国互联网络信息中心(CNNIC)发布的第41次《中国互联网络发展状况统计报告》显示,截至2017年12月,我国网民规模达7.72亿,其中手机网民规模达

---

❶ [德]哈贝马斯. 交往与社会进化[M]. 张博树译. 重庆:重庆出版社,1989:148-149.

7.53亿,其在网民中所占比例由2016年的95.1%提高至97.5%。❶互联网惠及全民的"万物互联"时代真切地到来了。互联网时代同样给主导价值共识带来消极和积极两方面的影响,但无论如何我们不可能置身于时代之外,核心价值观只有融入时代、贴近实际、贴近生活、贴近群众,才会让大众接受,才能有机会在新环境、新平台上汇聚共识。习近平总书记把握时代脉搏,明确指出:"宣传思想工作是做人的工作的,人在哪儿重点就应该在哪儿。……很多人特别是年轻人基本不看主流媒体,大部分信息都从网上获取。必须正视这个事实,加大力量投入,尽快掌握这个舆论战场上的主动权,不能被边缘化了。"❷所以,社会主义核心价值观价值共识达成必须直面网络时代的机遇与挑战,实现价值观创新转换的"弯道超车"。

1. 互联网对社会主义核心价值观价值共识的正向推进

互联网互通共享思维有助于形成对社会主义核心价值观的价值共识。互通共享是互联网发展的基本思维方式,在一定程度上,也是社会主义核心价值观达成价值共识的基础。互通共享是基于互联网开放性、参与性和交互性之上的,互联网的开放性涉及社会生活的方方面面,并且已经从生活层面逐渐渗透到社会心理层面;互联网的参与性使一般民众不再仅仅满足于扮演一个文化信息接收者和接受者的角色,相反,每个人都可以成为文化信息的创造者(信息源),或者是文化信息的传播者(次信息源);互联网的交互性使文化主体彼此间通过文化信息的输入输出方式进行交流共享,这是互联网得以发展的"初心",也是互联网最大的优势。互联网的互通共享特征契合了价值共识的需要,互联网的开放性有利于人们思想观念的进化,在多元价值观中比较、选择、扬弃;互联网的参与性营造的自由平等平台有助于人们完善自我意识,形成价值主体观念;互联网的交互性促使人们在信息交互的过程中根据自己的利益需求和心理需要进行文化

---

❶ 中国互联网络信息中心. CNNIC发布第41次中国互联网络发展状况统计报告[EB/OL]. http://www.cac.gov.cn/2018-01/31/c_1122346138.htm, 2018-01-31.

❷ 习近平在全国宣传思想工作会议上的讲话[EB/OL]. http://www.cac.gov.cn/2014-08/09/c_1115324460.htm, 2014-08-09.

加工与反馈。互联网在开放性、参与性和交互性上发展出的互通共享思维经过网络普及和人们对网络的依赖性逐步加强，已经慢慢抽象成为一种获得普通民众普遍共识的社会思维方式和价值理念，直接的效果就是今天的"共享经济"形式在我国的突飞猛进发展。互通共享正从互联网的核心思维方式向社会文化和社会心理层面渗透，互通共享也是社会主义核心价值观达成价值共识的一个重要基础，没有互通共享就不会有价值共识。

互联网人本导向思维有助于形成价值共识。在我们目所能及的范围内，互联网的发展隐含着这样一条轨迹，起始于扩张化，即网络化链接和再链接；沉淀于数据化，即今天的大数据；转向于智能化，即人工智能方向。支配这个发展轨迹的原动力则是互联网"以人为本"的服务理念，这是由市场规律决定的，没有或是缺乏"以人为本"意识和理念的互联网公司基本上都"看不到后天的太阳"。这种人本导向思维是互联网生存的根本要义，也是核心价值观达成价值共识的本质规定。只有以人为本，充分尊重个体发展的多样化需求，将核心价值观的价值共识植根于人民、反映于时代，生长于中国特色社会主义实践，才能培育出社会成员普遍接受、内心认同、自觉践行的价值体系，才能形成有着共同价值目标、价值取向和价值准则的稳定价值共同体。寻求社会主义核心价值观的价值共识，培育和践行社会主义核心价值观，就要坚持以人民为中心，找准人民的情感共鸣点，切中群众的利益公约数。尊重人民群众价值主体地位，调动人民群众在价值共识中的参与热情，按照价值共识规律切实提升价值认同，推动全社会形成崇德向善的人文环境，用社会主义核心价值观引领人的全面发展。

互联网多元融合思维有助于形成社会主义核心价值观的价值共识。互联网发展到今天，时时进行着裂变与融合。互联网文化裂变主要是多元网络文化的分化、交织、矛盾与冲突，影响并改变着人们的思维方式和行为习惯，干预公众思辨。互联网文化融合主要是多元网络文化实现"跨界"融合，当前我们所推行的"互联网+"即是这种融合思想的产物。互联网的裂变与融合是复杂的综合性运动形式，裂变中有交叉融合，融合中又有新的裂变，这恰恰与价值观的运动方式相吻合。社会主义核心价值观的价值共识可以从互联网多元融合中汲取经验,价值观的裂变与分化冲击着权威,价值观的融合与共识则是一个国家和民族固本筑基的关键。当然,价值观的融合与共识是一个循序渐进的过程,培育社会主义核心价值观也绝非是一蹴而就的事情,互联网本身就是价值共识的平台与"实验田",互联网多元融合思维给价值共识贡献了智慧。

2. 互联网对社会主义核心价值观价值共识的逆向阻碍

网络的隐匿性和虚拟性弱化了社会主义核心价值观的主导性。网络文化的低门槛、草根性为形形色色的人群搭建了一个狂欢的平台,而其鲜明的隐匿性和虚拟性特征,一方面让人们自由释放精神压力、自由发表言论,另一方面催生出海量虚假信息或负面信息。一部分人群为追求"眼球经济"而不设下限地炒作运营加之网络文化有效监管的长期缺位,使得互联网世界一度乱象丛生,表现出明显的"去中心化""去责任化""去道德化"倾向,严重破坏了社会主义核心价值观的核心地位和主导作用。互联网的隐匿性和虚拟性,使一部分人群单方面认为网络世界是一处法外之地。在这个"自由"的空间里无节制地破坏社会底线的行为,一不会被追责,即便追责也会"法不责众";二是有机会"搏出位",从而晋身各类"网红"或"达人"。所以,网络是个"低门槛"进场、"高密度"参与的虚拟世界,网民数量巨大,网民素质良莠不齐,"低风险""高回报"蒙蔽了一部分人的心智,自我拉低了价值标准和道德底线。他们往往混淆视听、颠倒黑白、挑战良知,更有甚者成为西方文化和价值观的"代言人"或"白手套",传播伪马克思主义、反马克思主义思潮,包装推广新自由主义、新保守主义、历史虚无主义、个人主义、功利主义等意识形态和不良思想,公开鼓吹"普世价值",干扰社会主义核心价值观建设。邪教思想和迷信活动也乘机在网上肆意蔓延。凡此种种,导致部分社会成员价值观扭曲,滋生出"两面人",侵蚀社会主义核心价值观价值共识基础,冲击社会主义核心价值观主导地位。

互联网价值个体主义解构了社会价值共识的统一性。互联网的"自由"强化了价值个体主义,当一部分人沉浸于网络虚拟世界,习惯于网络思维方式和游戏规则时，无形之中就形成了网络与现实两种不尽一致的价值思想，深究其本质，就是个体与现实社会相脱节、个人与共同体相割裂。价值个体主义无限追求"个人自由"的思想迎合了这种网络生活需要，当现实社会隐退于网络虚构个人身份之后，"主体"也随之虚拟化，失去现实社会生活的支撑，从而成为心无定所的"孤家寡人"。价值个体主义将价值理想限定在网络私人领域，割裂了个体与共同体之间的传统认知，"个体"的喜好与经验成为评判价值的唯一标准，"去中心化""去公共化""去社会化"，摒弃或逃避社会公共生活，藐视或敌视现实社会公共领域价值准则，"原子式"思维方式的价值个体主义最终导向是价值相对主义和价值虚无主义，即使回归社会生活时所秉持的往往也是"价值中立"信条，表现出价值观冷淡。于是，公共生活开始衰落，价值理性失真，工具理性大行其道，公共领域价值观的价值共识基础被解构。

互联网文化"泛娱乐化"消解社会主义核心价值观价值共识的厚重性。网络文化在发展过程中为谋取生存空间并创造效益，就会努力提高关注度，而娱乐文化或者"文化娱乐化"迎合了部分网民宣泄压力的心理需求，这就形成了网络文化"泛娱乐化"倾向和"平面化"问题。"泛娱乐化"和"平面化"的价值观与历史虚无主义紧密勾连，消解宏大叙事的厚重性，躲避崇高价值的引领，一切以娱乐为目标，"恶搞""戏说"中国传统文化和社会主义文化。肤浅文化孕育不出崇高思想，肤浅文化更产生不出时代精神，但肤浅文化却足以潜移默化地销蚀人们的正确价值观，从根本上推翻宏大叙事，颠覆一切价值，毕竟"在一个科技发达的时代里，造成精神毁灭的敌人更可能是一个满面笑容的人，而不是那种一眼看上去就让人心生怀疑和仇恨的人"。[1]"泛娱乐化"以人们浑然不觉的方式侵蚀着社会主导价值观，文化娱乐化让人们不知不觉中消沉了意志，放弃了对意义的追问、对价值的求索和对现实的思考，从此患上精神贫血症，而肤浅的娱乐方式和低级的价值衡量标准，让人越来越向马尔库塞所说的"单面人"方向发展。没有深邃的思想，文化就会走向万劫不复的深渊，这个民

---

[1] [美]尼尔·波兹曼. 娱乐至死[M]. 章艳译. 桂林：广西师范大学出版社，2004：202.

族的前途就要危在旦夕。需要我们注意的是文化的"泛娱乐化"幕后有着西方黑手,那就是通过文化的"泛娱乐化"诱惑国人向往并习惯于西方生活方式,从而在根本上摧毁社会主义核心价值观的构建基础和价值共识的可能,这尤其值得我们深思和警醒。

(三)核心价值观价值共识与社会转型

当代中国正处于这样一个社会转型期,一是从计划经济向社会主义市场经济转型;二是从传统社会向现代社会转型;三是从单一粗放式发展向科学发展转型,其基本表征为"领域合一"向"领域分离"转变、"私人生活"与"公共生活"相对分离。社会转型期间的经济体制变革转轨、社会结构变动转换、利益格局深刻调整,都使人们的思维方式、行为方式、生活方式乃至社会价值系统发生明显变化,原有的价值体系已经承担不起新时代的历史任务,价值矛盾和冲突迭起。为新时代树立和提供新的价值观,解决社会转型后主导价值观的价值共识问题,是我们必须直面并着手破解的问题。

1. 社会转型对社会主义核心价值观价值共识的积极影响

中国社会转型的方向与社会主义核心价值观的构建具有同构性,在此基础上,形成对社会主义核心价值观的价值共识就是当前文化建设的重点和突破口。而且,社会转型期对社会主义核心价值观的价值共识达成有着重大推动作用。

民主法制的提升。民主是社会主义的本质要求,是"社会成员之间为了达成利益调节或妥协而安排的社会协商机制"。法制是治国理政的基本方式,是明确而稳定的规则,是评判纷争、平息混乱的根本保障,是社会主义中国的价值追求。中国历史上有着两千多年的封建专制统治,自然经济基础上的以宗法和血缘为核心的社会结构,提供不了民主法制的生长土壤和环境。中国古代的朴素民主法制思想由于经济体制和政治体制的不

---

❶ 中共中央宣传部宣传教育局编.固本培元的探索:社会主义核心价值观理论文章汇编[M].北京:学习出版社,2014:63.

同，与今天的民主法制又有着本质的区别。中华人民共和国成立以来，我们在民主法制方面迈出人类有史以来的最大步伐，但由于意识形态的原因，西方发达资本主义国家逢"马"、逢"社"必反，而这些国家挟几百年来资本主义积累的经济、科技和文化优势之余威，在话语权方面仍然占有较强势的地位，于是不断对我国民主与法制进行诘难和抨击。但所有这些都不能阻止我国对人类社会进步的价值真谛的探索和对中国特色社会主义民主法制的价值追求。社会转型期"人民美好生活需要日益广泛，不仅对物质文化生活提出了更高要求，而且在民主、法治、公平、正义、安全、环境等方面的要求日益增长"。❶ 这就决定了中国必然要加速民主法制进程，提升民主法制质量，为社会主义核心价值观的价值共识提供思想资源和制度保证，以此协调不同利益主体的价值诉求，化解人民内部矛盾，促进社会和谐稳定。

公平正义的召唤。公平正义是社会主义政治的内在要求，是建设中国特色社会主义最有号召力和动员力的价值理念。公平正义始终是人类孜孜以求的社会价值理想，在中国传统文化中蕴含着丰富的公平正义思想元素，但真正的公平正义在剥削压迫制度下只能是可望而不可即的"梦想"，"真正的自由和真正的平等只有在共产主义制度下才能实现，而这样的制度是正义所要求的"。❷ "拉美陷阱"给我国社会转型的警示是，单纯追求经济高速增长，而没有解决社会财富分配不公的问题，社会各项进步指标始终处于一个不均衡发展状态，就会加剧阶层与阶层之间以及阶层内部利益分化，民众丧失普遍的公正感的直接后果就是质疑现存的一切制度，动摇对价值共识的最后一丝希望，社会无可救药地跌入"塔西佗陷阱"。习近平总书记指出，中国人民"共同享有人生出彩的机会，共同享有梦想成真的机会，共同享有同祖国和时代一起成长与进步的机会"，❸ 这凝聚了中国人民的共同心声和社会转型期中国的价值共识。

---

❶ 党的十九大报告学习辅导百问编写组. 党的十九大报告学习辅导百问 [M]. 北京：党建读物出版社，学习出版社，2017：9.
❷ 马克思恩格斯全集（第1卷）[M]. 北京：人民出版社，1956：582.
❸ 习近平. 习近平谈治国理政 [M]. 北京：外文出版社，2014：40.

第一章 价值共识是培育社会主义核心价值观的前提与基础

创新意识的增强。中华民族是自强不息的民族，中国文化是革故鼎新的文化，中国共产党是开拓创新的政党，中国的社会转型注定是充满创新、别开生面的转型。"创新是一个民族进步的灵魂，是一个国家兴旺发达的不竭动力，也是中华民族最深沉的民族禀赋。在激烈的国际竞争中，惟创新者进，惟创新者强，惟创新者胜。"❶ 这意味着社会主义核心价值观的培育要有创新性思维以引领时代进步，社会主义核心价值观应该体现新时代内涵，具有普遍示范和导向功能，为国家稳定、民族复兴、社会和谐、人民幸福提供连绵不绝的精神资源和智力支持。价值观体现着社会的性质，决定着人们的信仰和行为，核心价值观作为一种无形的力量，默默通过制约、引导和催化等功能，在深层次主导着社会群体和社会成员的思想和行为。社会成功转型的关键和标志就在于是否建立起与新型社会形态相协调的价值系统，一个成熟稳定的核心价值观才能对社会起到强力支撑作用。

2. 社会转型对社会主义核心价值观价值共识的负面影响

"社会转型"和"价值冲突"相伴相生，社会转型期间社会利益主体的多元化和社会主导价值观"制导"功能弱化使得多元价值观的矛盾与冲突问题错综复杂充满变数。

社会转型期社会利益主体多元化问题影响价值共识的形成。社会转型期亦即利益格局调整期，也是"领域分离"加速期，更是社会结构分化和文化分化期，"随着每一次社会制度的巨大历史变革，人们的观点和观念也会发生变革。"❷ 计划经济体制下人们相对"单质"的思想文化生活和高度统一的社会生活同时面临裂变，社会主义市场经济条件下人们不再以政治为中心，转而追求物质利益和个性化需要。价值主体利益和价值观的不尽相同使社会结构发生分化，新的社会阶层或不同利益群体不断出现，社会利益主体呈多元化发展趋势。由于社会转型期经济体制、政治体制和文化体制都处于变动调整过程，而"每一种利益都有权利和渠道去伸张自

---

❶ 习近平. 习近平谈治国理政 [M]. 北京：外文出版社，2014：59.
❷ 马克思恩格斯全集（第7卷）[M]. 北京：人民出版社，1965：240.

己",所以不同的社会利益主体在经济领域、文化领域和社会生活领域利用法律的漏洞、制度的欠缺和价值观的混乱之际"跑马圈地"。社会一元化格局被打破,社会经济生活变得多样,利益划分越来越精细,利益结构重新建构,利益关系再次洗牌,多元利益主体在关涉到公共利益时矛盾冲突不断。公共利益并非个体或社会群体利益的叠加,而是对社会公共价值和共同准则的协调、共识,社会利益主体的多元化无疑加大了价值共识的难度,如何协调不同利益主体间的利益矛盾和价值观冲突就成为社会转型时期一个难以回避且又必须破解的社会问题。正如我国所进行的改革开放,改革开放进入深水区和攻坚区之前带有明显的普适性特点,勤劳的人们完全有机会摘到"低垂的果子";而改革开放进入深水区和攻坚区之后,社会利益多元化意味着利益调整而无人受损的"帕累托优化"阶段已成为过去时,利益的纠纷召唤着价值共识的形成,利益结构逐渐固化的趋势需要成熟稳定、先进理性的核心价值观做支撑。

社会转型期主导价值观"制导"功能弱化问题。"制导"在物理学中是指引导、控制飞行器遵循一定规律按预定轨迹驶向既定目标或轨道。我国社会转型的错综复杂性在于从农业文明向工业文明和后工业文明共时性跨越,而我国主导价值观则是在全球化和互联网时代价值观多元多变、充满变数背景下谋求突围和转化。中国传统社会的集体意识和革命时期以及社会主义建设初始阶段形成的主导价值观受到个人主义、拜金主义、消费主义等价值取向的严重冲击,地位变得越来越弱化,也越来越失去"制导"功能。价值世界的统一体一旦四分五裂,价值观多元的"诸神共舞"现象就会愈加明显,文化日趋"巴尔干化","一切等级的和固定的东西都烟消云散了,一切神圣的东西都被亵渎了"。❶ 主导价值观如果失去"制导"功能,就不能团结和带领人们向着共同的社会目标挺进,就不能引领社会达到既定彼岸。社会转型期原有的主导价值观也处于一个提档升级阶段,但是否能够重新成为一种适宜新时期社会生活并能给予这个生活以稳固的意义,从而再次获得"制导"性能,则取决于是否获得公众的"价值共识"。

---

❶ 马克思恩格斯选集(第1卷)[M].北京:人民出版社,1995:275.

(四) 核心价值观价值共识与文化分化

以上从文化的全球化交往、互联网时代和社会转型三个宏观层面分析了社会主义核心价值观的价值共识何以成为问题,下面回到中观层面,即文化分化的角度来分析。文化分化是把双刃剑,一方面可以丰富文化样式、提供先进价值观思想、促进社会进步;另一方面给文化带来离散风险、加剧了文化冲突,使核心价值观的价值共识难度加大。

1. 文化分化客观上凸显建设社会主义核心价值观的问题

文化分化丰富了文化样式。文化以各种方式进行的分化对人类文明的发展起到了重要的推动作用。原始社会中的远古先民即便处于一个人类精神还没有自觉的阶段,也开始有了文化分化的萌芽;进入农业文明时代,人类在与自然的斗争中注意积累经验并自发遵循这些经验,文化分化开始初具规模;工业文明社会,伴随着社会化大生产,人们之间的交往活动领域不断扩大,文化向着技术理性和人本精神分化,使现代工业社会成为一个物质生产极大丰富、人们越来越自信、文化领域空前自觉与发达的社会;步入后工业文明阶段,人们对工业文明社会矛盾和技术理性主义文化进行了批判和反思,文化分化在全球化、信息化、网络化的共同作用下更加精细化。符合历史发展规律的文化分化不仅丰富了文化样式,更有力推动着人类历史和人类文明向着更高的阶段迈进。

文化分化导致了价值观多元化。价值观多元有利有弊,文化的分化为人们多元的价值选择提供了可能,为人的自由全面发展创造了机遇;价值多元化又使人们感到困惑和迷茫。一元价值观在某种程度上不利于释放人的自主性和创造力,多元价值观又使处于岔路口的人们不知如何选择,但多样的社会经济生活在根本上决定了人的多重需要和多向发展,价值多元是文明社会的特征,是人类发展的内在要求。文化分化正是人们在综合自我社会定位、自我社会角色扮演、自我价值取向思考后推动了价值观多元化,有选择就意味着机会,就意味着社会生活的百花齐放和文化思想的百家争鸣。实际社会生活中,人们选择什么样的价值观,决定了他的人生意义有多大。人类在每个社会阶段的价值诉求不尽相同，社会整体向自由平等、多元开放发展，在这个过程中，人们的价值观只有符合历史发展规律要求，才会在错综复杂的社会环境中找到正确的航标。多元价值观社会中培养什么样的主导文化精神和推行怎么样的核心价值观才会获得民众的普遍认同，引领社会发展风尚，是直接影响一个民族和国家未来的深层次问题。因此，从存在意义上看，多元是一种现实存在，任其发展必然导致"乱"；从规范意义上看，要建立核心价值观以引领多元价值观，使社会有所规、人们的行为有所从。

文化分化促进了社会进步。文化分化引起了人类精神层面的嬗变，为人们打开了绚烂多姿的文化世界和独立自由的精神世界，让人们在文化和价值观方面有了更多的认知、比较和选择的机会。文化从根本上不是与政治、经济等相并列的领域或附属现象，而是人的一切活动领域和社会存在领域中内在的、机理性的东西，是从深层制约和影响着每一个体和各种社会活动的生存方式。文化的这种普遍性，决定了文化在社会进步中的重要作用。特别是在后工业文明的今天，对多样文化和多元价值观具有很大包容性，这样既可以吸收各类文化的精华元素，又能满足人们的多样价值需求，以尊重、理解、对话来化解多元价值观之间的冲突，从而达到多元价值观之间的圆融共生。

2. 文化分化对达成社会主义核心价值观价值共识的冲击

文化分化加剧文化冲突。一个社会主导性文化模式和主导价值观一经稳定，就会在一个很长的时期保持这种稳定惯性，即便在经济基础已经发生质的变化的时候，也会继续发挥着一定的影响力。文化的变化具有相对独立性。文化变革的真正动力和实质力量是文化自身的合理化诉求，是文化的创造性和超越性，归根结底源于人的创造性和超越性本质。文化分化加剧了价值观间的碰撞激荡，多元价值观"你方唱罢我登场"，昨日价值思想犹在，今时价值理想已来，新奇过后人们慢慢产生了"审美疲劳"，逐渐陷入焦虑与迷茫，而原有的精神家园已被冲刷得面目全非，新的精神家园尚在添砖加瓦的构筑中。

第一章　价值共识是培育社会主义核心价值观的前提与基础

　　文化分化加大价值共识难度。越是在文化分化、思想活跃、观念碰撞的时期，价值共识的难度就越大，但这个阶段又比以往任何时候都更需要价值共识的达成。由于价值主体现实利益和价值需求的多样化，不同主体的社会价值理想、价值取向和价值标准会存在一定差别。而每个社会群体同样有其遵循的价值观，这些社会群体价值观可以独立成为一个相对完整闭合的价值系统，不同的社会价值群体之间有着天然的抵触力，既有扩大本身价值观影响半径的愿望，又有担心被其他价值观侵蚀、同化的心理。前者体现了价值观有达成共识的基础，后者说明了达成共识的艰难性。多元价值观环境中的人们秉持着不同的价值信念，形成了不同的思维方式和行为方式，在公共生活中如果没有彼此认同的价值准则，终将影响社会的和谐稳定，这就需要核心价值观为多元文化社会提供一个相对统一和稳定的价值标准，以此缓解多元价值观带来的矛盾与冲突。

二、核心价值观价值共识因何凸显必要

（一）核心价值观价值共识是社会主义文化自信的集中表达

　　2012年11月，党的十八大报告中明确提出"三个自信"，即坚持道路自信、理论自信和制度自信。而中国共产党对"什么是社会主义，怎样建设社会主义"这一问题始终是在"摸着石头过河"中不断探索、不断解答、不断丰富和不断实践的。党的十八大之后，习近平总书记站在五千年中华历史文化的高度，以其深刻的文化思想、深邃的文化思维和深远的文化思考，深谙文化和价值观建设的重要作用及特殊价值，明确指出"一个没有精神力量的民族难以自立自强，一项没有文化支撑的事业难以持续长久"。❶ 习近平总书记在2014年2月的中共中央政治局第十三次集体学习

---

　　❶　没有文化支撑的事业难以长久——学习习近平总书记关于文化发展繁荣的重要论述［N］.光明日报，2014-01-08（02）.

时提出要"增强文化自信和价值观自信",❶ 同年3月习近平总书记参加全国"两会"期间贵州代表团审议和12月参加澳门大学学生座谈时,把文化自信的地位从中华优秀传统文化的传承发展和创造性转化这一文化建设层面,逐渐延展提升到"三个自信"的根本和基础的重要地位和高度。2016年5月至7月,习近平总书记分别在哲学社会科学工作座谈会、中共中央政治局第三十三次集体学习、庆祝中国共产党成立95周年大会上强调:"要坚定中国特色社会主义道路自信、理论自信、制度自信,说到底是要坚定文化自信。文化自信是更基本、更深沉、更持久的力量",❷ "坚定中国特色社会主义道路自信、理论自信、制度自信、文化自信",❸ "坚持不忘初心、继续前进,就要坚持中国特色社会主义道路自信、理论自信、制度自信、文化自信。……文化自信,是更基础、更广泛、更深厚的自信"。❹ 2016年11月,习近平总书记强调"坚定文化自信,是事关国运兴衰、事关文化安全、事关民族精神独立性的大问题"。❺ 党的十九大报告则明确指出"没有高度的文化自信,没有文化的繁荣兴盛,就没有中华民族伟大复兴"。❻

习近平总书记通过这些重要论述挖掘出文化自信理念的重大价值,将其与"三个自信"相提并论,共同成为新时代中国特色社会主义的重大战略定位,创造性地拓展了党的十八大提出的中国特色社会主义的"自信"谱系,使"自信"理论更具有严密性和逻辑性。"三个自信"到"四个自信"的跨越,既体现谱系广度,又彰显理论深度。"把文化自信问题提升为中国道路自信的高度,其语境更为庄严和宽广,作用更加重要和凸显,

---

❶ 习近平. 习近平谈治国理政 [M]. 北京:外文出版社,2014:164.
❷ 习近平. 在哲学社会科学工作座谈会上的讲话 [N]. 人民日报,2016-05-19 (02).
❸ 严肃党内政治生活净化党内政治生态 为全面从严治党打下重要政治基础 [N]. 人民日报,2016-03-30 (01).
❹ 习近平. 在庆祝中国共产党成立95周年大会上的讲话 [N]. 人民日报,2016-07-02 (02).
❺ 习近平. 习近平谈治国理政(第二卷)[M]. 北京:外文出版社,2017:349.
❻ 党的十九大报告学习辅导百问编写组. 党的十九大报告学习辅导百问 [M]. 北京:党建读物出版社,学习出版社,2017:32.

第一章 价值共识是培育社会主义核心价值观的前提与基础

态度更为鲜明和坚决,使文化自信的蕴含更加深刻。"❶

"价值观是文化最深层的内核,价值观自信是文化自信最本质的体现",❷"价值观念在一定社会的文化中是起中轴作用的,文化的影响力首先是价值观念的影响力。世界上各种文化之争,本质上是价值观念之争,也是人心之争、意识形态之争"。❸ 事业以文化为支撑,文化以价值观为支撑,文化自信一定是建立在价值观自信的基础上。中国五千多年的文明赖以生存延续的重要原因,是中华文化所蕴含的符合中国人思维特点且已浸入中国人灵魂的传统核心价值观。中国文化发展史按照历史阶段可划分为中华优秀传统文化、革命文化和社会主义先进文化三个阶段。中华优秀传统文化中讲仁爱、重民本、守诚信、崇正义、尚和合、求大同的价值观,充分体现了中国人民的品质和智慧。"问渠那得清如许?为有源头活水来",中华优秀传统价值观就是社会主义核心价值观的重要源头,回答了我们从哪里来的问题。五四运动以来,特别是中国共产党成立后,革命文化走向文化舞台中心,引领文化发展方向。革命文化是马克思列宁主义的基本原理与中国革命斗争实践相结合的文化智慧结晶,革命文化价值观高度凝结在红船精神、井冈山精神、长征精神、延安精神、西柏坡精神之中,充分彰显了中国人民的气节和勇敢。"为有牺牲多壮志,敢教日月换新天",革命文化价值观既根植于中华优秀传统文化价值观,又启迪了社会主义先进文化价值观,起到承前启后的作用,反映我们追求国家统一、民族独立艰辛历程,时刻提醒我们走过什么样的道路。社会主义建设时期,中华优秀传统文化和革命文化催生出社会主义先进文化,兼容并蓄的社会主义先进文化民族性与世界性并重,科学性与大众性并行,开放性与包容性并进,现实性与理想性并存,完美展示了中国人民的创新和进取。"长风破浪会有时,直挂云帆济沧海",社会主义先进文化价值观解决了我

---

❶ 郭凤志.习近平文化自信思想发展脉络研究 [J].人民论坛·学术前沿,2017 (21):52.
❷ 陈振凯.坚持社会主义核心价值体系(解码中国基本方略⑦)[N].人民日报海外版,2017-12-20 (05).
❸ 中共中央文献研究室.习近平关于社会主义文化建设论述摘编 [M].北京:中央文献出版社,2017:105.

们要到哪里去的问题。

中华文明曾领先世界几千年。鸦片战争后的一百多年，中国处于丧权辱国血雨腥风中，作为民族脊梁的传统核心价值观遭到贬损与破坏，中华文明风雨飘摇几欲中断。革命文化价值观基于中华优秀传统文化价值观，在马克思主义指导下再生再造，终使国人重拾自信。社会主义先进文化价值观既扎根于中华优秀传统文化，又带有革命文化基因，有充分的理由可以引领中国人民开创前无古人的中国特色社会主义事业。从中华优秀传统文化到革命文化再到社会主义先进文化，形成了一个完整的文化生态圈，而将三者融会贯通紧密相连的，正是符合各历史阶段实际，来自同一基因且被高度认同的中国价值体系。主导价值观的价值共识无论过去、现在还是将来都必将是中华民族文化自信的基础，以"增强做中国人的骨气和底气"❶，形成对社会主义核心价值观的普遍价值共识是社会主义文化自信的集中表达和现实需要。

（二）核心价值观价值共识是新时代中国特色社会主义的发展诉求

当代中国"经过长期努力，中国特色社会主义进入了新时代，这是我国发展新的历史方位"。"中国特色社会主义进入新时代，意味着近代以来久经磨难的中华民族迎来了从站起来、富起来到强起来的伟大飞跃"❷，党的十九大报告中关于中国特色社会主义进入新时代，既是对当代中国所处历史方位的"实然"描述，又传达出人民群众的普遍价值共识。站在新的历史方位，我们党唯有强化全党全国各族人民的价值共识，深化人民群众对五千年中华文化文明的深切认同，以社会主义核心价值观为纽带紧紧将全体社会成员融为一个巩固的价值"共同体"，才能汇聚起建设新时代中国特色社会主义的磅礴力量，推动中华民族伟大复兴中国梦的实现。

---

❶ 习近平. 习近平谈治国理政 [M]. 北京：外文出版社，2014：162.
❷ 党的十九大报告学习辅导百问编写组. 党的十九大报告学习辅导百问 [M]. 北京：党建读物出版社，学习出版社，2017：8.

第一章　价值共识是培育社会主义核心价值观的前提与基础

新时代中国特色社会主义以人民为中心的价值取向是社会主义核心价值观价值共识的方向。坚持以人民为中心，是中国共产党赢得民心，带领中国人民战胜一切困难和挑战的根本原因。新时代中国特色社会主义需要在新的历史方位将中国人民紧密团结在以习近平同志为核心的党中央周围，共同创造中国人民的美好生活。美好生活不只是物质上的丰富，更是精神上的充盈，没有精神生活的充实感，就构不成美好生活，而精神生活的充盈、思想文化的生动活泼，首要的是构建出与新时代中国特色社会主义完美契合的社会主义核心价值观，使人民群众有高尚的价值观念、崇高的价值追求和坚定的价值信仰。

新时代中国特色社会主义要实现经济、政治、文化、社会、生态文明"五位一体"的全面协同发展，需要经济、政治、文化、社会、生态文明等诸环节和社会现实紧密结合与高度契合，实现人与自然、人与社会、人与人及人与自我的和谐。实践证明，"五位一体"的中国特色社会主义事业总体布局必须要有价值共识的力量来穿针引线、汇聚人心，这种价值共识的力量是不可替代的。从社会的角度来讲，价值共识取得的公约数越大，社会文化心理认同度就越高，"五位一体"全面协同发展就会越顺利；从文化的角度来讲，"五位一体"全面协同发展能够给文化发展繁荣提供安定的环境，给价值共识营造通畅的路径。无论是历史经验还是现实体验都告诉我们，价值共识是一个国家和社会具备向心力的必要前提。获得最大共识的核心价值观能够给个体和社会群体以吸引力作用，凝结共同意志、创设共同目标、采取共同行动、共享发展成果，促进社会发展进步。社会主义核心价值观"回答了我们要建设什么样的国家、建设什么样的社会、培育什么样的公民的重大问题"，[1] 它作为整合国家与社会的重要力量，关系到国运兴衰，关系到社会治乱，关系到民众心理聚散和民族精神的离合，必然影响社会发展进程。

价值观可以在根源上引导人的思想和规范人的行为，是人类所有社会活动的内驱力。抽丝剥茧，我们会发现价值观是人的一切思想与活动的根

---

[1] 习近平. 习近平谈治国理政 [M]. 北京：外文出版社，2014：168－169.

本依据,"历史不过是追求着自己目的的人的活动而已",❶ 人的价值追求就其本质而言,就是持续满足人在生存和发展过程中不断出现的各种需要。缺失价值的引领和文化的陶冶,仅是物质的满足和制度的完备还不能给予人们最深切的幸福感。新时代中国特色社会主义的发展诉求内在要求人们要加大对社会主义核心价值观的普遍价值共识,巩固不同阶层、不同人群紧密团结在一起的共同思想基础。

(三)核心价值观价值共识是培育核心价值观的基础性问题

中国是一个多民族、多人口的发展中国家,多民族、多人口在客观上就意味着"众口难调""莫衷一是";发展就象征着变化与某种程度的不确定性。这样一个发展中大国,如果缺乏一个全社会基本认可和普遍遵循的核心价值观,其结果显而易见是悲剧性的。社会主义核心价值观是当代中国凝魂聚气、强本固基的基础工程,是对社会主义基本社会关系和价值取向、价值追求的高度凝练,反映的是社会成员价值观的"最大公约数"。单纯地从价值领域来看,培育社会主义核心价值观,一是要实现价值观多元性与一元性的统一;二是要形成主导价值观的核心地位,发挥其统摄与引领功能。

改革开放前,中国核心价值观具有鲜明的一元特征,在百废待兴、内忧外困的情况下使人们紧紧团结在一起,并激发出自力更生、艰苦奋斗的伟大民族精神,迅速医治战争创伤、恢复国民经济,取得了社会主义革命和建设的巨大成就。这一阶段的中国社会核心价值观对统一人们思想、凝聚人们革命建设意志、形成社会最大合力起到了至关重要的作用。改革开放后,经济社会的发展给人们的物质生活带来了翻天覆地的变化,同时也给人们的价值观世界带来了深刻的改变,其中突出表现为个人特殊利益和特殊价值观念在尊重、理解与宽容的社会环境中愈发地张扬起来,人们价值观呈现多元化趋势。思想价值领域的多元、多样、多变,所体现的是差异性价值取向,在给社会带来活力与创造力的同时,也不可避免地导致价

---

❶ 马克思恩格斯文集(第1卷)[M].北京:人民出版社,2009:295.

第一章 价值共识是培育社会主义核心价值观的前提与基础

值观的不一致甚至是分歧和矛盾，而如果在公共价值方面分歧的力量远大于共识的努力，那么价值观"多"与"一"的张力平衡就会被打破，最终的结果只能是社会被撕裂。

对照改革开放前后中国价值观世界"一"与"多"的历史演进与现实效能，我们不难发现这样一个"悖论式"的逻辑关系：价值一元占据强势地位，社会就缺失了基色调，某种意义上存在单调且缺乏活力的问题；价值多元占据强势地位，冲击了价值一元，社会就失却了主色调，无序且匮乏力量。我们所要建立的社会，应该是富有活力与创造力的和谐有序的社会，就价值角度来看，应该是价值一元主导下的多元共生。社会的进步与人的自由全面发展，内在决定了人的价值追求的差异性与多元性，同时也内在决定了人的价值追求的一致性与统一性。当代中国，在价值差异、价值多元已然成为现实存在的状况下，社会成员既有价值选择的权利，更有共同培育和弘扬社会主义核心价值观的义务。以"三个倡导"为基本内容的社会主义核心价值观，采取的是一种开放的、动态的构建模式，这给社会成员以更加宽阔的理论及实践空间去培育和践行。然而，价值观作为人的实践活动"内在的尺度"，无论其空间多么广阔，就其功能和作用来说，都要通过价值主体的"意识"来实现实践性转化。如果人民大众对社会主义核心价值观有正确的认知和正向的认同，那么社会主义核心价值观的功能与作用就会得以充分发挥；反之，社会主义核心价值观就只会停留在文本层面。我们提出一个概念或理论，即使是有着一定基础的共识，但如果没有社会成员普遍意义上的共识，这个概念或理论也就不能落地，更不能走向应用、走向生活。核心价值观只有走向应用、走向生活，才真正完成了从"合理"到"合法"的跨越，唯有如此，核心价值观的真义与功能才能得以全部彰显。培育稳定的、恒定的社会主义核心价值观与凝聚价值共识是同频共振的运动关系，建构社会主义核心价值观的过程亦即价值共识的过程，价值共识的方向是社会主义核心价值观，二者在实践路径上具有一致性。在一元主导与多元取向的冲突和矛盾中，社会主义核心价值观的引领功能凸显出来；在对一元主导的认知和内化过程中，形成对核心价值观的普遍价值共识以强化其"核心"地位与"主导"功能，同样成为培育社会主义核心价值观的关键点。对社会主义核心价值观形成价值共识，是培育核心价值观、追寻价值统一的当务之急。所以说，"培育和践行核心价值观，一定要在增强认知认同上下功夫，使其家喻户晓、深入人心"。[1]

应该说，社会主义核心价值观凝结在一个稳定和谐、积极向上的充满意义与价值的文化世界，是全体社会成员共建共有共信共享的价值理想与价值准则，没有价值共识，核心价值观培育就无从谈起，价值共识既是核心价值观培育的目的，更是培育核心价值观的手段。价值共识为核心价值观提供社会心理基础，核心价值观以价值共识为必要支撑以实现引领社会思潮、凝聚社会共识的效能，通过价值共识的涵养，核心价值观会更加鲜活生动易于接受。每个时代都有符合时代特征的价值观和指导思想，不加改造、消化和积淀的"他者"价值观不可能成为"自我"的核心价值观。从文化根源角度讲，我们不可能照抄照搬其他国家的价值观，这条道路行不通。核心价值观的培育有直接的方式，也有相对间接的方式；有整体推进，也有局部加强；有近期目标，也有长远目标；有硬性保障，也有软性熏陶。充分形成对核心价值观的普遍价值共识，激起人们思想共鸣，使核心价值观更容易地注入人的心灵，并以柔性的方式进行长效深度的社会治理。

三、核心价值观价值共识缘何可以达成

解析了价值共识的重要性和必要性之后，我们发现培育社会主义核心价值观并形成对核心价值观的普遍价值共识是当务之急，价值共识问题已然成为当今社会亟待破解的理论课题与实践课题。然而，相比核心价值观价值共识的重要性和必要性，更为复杂与关键的问题是价值共识何以可能。在多元主义者看来，价值之间是不可公度的，这种不可公度性导致了不会生成一种普遍适用的话语，即价值观的价值共识是不可能存在的。伯林认为，"既然有些价值可能本质上是相互冲突的，那么，原则上可以发

---

[1] 刘云山. 着力培育和践行社会主义核心价值观 [J]. 党建, 2014 (02): 21.

第一章 价值共识是培育社会主义核心价值观的前提与基础

现所有价值都能和谐相处的模式这样一种观念,便是建立在关于世界本质的一种错误的、先验的观念之上"。❶那么,对社会主义核心价值观的价值共识能否达成?这需要我们从理论和现实双重维度给予回答。

(一)价值共识可能性的代表性理论

关于价值共识,国内外大致有六种理论。一是意识形态的建构式灌输、教化与渗透。一个国家和社会对人们进行意识形态(实质仍是价值认同)灌输、教化和渗透,以期用共同价值观念"统一思想"。二是价值的社会契约。这个社会契约主要指向是规则与法律,公民个人放弃某些特权以换得国家提供保护和利益回报。"所谓法律规则的契约本身就是一个价值观念的契约"。三是重叠(交叉)共识。"共识只能限于政治正义方面的重叠共识"。四是视域融合。不同价值观念相互理解时会产生视域融合现象,这并非同质化的过程,而是你中有我、我中有你的全新视域。五是合理交往。哈贝马斯认为交往领域的异化或扭曲造成了当代社会危机,只有通过合理交往才能取得相互之间的理解与共识。六是价值的澄明。人与人之间存在基本的共识,"只是被遮蔽了",寻求价值共识就是去蔽澄明的过程。❷以上六种价值共识理论,尽管存在不同的理论缺陷,但也在理论上说明价值共识在一定范围和限度内是可达成的。价值共识在现代社会中的达致,首要的就是对价值虚无主义和价值相对主义进行理论上的反驳。

价值虚无主义让人们陷入一个普遍全面的虚无主义境遇,现代社会所遭遇的重大的、根本性的危机就是价值虚无主义。尼采对虚无主义的理解是:"虚无主义意味着什么?——意味着最高价值自行贬值。没有目的,没有对于目的的回答。"❸既然"上帝已死,一切皆可",最高价值就面临分崩离析,人们失去了统一的价值规范,现代社会出现了价值失序的病症。价值虚无主义在本质上将价值主体视为一种"抽象存在","个人为抽象物牺牲和献祭,是导致价值虚无主义的至为深刻的根源","一言以蔽

---

❶ [英]以赛亚·伯林. 自由论 [M]. 胡传胜译. 南京: 译林出版社, 2003: 49.
❷ 沈湘平. 价值共识是否及如何可能 [J]. 哲学研究, 2007 (02): 108 – 111.
❸ [德]尼采. 权力意志 [M]. 张念东, 凌素心译. 北京: 商务印书馆, 1994: 280.

之,就是把人的生活目的置于生活之外和之上,导致真实的个体生命被窒息"。❶ 价值虚无主义下,价值主体丧失具有超越性质的价值与意义,无法实现自由全面发展,反而被实用主义、拜金主义、个人主义、极端自由主义所绑架,怀疑主义和虚无主义成为这个时代的思想顽疾。多元主义基于文化的差异认为文化之间不可通约,进而不存在价值共识。事实上,差异性共在恰恰为价值共识提供了基础。共识一定是以差异为前提,没有差异何谈共识,价值共识并非是对文化多样、价值观多元的简单否定,而是对多元价值观共在的升华。作为一种需要,"价值共识"本身就是有价值的存在,分立不代表着分离,差异也不意味着不可调和,价值共识的目标是共享共生、互通互利,追求的是价值观上的"和而不同"。"价值共识的必要可以看作是人们对自我和他者关系本真性存在的反思与领悟:差异性的主体自我意识同时实现了饱满化与相对化,在认同中承认,也在承认中认同,有可能自觉地意识到与他者共在的事实或至少经验到一种与他者的共在感。"❷ 当然,我们清醒地认识到价值观之间可公度是比较艰难的任务,或许只能在一些层面取得底线程度的理解与共识,但重要的是,不论是教化的结果、价值主体的自我体认,还是社会实践活动的倒逼性反思,价值共识都在破解当今价值危机,给人类以正道和公义的昭示与引领。

价值相对主义者认为具有真正信仰的人给现实带来威胁,并且认为历史上人类社会出现的问题和灾难都是人们以信仰之名自以为是的结果。所以价值相对主义推崇的是人们放弃价值问题上的一切理性判别,消除自认为"真理在手"的思想,对所有价值主体的价值选择应当做到"一视同仁",没有所谓善与恶,只有不同的价值选择和不同的善。价值相对主义片面夸大价值的相对性,抹杀了价值的确定性。在相对主义看来,一切都是相对的、可变的,所有的价值从某种角度讲都有其合理性,这就从根本上消弭了价值的客观性标准,价值沦落为与人的感觉相关的存在。价值相对主义在否认普遍价值、普遍价值观念和普遍价值标准的同时,却又主张

---

❶ 贺来. 寻求价值信念的真实主体——反思与克服价值虚无主义的基本前提 [J]. 社会科学战线, 2012 (01): 3-4.
❷ 沈湘平. 反思价值共识的前提 [J]. 学术研究, 2011 (03): 6.

第一章　价值共识是培育社会主义核心价值观的前提与基础

其自身具有普遍有效性，这无疑是一种形而上学的思维方式。我们承认，人们对同一事物进行价值判断时会发生一定的差异性，也会存在价值分歧，但是人具有社会属性，人的理性与社会性在调节分歧中发挥着重大作用。人的社会属性决定了价值共识的本质在于公共性，公共性批判是达成价值共识的基本路径，然而价值相对主义却看不到价值的客观性，更看不到价值主体所具有的社会性，这些基因上的"原罪"终将导致人与社会的分离和价值主体间的孤立。由于价值相对主义戴着"亲和"的面具，所以在当今中国社会信奉者日益增加，价值相对主义试图使每一种价值都具有至上的绝对性，这也迎合了一部分民众"自我辩护"的价值心理，价值相对主义的终极表现形式即是价值虚无主义，在价值评价中又往往秉持"价值中立"原则，"价值多元论带有它摆脱不了的内在悖论：它所极力主张的分隔和独立，本身已经预设了不同价值观的人们的相互了解，也就是说，它的前提和它所期望的结果是相反的。所以看起来最为吊诡的是，价值多元论的主张实际上不自觉地走向了它的反面，即追求价值共识；我们也可以说，认识论的态度最终推翻了它自身"。❶

综上所述，人们对社会主义核心价值观的价值共识追求，实则是人类特有的生存方式决定的，是一种文化意义上的"趋利避害"的选择。

（二）价值共识可能性的现实依据

多元主义者所强调和坚持的价值观间不可通约性观点主要基于将价值观简单视作一种非逻辑性观念，却忽略掉价值主体的社会属性。价值观是人的价值观，人的本质是一切社会关系的总和，只要以此为依据，就可以推导出能够在一定范围和一定程度上形成价值共识的结论。

从大的方面说，人们共同生活在一个地球上；从小的方面说，人们共同生活在一个相类似的自然环境中。"世界上没有两片完全相同的树叶"，但"树叶"终归是"树叶"，而不是其他什么东西，人类文化尽管有着不

---

❶ 徐春喜，郭凤志. 重思关于构建社会主义核心价值观共识的几个前提性问题［J］. 思想教育研究，2017（03）：81.

同的样态和模式，价值观尽管有着不同的内涵和外延，但不能否认的是这都是人类创造和培育的。价值观同价值主体以及价值主体的社会生活密不可分，这意味着不同价值观之间总有相通的"暗门"，只要回到现实社会生活，就有可能发现这些"暗门"，打开"暗门"的钥匙则是交流与协商。毕竟"共识不是直接裸露的、某种现成的存在，它是需要人们去积极澄清或追求而'形成'、'达致'的结果"。❶ 人们价值评判标准的不同产生了价值"差异"，"差异"彼此隔绝、缺失交流就导致共识过程的难度系数加大，但我们不能只看到"差异"所带来的矛盾冲突，却看不到"差异"背后的思想文化张力，对价值"差异"应持肯定的态度，这是价值"共识"的基础所在。"共识"是"差异"基础上的共识，"差异"蕴含着"共识"的元意识，采取理解与包容的态度，回到共同生活的世界，通过公共性的对话协调，找到彼此可以接受的原则和底线，就有可能达成更高层次的共识。习近平总书记指出，"文明因交流而多彩，文明因互鉴而丰富"，"文明没有高低、优劣之分"，"不应该以独尊某一种文明或者贬损某一种文明为前提"，"只要秉持包容精神，就不存在什么'文明冲突'"。❷ 人类社会的发展历程表明，人的价值观形成与人具体生活的自然环境、社会形态、文化模式以及生存方式有关，只要以"人"的方式生存，就意味着有相互理解的文化基础。例如，全球化加深了世界的整体性与交流性，全球理性交往就要有共同认可的规则。所以，全球化过程本身就包含着"价值共识"思想，否则就不会有"全球化"概念和当今"全球化"的局面。而随着全球化的发展和文明的互鉴，人类共享的生活方式不断增加，价值共识的基础也在不断扩大。

显然，共同的社会生活为形成一种社会主导性价值观并达成价值共识提供了可能性，但这还需要人的自觉促成，即价值主体在主导价值观的价值共识可达成方面负有主体责任。人是社会的人，也是价值的主体，价值的本质特征就在于它的主体性，主导价值观的价值共识的可能性之一就在

---

❶ 沈湘平. 价值共识是否及如何可能 [J]. 哲学研究, 2007 (02): 107.
❷ 习近平. 习近平谈治国理政 [M]. 北京: 外文出版社, 2014: 258-259.

于价值主体具有思辨精神与内省思想,在社会生活实践中可以做到"因事而化、因时而进、因势而新"。"'思想'一旦离开'利益',就一定会使自己出丑",❶ 马克思主义从不讳谈"利益",价值共识不应脱离人的需要,价值主体的局部利益千差万别,彼此之间相互依存、相互制约,又有着大致相当的发展问题和发展愿景,这就使价值主体的价值取向和价值选择有着相同或相近性。同时,价值又具有客观性,人的社会属性要求个人根据社会需要调节自身思维方式和社会行为,价值规范始于人们的价值共识,而价值共识又不可避免地受制于一定的社会条件。由此,我们有理由相信,在共同文化环境和社会条件下生活的人们可以达成一定程度的价值共识,文化之间有着可公度性,价值观之间存在着公约数,而凝聚当代中国社会共识的"最大公约数"就是社会主义核心价值观。

---

❶ 马克思恩格斯全集(第2卷)[M]. 北京:人民出版社,1956:103.

第二章 价值共识是培育社会主义核心价值观的关键性节点

"培育和弘扬核心价值观，有效整合社会意识，是社会系统得以正常运转、社会秩序得以有效维护的重要途径，也是国家治理体系和治理能力的重要方面。"❶ 价值观作为文化的内核，深藏于文化之中并持久影响着社会和人的行为。核心价值观居于社会价值体系的中心，具有核心地位，统率和支配着其他非核心价值观。核心价值观既是一个民族和社会长期历史文化传统的积淀与凝结，又是现实社会实践的凝练与升华，反映社会发展的内在要求，其一经形成就稳定地发挥着作用，从根本上指导、影响、规范人们的思想意识、价值判断、生活习惯和行为范式。社会主义核心价值观是当代中国社会主义意识形态的本质体现，其要应对的是文化多样、价值观多元下人们基本价值选择的困扰和隐藏在价值多元背后的价值共识危机。要使社会主义核心价值观发挥主导作用，就要在不同文化主体中形成对核心价值观地位作用的普遍性、合理性、约束性、有效性的正确认定，增强对核心价值观的理论认同、情感认同和行为认同，从而在关乎社会、人生发展理想和方向等重大问题上达成共同的价值依托、价值遵循和价值共识。那么，什么是价值共识？价值共识的特点是什么？价值共识在认识中的地位和作用有哪些？这些问题是首先要讨论清楚的。

---

❶ 习近平. 习近平谈治国理政 [M]. 北京：外文出版社，2014：163.

第二章 价值共识是培育社会主义核心价值观的关键性节点

一、价值共识的深度解读

价值共识作为一种意识，本质上是一种评价性的存在。评价一定是针对某种认识对象或认识客体的。价值共识与对社会主义核心价值观的真理性认识不同：真理性认识解决"是什么"的问题，是主体向客体的趋近；而价值认识或价值共识解决"为什么"的问题，或者更确切地说是"为了谁"的问题。虽然价值共识以真理性认识为前提，但是，由于价值共识是客体向主体趋近的问题，是一个主体尺度，显然，是否接受和践行社会主义核心价值观，价值共识更为关键。可以这样说，正确的未必被选择，只有正确且满足主体利益，主体才更可能选择。例如，关于马克思主义的真理性，尤其是《资本论》对资本逻辑的分析，一部分西方学者甚至一些政要是认同的，但是，由于在价值评价上马克思主义是反对和否定资本主义的，所以，资产阶级是不可能在政治行为中践履马克思主义的。由此可见，在实践中，真理性原则是可能与价值性原则相分裂的。

当代中国，大众的思想文化呈现为"多"——多元、多样、多变的事实性存在；价值共识是多中求"一"的"应然"努力——凝聚价值共识、建立社会主义核心价值观。价值共识的本质是个体意识的社会同一性或社会凝聚，即我们研究的价值共识是如何在全社会形成对社会主义核心价值观的"共识"，而不是对其他别的价值观的价值共识。事实上，如果一个社会的价值体系浅而低，人们就容易在杂而乱的价值世界中躁动狂欢、恣意妄为，此即所谓"破窗效应"。社会主义核心价值观蕴含着高尚的、具有超越性的价值向度，不只是对价值观念"实然"状态的揭示，更是对价值"应然"走向的时代期许。培育社会主义核心价值观，对"实然"的多元价值观现实进行认同性整合，从而制约和引导社会个体的思想和行为，使其能够超越个人的狭隘与局限，进入到更宏大、更高级的价值"应然"秩序，既是历史的自觉又是现实的需要。培育和践行核心价值观的"应然"努力是否已经达到应有的广度和深度，或者说社会成员对核心价值观的认同度与参与度如何，都取决于人民大众对社会主义核心价值观的价值共识程度。

(一) 共识与价值共识

共识（consensus）是"在一定的时代生活在一定的地理环境中的个人所共享的一系列信念、价值观念和规范"❶。就理论层面而言，单人不成共，只有"多"中才有"共"，"共识"用来研究包含多个单位的社会实体。这一关于"共识"的定义揭示的最有意义的信息是："共识"是多元文化下的"价值依托"，或者从另一个角度说，多元使"共识"成为必要。

学者沈湘平则对共识进行了更为深入的探究，他认为共识包括知识（真理）共识和价值共识两个方面，价值共识相对于知识（真理）共识与文化语境有着本质联系，体现出很强的主体性与社会历史性特征。关于共识，沈湘平从三个方面加以界定：首先，共识存在于平等、多元的主体之间，以分立、差异为前提和基础，"共"依赖于"非共"，应更多地理解为"公共"。其次，共识不是现成的存在，需要人们积极澄明。最后，共识并不是凝固不变的，会随历史文化的变化而变化。❷ 这一关于"共识"的解读给我们如下重要信息："共识"的分类问题是研究"共识"问题需要关注的。因为"共识"是目前学术界的热词，有诸如改革共识、民主共识、政治共识、社会共识、认识共识等，价值共识只能在与这些共识的参照和辨析中获得自身规定。从特征上看，"共识"具有"公共性"，"共识"不会自动达成，需要主观努力才能实现，"共识"具有具体性和历史性。

在多种共识中，特别强调"价值共识"有其特殊的意义和作用。价值意识与人的一般意识相比，是一种连接人的意识和行动的具有"中介性"的实践意识，具有明显的"为我性"，当且仅当人们对核心价值观形成"价值共识"时，核心价值观才能被自觉践行。在一定意义上，核心价值观的真理性是人们信奉和践行核心价值观的原因，然而，正确的只有在被一定主体评价为是"为我的"、与我相关、对我"有用"的，践行核心价

---

❶ [英] 戴维·米勒，韦农·波格丹诺. 布莱克维尔政治学百科全书 [M]. 邓正来译. 北京：中国政法大学出版社，2002：166.
❷ 沈湘平. 价值共识是否及如何可能 [J]. 哲学研究，2007 (2)：108.

第二章 价值共识是培育社会主义核心价值观的关键性节点

值观才可能有更加充分的"理由",核心价值观才可能真正落地。许多情况下,人们言行不一,问题不是出在没有正确认识上,而是以此认识指导行为会导致其价值受损,这就必然出现"言"与"行"的分裂。所以,真理必须与有价值统一起来,这恰恰是马克思主义认识论的基本原则,即人的实践应当是真理原则与价值原则的统一。人的生存特点与动物的根本不同,是客观尺度与主观目的的统一,合规律性与和合目的性的统一。因此,我们把"价值共识"确定为社会主义核心价值观培育和践行的"关键点",且认为,抓住这一关键点进行突破,才能使核心价值观落细、落小和落实,社会主义核心价值观才能深入人心。

强调"价值共识"的关键地位,其原理是由价值在人的社会生活中的作用决定的。"价值"产生于人类改造自然界以满足自身生存和发展需要的实践活动过程,恩格斯认为"价值"是"对取得某些实际效益的条件的意识"。❶ 人类对"价值"的认识是一个从自发到自觉、从混沌到清晰、从简单到复杂的过程,价值作为一个具有宽广内涵的文化概念,几乎是所有社会科学学科研究的对象和问题。中国自改革开放以来,意识到价值问题的"价值"之所在,价值问题正式进入中国哲学研究领域,特别是到党的十六届六中全会明确提出建设"社会主义核心价值体系",十八大以"三个倡导"的形式提出社会主义核心价值观,关于价值的研究掀起了一个新的高潮。

价值是指"主体在实践活动中,通过主客体相互作用的关系,客体的存在和属性对于主体需要的适应与满足所表现出的效益、效用和意义"。❷ 价值主体与客体兼顾自然属性与社会属性,价值主体作为价值承担者,既可以是个体,也可以是群体、民族或国家等;价值客体作为价值载体,既可以是"物",也可以是人及各种社会活动、思想观念和制度规范等;实践是价值产生的方式与环境;"有用""有效"则是价值的关键要素。

价值观是人们在实践活动中形成的对价值及价值关系的一般看法和根

---

❶ 马克思恩格斯文集(第9卷)[M]. 北京:人民出版社,2009:421.
❷ 石云霞. 当代中国价值观论纲[M]. 武汉:武汉大学出版社,1996:13.

本观点，是人的价值目标、价值评价标准、价值取向的观念模式。价值观是人类实践活动的产物，但它一经形成就会反作用于人类的实践活动，个人、群体、社会、国家无不受价值观的作用与影响。价值观的评价和考察同样要基于现实的社会关系。首先，价值观具有社会性，不是先验或者孤立存在的，会随着社会的发展和社会背景的改变而改变。不同的社会环境会产生截然不同的价值观念，同一个人在不同的生活境遇中价值观或多或少地会发生一些变化。其次，价值观又具有历史性，价值观会渗透于社会心理和社会意识中发挥作用，价值观同样会通过渗透于人类的文化基因而流传下去，成为文化之灵魂般的存在，使群体、民族或国家有了独特的气质。

不仅如此，价值观作为一种价值意识或意向性的意识，是对对象意义的意识，这种意义意识一旦确定，就会决定主体的价值选择和行动。"社会认同是一个人自我概念的一部分，它来自于个人对自己属于特定的社会群体的认识，这种群体成员的资格对他有某种情感的和价值的重要意义。"❶ 在这个意义上，"价值共识"作为一种价值意识，本质上是一种"评价性的意识、态度性的意识、规范性的意识"，这对于理解"价值共识"是十分重要的。

上述关于"共识"的理解，为理解"价值共识"开启了重要思路，在社会历史观视野下，在社会发展和人的发展对社会秩序的需求中必然产生"共识"需求。因此，所谓价值共识是一种关系范畴，指多元价值观条件下，不同社会主体承认社会核心价值观的真理性、价值性、规范性，并对社会核心价值观形成基本或根本一致的观点和态度，用以规范人的思想和行为。价值共识是科学意识和价值意识的统一。对核心价值观之"价值共识"的深入研究，来自其"共识"对象——社会主义核心价值观的内在诉求。

（二）"核心"和"主导"与最大公约数的支撑

社会主义核心价值观的价值共识不仅是理论问题，更是一个实践问

---

❶ Henri Tajfel. Social Identity and Intergroup Relations [M]. Cambridge: Cambridge University Pess, 1982: 46.

第二章 价值共识是培育社会主义核心价值观的关键性节点

题。培育社会主义核心价值观是一个长期的历史任务,现阶段我国提出的以"三个倡导"为基本内容和基本遵循的社会主义核心价值观,是当代中国凝聚全党全社会价值共识而作出的重要论断。换言之,以"三个倡导"为基本内容的社会主义核心价值观,是全党全社会价值共识的成果,这个"价值共识",是对核心价值观基本内容的"合理性"共识。然而,"合理性"并不会必然转化为"对我有用"性;"对我有用"性也并不代表着对我唯一"有用",它只是一个"可选项"而非"必选项","核心价值观"如果只是一个"可选项",就不能称之为"核心",也无法担负"主导"功能。核心价值观要成为社会大众的普遍"必选项",前提就要使人们形成对社会主义核心价值观"对我有用"的价值共识,只有这样,社会主义核心价值观才是体现全社会共同认同的价值观"最大公约数",才能实现由"合理性"到"合法性"的飞跃。

1. 核心价值观何以成就"核心"地位

当前,学界对核心价值观之"核心"的理解与研究,大多停留在概念描述上,即核心价值观处于一个社会价值体系的核心地位,对其他价值观起着统率和支配、规约和导向的作用。问题是,我们所提出的"主导价值观"是不是一定会取得核心地位,成为真正的"核心价值观","核心价值观"如何成就其"核心"地位?显而易见的是,各种媒体的宣传渲染是创设培育核心价值观外部环境的很好方式,但"熟视"可能"无睹","耳熟"未必"能详","能详"未必"力行",只创设良好的外部环境还远远不够,我们只有实现普遍的价值共识,形成由衷的价值认同,才能转化为凝魂聚气、强基固本的现实力量。凝练社会主义核心价值观,需要通过价值共识确立全国各族人民共同认同的价值观"最大公约数",这是培育核心价值观的"最先一公里"问题;而通过对核心价值观的价值共识,使核心价值观成为亿万人民共同追求的价值理想和自觉遵循的价值准则,则是培育核心价值观的"最后一公里"问题。只有被社会民众共同追求、自觉遵守、一齐捍卫,核心价值观才能定义为"核心",也才能够落细、落小、落实。

核心价值观要成就其"核心"地位：首先，要以马克思主义价值观思想为最高价值指导。多元价值观共存下人们的价值共识危机根源实质是马克思主义信仰危机问题。就如习近平总书记指出的："在有的领域中马克思主义被边缘化、空泛化、标签化，在一些学科中'失语'、教材中'失踪'、论坛上'失声'。这种状况必须引起我们高度重视。"❶ 马克思主义价值思想始终坚持人民立场，是被实践证明了的科学理论。我们必须在全体社会成员中形成这样一个共识，那就是我们所培育的核心价值观是社会主义核心价值观，而不是其他什么核心价值观，这个共识形成了，才能明确我们的培育和践行方向，把握核心价值观的性质，丰富核心价值观的内容。马克思主义价值思想克服了空想社会主义价值理想的抽象性与空泛化，批判了资本主义价值观理论的虚伪性，指出人类社会永恒价值追求和终极发展目标，只有符合马克思主义价值思想原则的价值观，才有机会跻身社会主义核心价值观。同样，社会主义核心价值观必须是体现社会主义本质要求的价值观，"社会主义"是我们所要构建的核心价值观的根本，脱离这个范畴，就不能获得人民群众的根本认同，"核心"地位就无从谈起。其次，既有崇高价值品质又能满足现实需要的价值观，才符合"核心"标准。马克思主义价值思想博大精深，是社会主义核心价值观的理论资源与有力支撑。但社会主义核心价值观是当代中国全党全社会共同认同的价值观"最大公约数"，而非价值观集合，核心价值观作为核心价值体系的高度凝练，必须简洁而有力。具备崇高价值品质，就是既能体现价值取向的先进性，展现时代精神，又能传承中国传统价值观精华，彰显民族精神。同时，核心价值观要满足现实需要，只有立足于中国特色社会主义伟大实践，能够回答实践中产生的理论问题和现实问题的价值观，才会被人们普遍接受，取得成为"核心"的资格。最后，只有能够筑牢民族精神支柱，展现民族精气神的价值观，才契合核心价值观的内在要求。我们所进行的是中国特色社会主义伟大实践，这就决定了我们所要培育的社会主义核心价值观是理念先进、内涵丰富、特色鲜明的价值观。社会主义核心

---

❶ 习近平. 在哲学社会科学工作座谈会上的讲话 [N]. 人民日报, 2016-05-19 (02).

第二章 价值共识是培育社会主义核心价值观的关键性节点

价值观一是要满足人们的精神生活需求,二是要为社会注入正能量,聚人心、定方向、立规矩。我们说,核心价值观的"核心"价值之所在,就是要让人民群众"知道自己是谁",使人们的价值思维由"我"拓展到"我们",以此实现个体意识的社会同一性或社会凝聚。正如习近平总书记所讲的:"一个民族、一个国家,必须知道自己是谁,是从哪里来的,要到哪里去,想明白了、想对了,就要坚定不移朝着目标前进。"❶ 只有能支撑起当代中国人的精神世界,社会主义核心价值观才担当得起历史赋予的"核心"地位。

2. 核心价值观何以实现"主导"功能

核心价值观占据了社会思想文化领域的核心地位,要起到引领社会思潮、促进全体社会成员在思想层面与道德层面共同进步、共同发展的"主导"作用。核心价值观作为社会意识形态的本质向度,在根本上规定了意识形态安全构筑和平稳发展的价值标准、价值原则、价值规范和价值目标。社会意识形态之所以为"形态",并非个体概念,要求社会成员对"我""我们""他者""类"以及社会的存在与发展有共识性的价值体认。人作为一切社会关系的总和,既要有自我的价值体认,即对个体与自然、社会的价值关系进行体认,更要有对社会的价值体认,即对所属的群体、民族、国家的存续发展过程中生成的价值关系进行体认。而人的自我价值需要与社会价值要求有时不尽一致,由此导致个体的特定利益与社会的普遍利益之间产生矛盾与冲突,并带来社会思想文化领域的离散和人们现实生活中的价值危机。这说明认知与认同之间、知与行之间有看似微小、实则巨大的落差。而要实现核心价值观的汇聚人心、引领社会的"主导"功能,就要求不断凝聚社会成员对核心价值观的价值共识和共识性的价值体认。这就引申出两个问题:一是核心价值观因何"主导"?二是核心价值观"主导"什么?

任何社会都会谋求赋予该社会庞杂的利益关系以一种普遍价值尺度和共同价值追求。关于核心价值观"主导"功能的力量来源,马克思指出:

---

❶ 习近平. 习近平谈治国理政 [M]. 北京:外文出版社,2014:171.

"批判的武器当然不能代替武器的批判,物质力量只能用物质力量来摧毁;但是理论一经掌握群众,也会变成物质力量。"❶ 社会主义核心价值观获得人民群众的普遍共识并被人民群众所掌握,就会迸发出巨大的、主导性的物质力量。社会主义核心价值观的主导功能则主要体现在引领社会多元文化思潮、凝聚社会普遍共识和抵御西方价值观念渗透三个方面。对核心价值观形成普遍价值共识,筑牢全社会共同的思想基础,进而更加突出社会主义核心价值观的"核心"地位,强化社会主义核心价值观的"主导"功能。在人们的思想文化世界中,从来不满足于对"是什么"的探究,"是什么"只是对"此岸世界"现实规律的剖析;而对"应当是什么"的价值追寻和意义追问,则是对"彼岸世界"的自觉规划和构筑。核心价值观既立足于"此岸世界",又面向"彼岸世界",在"多"中求"一",在多变中求稳定,在差异中求共识。共识的、稳定的"一",不是直接裸露于外的现成存在,而是需要对核心价值观的价值共识去蔽澄明。

3. 价值共识是确立价值观"最大公约数"的关键点

通过以上的分析与阐释,我们大致可以得出这样一个基本结论,即核心价值观确立核心地位和发挥主导功能,都脱离不了"价值共识"的支撑。如果把这个结论进一步拓展延伸,我们不难发现,不论是对核心价值观培育理论的思考还是对核心价值观践行路径的探究;不论是对社会意识的凝聚还是对多元价值思潮的引领;不论是先进的警醒还是全民的共筑;不论是对世界的认知还是对世界的改造,"价值共识"都是其中一个必不可少的中转站。社会主义核心价值观本身是价值共识的成果,是全体社会成员价值观的"最大公约数"。核心价值观从凝练到发展再到成熟,从文本世界走向生活世界,从规约人的价值选择到规范人的行为方式,都取决于人们对核心价值观的"价值共识"度,对核心价值观的价值共识,不仅是培育和践行核心价值观的基础和前提,更是一个不可或缺的关键点问题。

不言而喻,不同价值个体或价值群体,关于价值的衡量标准难以一

---

❶ 马克思恩格斯文集(第1卷)[M]. 北京:人民出版社,2009:11.

致；即使是同一价值个体或价值群体对于价值客体的价值判断，也往往不会只持有一个价值衡量标准。价值观是一个复杂的系统，它是基于人的思想文化积淀和思维感官之上的认知、理解、判断的综合体，价值选择则是一个理性与感性共同作用下的行为结果，但不论是理性主导下还是感性主导下的价值选择，都有一个"正当"与否的问题，而评价"正当性"的标准就是社会成员普遍认同的核心价值观。核心价值观所要实现的是社会价值要求和个人价值认同的一致性，亦即社会"要我做"和个体"我要做"的统一。从认识论的角度看，价值观的"最大公约数"使人们更贴近于社会的价值底色；从实践论的角度来看，价值观的"最大公约数"能够消解不同价值观念间的分歧，对多元价值观进行有效整合。当代中国价值观的"最大公约数"就是社会主义核心价值观，而求得"最大公约数"，只有通过对社会主义核心价值观持续的"价值共识"教育和引导。从某种程度上说，社会主义核心价值观的价值共识过程，也是社会主义核心价值观实践的过程，更是社会主义核心价值观"接地气"的过程。

（三）聚焦和把握核心价值观与价值共识的张力

一个社会的稳定和发展必须要有与之匹配的成熟核心价值观作为支撑。如果这个社会没有核心价值观或价值观混乱，那么将面临崩溃解体的风险；相反，如果一个紊乱不安的社会重建主导核心价值观，就极有可能尽早从泥淖中走出来。我国提出的建设社会主义核心价值体系、培育和践行社会主义核心价值观的重大命题和重要使命，是我党在新时期对党的执政规律、社会主义建设规律和人类社会发展规律的深刻再认识，这种再认识程度已经由理论和制度层面升华到价值层面，从真理性认识升华到真理性与价值性协调统一的境界。

当代中国正在经历经济转轨、社会加速转型的重要阶段，全球化和改革开放让人们的思想领域产生深刻变革，社会思潮此伏彼起、纷繁芜杂，多元价值观同时并存、相互激荡。这都召唤我们怀着尊重差异、包容多样的态度寻找解决问题的方法，在尊重差异中寻求社会普遍认同，在包容多样中达成价值共识。当然，尊重差异是有边界的尊重，绝非丧失立场、没有底线；包容多样是有前提的包容，绝非放弃引导、放任自流。通过树立和倡导稳定的，符合当代国情、社情、民情的社会主义核心价值观，才能在全社会形成基本的、广泛的价值认同，才能最大限度凝聚社会共识，增强社会成员的归属感和向心力，化解矛盾、隔阂和分歧。凝练社会主义核心价值观本身就是一个凝聚人心、汇聚共识的过程；培育和践行社会主义核心价值观，同样是在理论上和实践上进一步达成价值共识的过程。坚持和倡导社会主义核心价值观，获得社会成员价值共识方面的最大公约数，能够有效避免利益格局调整可能带来的思想紊乱和价值观冲突。

首先，要正视核心价值观与关于核心价值观的价值共识不具有直接同一性。社会主义核心价值观作为社会主义意识形态的本质力量，为中国特色社会主义道路自信、理论自信、制度自信和文化自信提供了真理性的诠释，也为人们的价值理想和价值追求提供了道义上的支撑。人们只有对核心价值观形成普遍的价值共识，个体或群体才会服从于核心价值观，否则核心价值观不仅不能占据"核心"地位，而且还会面临被边缘化的风险；不仅不能负起应有的"主导"功能，而且还要面对被攻讦的局面。核心价值观发生作用的机制在很大程度上依赖于人们心理赋权，核心价值观培育和践行的内在逻辑符合人们的文化底蕴和内心期待，与人们的心灵产生共鸣，社会大众才会对之有较大的接受意愿度。我们所惯常使用的"灌输"教育方式和传统宣传手段，虽然仍发挥着重要作用，但对于新时期意识形态工作的整体形势和总体要求来看，已呈难以解决人们思想深层次问题之疲态，在将工作重心定位于核心价值观的诠释和认知方面，从某种角度来说是一种避重就轻、避难就易、浮于表层、浅尝辄止的工作思路和思维模式。核心价值观"入耳""入脑""入心"是核心价值观教育和传播的三个重要阶段和环节，在学理上"入耳""入脑""入心"是逐步深入的递进式关系，缺少任何一个环节或者任何一个环节出现问题，都会影响到培育核心价值观的效果。但从质量互变规律的角度来分析，核心价值观的"入耳""入脑"只是量变的过程，而"入心"则是质变的开始。

对核心价值观的认知与形成核心价值观的价值共识并不具有直接同一性。简单地说，认知并不必然等于共识，合理性并不必然等于合法性。社

第二章 价值共识是培育社会主义核心价值观的关键性节点

会主义核心价值观是对社会主义社会本质的反映,是立足现实、基于现实提出来的,体现的是人民价值取向;同时,它又是我们的一种远大理想,具有超越性。社会主义核心价值观应当是社会的"核心"价值观并起"主导"作用。但是,应当和事实是不同的,事实上,对社会主义核心价值观的普遍共识还有很多工作要做,如何由官方的倡导变成大众的"集体意识",这之间有着巨大的间距。核心价值观"入耳""入脑"程度能够由"推动传播传导者"所掌控,但它的"入心"效果只能由社会大众的共识状况所决定。亦即,"入耳""入脑"与"入心"是两个行为主体,"入耳""入脑"的行为主体更多的是指核心价值观的主导者,核心价值观的主导者要努力使"核心价值观"进入民众的"耳"和"脑",而"入心"的行为主体则更多地指向核心价值观的接受者。"入耳""入脑"是显性的参数,"入心"却是隐性的存在。人民群众如果对核心价值观不走心,那么前期所有的基础性工作都是徒劳的。所以说,核心价值观与关于核心价值观的价值共识不具有直接同一性,对核心价值观形成普遍的价值共识是"入心"的起点,也是培育核心价值观的关键点。

其次,要积极寻找核心价值观与价值共识的共性空间。人们既向往价值共识,又苦恼于价值共识达成之繁难。价值观之间是否如多元主义所言是不可公度的?如果这是一个真命题,那么无论历史意义上还是现代意义上中西方社会的核心价值观由何而来,抑或是一种先验式存在?按照这个逻辑,核心价值观的构建陷入了自相矛盾的泥淖。事实上,尽管核心价值观与价值共识的统一不是直接同一的,但也存在实现统一的基础和共同点。核心价值观的提出是对多元价值主体价值认识的整合产物,具有统摄性和统领性,这种地位和应有作用本身就提出了实现其社会认同的要求。或者说,核心价值观的"核心"地位和"主导"作用的实现既要借助价值共识支撑,又为价值共识的达成提供了条件和可能。

对于一个统治阶级来说,核心价值观作为其思想内核,是汇聚人心、巩固社会共同体的精神纽带,关系社会和谐稳定。所以,对核心价值观的价值共识是统治阶级在思想文化领域的首要任务,这就要求我们寻找到更多的确立核心价值观与形成价值共识的共性空间。人是一切社会关系的总和，人们总是生活在大大小小的"圈子"——社会共同体中，而不是原子式的存在，这决定了人们价值共识的客观基础。一方面，生活在共同社会关系中的人们期盼着某种特定的价值观念以维护正当的价值次序和生活秩序，这种期盼实质来源于人们对公共利益和自我利益的一种保护。历史和现实都已证明，没有对核心价值观的价值共识，社会生产关系和社会生活秩序会首当其冲地受到一定的影响和冲击，而社会生产生活条件遭受破坏，生活于其中的各个社会群体的生存与发展也就必然受到严重威胁。另一方面，共同的社会生产生活条件容易催生出相似或相同的利益关系和价值诉求，而这无疑有利于人们形成价值观的"最大公约数"，也有利于达成对价值"最大公约数"的价值共识，核心价值观由此而"入心"，成为生活在特定社会的人们的精神标识。

积极寻找核心价值观与价值共识的共性空间，我们不能忽视文化的力量。价值共识过程也是文化互识、意义协商和语言诠释的过程，不论是文化的教化还是现实的倒逼，也不论是社会集体意识的召唤还是主体意识的自我内省，人们都渴盼澄明出共有价值，而这些共有价值无论是指向"诗与远方"，还是要解决现实问题，都不妨碍给人们以生活意义的寄托。共识是差异基础上的共识，差异性的背后是利益主体的分化，不同利益主体或群体之间可能存在着价值分歧与冲突，但也可能有着融合或合作，这就需要人们在文化上对自我与他者关系本真性存在进行一定程度的反思和感悟，"差异性的主体有可能意识到与他者共在的事实或至少经验到一种与他者的共在感。离开这一最原始的前提，价值共识既是不可能的，也是不必要的"。❶ 差异与分离不具有必然同一性，通过对价值观"多"的有效整合，形成价值观"一"的主导；通过对"一"的价值共识，实现对"思想的思想"的沉淀与内化，进而维护社会的团结稳定。

当今世界国家之间竞争态势全面升级，不再局限于国家硬实力的角逐，更多地上升为国家软实力的对抗。核心价值观是否被社会成员普遍认同，是否具有感召力，决定了民族凝聚力的大小和国家综合国力的盛衰，

---

❶ 沈湘平. 价值共识的前提 [N] 中国社会科学报，2010 – 11 – 23（06）.

关乎国家核心利益和在国际上的形象、地位与声望。我国是世界上最大的社会主义国家，面对长期激烈的思想文化竞争，特别是西方国家的意识形态包装传播、扩张渗透，没有自己的核心价值观就仿佛没有安身立命之根本。

二、核心价值观价值共识的基本特征

文化既是历时态的存在也是共时态的存在，多元文化时代不同国家和民族文化交汇程度是前所未有的，文化的高密度高频率交流将多元价值观挤压在同一场域，交织成绚丽多姿的价值观图景。在文化的传承过程中，文化都是以"他者"文化为参照物映现自身的价值。由于文化与价值观的密切相关性，多元文化的交流交融交锋带来的是价值观的冲突。通过对不同核心价值观的比较和了解，概括出核心价值观共识的基本特征，有助于我们开展对核心价值观共识本质规律的认识与研究。

（一）基础的复杂性

简单地概括，当代中国大致处于这样一个历史背景，全球化和信息化使人类原来相对独立与分割的生存质态和生活范式发生了翻天覆地的变化，多元价值的共时态交流交融交锋成为人类社会共同面对的问题。而我国自身又处于深化改革开放和实现社会转型的关键期，多元价值观间的矛盾和冲突在复杂的世情、国情、党情和社情中更易被激化放大。思想文化的"多"给社会带来多么大的困扰和纷争，人们就有多么向往和追求"一"给人们价值世界带来的和谐和有序。当然，这里的"一"是指"一元主导"，而不是消灭"多元"的一元化、同质化。整合价值多元既然是当代中国无可回避的历史使命，那么，"多"中求"一"——培育社会主义核心价值观、凝聚人们对核心价值观的普遍价值共识，就是我们责无旁贷的历史重任。探析核心价值观价值共识的基本特征，有利于人们把握价值共识规律，进而摸索出价值共识之道。

社会现实的盘根错节在根本上决定了人们对核心价值观形成价值共识

的艰巨性和错综复杂性。价值共识基础的复杂性主要体现在共识过程时时处处受到利益多元的限制、主体多元的限制、多样思想文化的制约等,形成价值共识就不能坐困愁城,而是要摆脱条条框框的束缚,积极寻找利益多元中的"共同利益"、多元主体的"共同关切"和多样思想文化的"最大公约数"。当代中国价值共识的基础复杂性主要源自当代社会的价值多元化,价值多元是现代社会的显著特征,并且文化多样、价值观多元的发展态势还将继续扩大深化,具体表现在传统社会价值观和现代社会价值观甚至是后现代价值观之间的历时态冲突;中西方价值观间的空间性碰撞;政治、经济、文化等不同领域价值观间的结构性矛盾。伴随着经济社会的发展和社会结构的分化,中国社会利益格局也不断进行深刻的调整,新的利益阶层不断涌现,不同的利益主体会有不尽相同的价值诉求。从传统一元社会向现代多元社会的跨越中,文化的服务范围也必然由服务于国家和集体的一元价值向着满足不同利益主体的多元化需求方向转化。然而,不同利益主体出于对自身既得利益的维护,会下意识地将利益取向作为自身价值原则,如果固守以利益为主导的价值取向,价值观就丧失了最宝贵的超越性和引领性。价值主体的多元化以及利益固化的藩篱,使社会价值关系更加多样、多变,这也决定了价值共识基础的复杂性,不同主体的价值标准和价值选择不可能完全重合,价值共识也愈加难以达成。多元价值的异军突起使人们原有价值世界的平衡状态被无情打破,原本融于文化血脉的自然而然认同的价值观念突然沦落为众多旨趣各异的"价值丛"中的普通一个。当曾经信仰的价值理想变得支离破碎,当传统的社会核心价值观慢慢被边缘化,权威性逐渐下降,人们觉悟到在多元价值观冲突不断加剧的形势下构建新的核心价值体系、培育社会主义核心价值观的任务迫在眉睫。

(二)层次的公共性

现代社会是个充分尊重个性差异的社会,也是价值领域分殊、个人特殊利益和特殊价值观念充分张扬的社会。然而,我们无论怎样强调个体的重要性,人仍然是一种社会关系的存在,社会仍然是人的存在方式。或许

第二章 价值共识是培育社会主义核心价值观的关键性节点

是因为我们培育社会主义核心价值观的时间尚短,对核心价值观理论研究的深度不够,对核心价值观践行规律掌握得不足;抑或是过去相当长一段时期进行精神文明建设时,一些表面化、形式化的工作作风和工作方式,让人们对培育核心价值观抱有怀疑观望态度,社会主义核心价值观很难说已经在社会大众中实现了从他律到自律、从自发到自觉的成功转化。客观地讲,无论是社会层面还是个人层面,社会主义核心价值观内化于心、外化于行、固化于制的局面还没有真正构建起来。培育和践行社会主义核心价值观,实现人们对核心价值观的理解、认同、支持与共享,一个重要的内容是强化社会成员的道德觉解和履践,道德规范体系是核心价值观的外在体现,核心价值观是道德文化的内核,在理顺社会关系、确立社会秩序方面有着突出的作用。通过社会大众道德觉解的全面深化,为核心价值观培育和践行营造良好的社会环境,也为核心价值观价值共识提供正向的个体心理能量和社会心理基础。

习近平总书记指出:"核心价值观,其实就是一种德,既是个人的德,也是一种大德,就是国家的德、社会的德。"❶ 这一论断明确告诉我们,核心价值观是国家的大德、社会的公德,也是个体的私德,这既丰富了核心价值观的内涵和外延,又指明了培育和践行社会主义核心价值观要注重以德为本。将社会主义核心价值观融入人们的道德生活,陶铸民族伟大复兴之国家之大德、社会之公德、个体之私德。那么,这三个层次的"德"有着什么样的逻辑关系?显然,三个层次的"德"是核心价值观的不同"面相",对应的是"三个倡导"的国家、社会和公民三个层面,公德和私德都要遵守和服从国之大德。所谓"小德川流,大德敦化",社会主义核心价值观作为一种大德和公德,在国家和社会层面起到凝魂聚气的作用,也就是铸造国魂、敦风化俗;在公民个人层面则是起到内省修身、自我提升的作用。道德是一种人性的社会性反映,人的社会存在性决定了道德个体内省修身的参照尺度和衡量标准,实质上仍然是国家大德和社会公德。社会中每一个个体都可以有自己的价值理想和道德生活方式,但是,人是社

---

❶ 习近平. 习近平谈治国理政 [M]. 北京:外文出版社, 2014:168.

会的人，人在公共生活中都应将正当性作为可允许的生活方式的限制，"私德"背离了"大德"和"公德"精神，就失去"德"的价值属性；"大德"和"公德"如果不集中体现"私德"要求，也难免沦于形式。以"三个倡导"为基本内容的社会主义核心价值观，精练概括了国家层面的道德价值目标、社会层面的道德规范准则和公民个人层面的道德品质。社会主义核心价值观是"大德""公德"和"私德"的有机结合，在一定程度上也契合了中国优秀传统文化中"修身、齐家、治国、平天下"的伦理智慧。三个层次的"德"共同作用于人们的公共社会生活，彼此互相约束、互相促进，建构起社会民众对核心价值观的道德认同系统。就如习近平总书记所言："道德之于个人、之于社会，都具有基础性意义，做人做事第一位的是崇德修身。……德是首要、是方向，一个人只有明大德、守公德、严私德，其才方能用得其所。修德，既要立意高远，又要立足平实。要立志报效祖国、服务人民，这是大德，养大德者方可成大业。"[1] 培育和践行全党全国人民共同认同的核心价值观，将一般意义上的道德建设提升到构建核心价值观的层面上来，这既涵养了核心价值观的培育，又指明了核心价值观价值共识方向，是协同打造国家文化核心竞争力和道德核心竞争力的必然选择。"历史是这样创造的：最终的结果总是从许多单个的意志的相互冲突中产生出来的……这样就有无数互相交错的力量，有无数个力的平行四边形，由此就产生出一个合力，即历史的结果"。[2]

当今世界整体的开放性持续加强，全球经济一体化愈加紧密，民族国家间相互依存、彼此共生，这些都显示着一个公共性时代的到来。公共性是指一定社会条件下社会成员或社会群体之间交往的社会关系，反映了他们的普遍联系，是建立在差异性基础上的统一，是多元价值中的求同。只要人与人之间存在交往，就会有公共性问题。不同文化之间，相互比较以"互识"、相互借鉴以"共识"，公共性问题的出现是历史发展的必然，已

---

[1] 习近平. 习近平谈治国理政 [M]. 北京：外文出版社，2014：173.
[2] 马克思恩格斯选集（第4卷）[M]. 北京：人民出版社，1995：697.

渗透到社会实践生活的方方面面。公共性时代需要文化的公共性，公共性的文化更能回应时代的呼唤。一种文化愈加反映公共意识，诉求于公共理性，富有公共性价值，就愈能获得更广泛的价值共识，彰显强大生命力。不同民族国家文化交融程度取决于人类命运共同体框架内的价值共识范围；同一民族国家内部文化交融程度则取决于与核心文化价值观的契合状况。现代社会中文化大一统的风光不再，天下共主的价值观跌落神坛，"祛魅"之后的"诸神纷争"让人们在思想上和行为上变得无所适从。而尽管现代社会的复杂程度远非传统社会可比拟，人有被符号化、单向度化趋势，可供人们选择的价值观不知凡几，价值共识愈来愈难以达成，但是，人们的公共生活并没有消失。文化在交流过程中，可以吸收借鉴其他文化的优秀成果和先进成分，使自身成为一种包含着"他我"的具有普遍性的共在，这实际上为达成价值共识奠定了公共意志、公共情感和公共价值基础，有利于文化公共品格和公共性精神的再构建。

当代中国经过非凡的改革开放，人们的公共生活更是发生了深刻的变化，人们的思想被解放出来，公共生活的生态逐渐从全民式转向群体式或个体式，经济社会发展带来的价值观多元局面已经在社会结构变化中为民众所习惯和推崇，这时国家所倡导的价值观则不再具有强制性约束力，"要我做"和"我要做"渐行渐远，原来共有的价值体系受到严重冲击，社会生活伦理秩序再次失调，各种社会矛盾凸显，产生普遍的精神漂泊和深刻的生存意义危机。社会主义核心价值观是精神文化领域最大的公共性问题，要让人民共享人生出彩的机会，共享文化发展红利，就要致力于文化公共性，将国家利益、民族利益和人民利益高度耦合，以此维护并实现这个最大的"公共利益"。

（三）达成的动态性

运动是物质的固有属性和存在方式，动态性亦即过程性或阶段性。文化是运动中的文化，没有一成不变、绝对静止的文化。如果一种文化不变或变化过慢则说明这个文化已经失掉蓬勃发展的动力，终将面临解体或消亡。核心价值观的发展、进步与认同同样处于运动的状态。相对于文化的外显形式如器物和技术文化而言，核心价值观的流变速度相对缓慢一些，这是由价值观的相对稳定性决定的。但就不同核心价值观之间的比较而言，变化速率慢、频率小的核心价值观就容易出现掉队情形，我国历史上有一段时期文化之所以落后，主要在于我国传统社会核心价值观曾数千年鲜有变化和进步。不同时期核心价值观共识的主题、内容和特点各不相同，从不认同到认同符合人的思维行为变化的逻辑性规律，而核心价值观共识作为深层的社会治理资源，会形成一种动态平衡状态。核心价值观共识永远是一种动态的追求目标，它不会有完成时或已经成为理想化的现实，而只会永远在路上。

如果说不同价值观之间具有共识和冲突两面性，那么共识不是常态，而冲突才是常态。民众在一定阶段内对主导价值观不认同或者不接纳应该是比较正常的现象，对其他价值观的认异或排斥更是对自身价值系统的自然预警和自我保护的一种应激反应，民众借此表达价值诉求。我们说对核心价值观形成价值共识过程速率小、难度大、周期长，首先是因为价值共识达成次序较为复杂。价值共识一般来说要经过"互识""共识"和"互补"三个阶段，"互识"是指其他文化进入人们的视线，吸引到人们的注意，并进入人们的思维时，潜意识中就激活了人们的内隐文化加工机制，以便解释当前的文化语境并对原有的价值系统施加一定的影响。"共识"包含两方面的内容，其一是"确认""归属"，即在内隐文化加工机制的作用下确认自己的文化归属或者确认何种价值观符合自身愿望和需求；其二是"赞同""赞许"，即对"共识"部分的肯定与追随。"互补"则是在"共识"的基础上进行文化上的扬弃。"互识""共识"和"互补"都是价值共识的运动过程。其次是因为价值共识达成的环境较为复杂。文化始终是发展变化着的，在价值共识过程中只要一方有新因素出现就意味着打破原有的认同范围与进度。在价值认同取得阶段性成果之前，外部境遇和内部环境的微小变化都可能导致价值认同的震荡和冲突。事实证明，当一个民族一个国家走到命运的十字路口时，不同价值观间的冲突最为剧烈，共识的达成最为艰难，但达成的效率却最高。在比历史上任何时期都更接近中华民族伟大复兴目标的当代中国，文化基线在不断提升，人们对价值观

第二章 价值共识是培育社会主义核心价值观的关键性节点

的认同与选择总体上从原来的盲从转向目的性强的自主性行为,从原来的消极认同转向积极认同,尽管价值共识的难度也比历史上任何时期都增大了,但这是社会文明进步的必然结果。培育核心价值观、寻求对核心价值观的价值共识的历史条件和现实环境是客观存在的,也是我们无法选择和改变的,然而我们要清楚地知道,如果不在当下构建社会主义核心价值观,不仅这个历史任务的完成将更为艰巨,而且可能错失培育核心价值观的最佳历史机遇。如果任由多元价值观混淆和扰乱人们的价值世界,这种局势加剧到一定程度,社会由此四分五裂时,再想形成全社会的普遍价值共识,恐怕就是件遥遥无期的事情了。

(四)利益的共享性

社会存在决定社会意识,社会意识是社会存在的反映。不管价值关系多么千头万绪、交错庞杂,透过现象看本质,我们不难发现,价值关系实质是利益关系的外在表象。从某种程度上说,如果社会主义核心价值观不能为人民群众的利益代言,如果社会主义核心价值观的价值共识不是建立在社会大众对公共利益的共同关切上,那么无论是讨论如何培育核心价值观还是研究何以达成对核心价值观的价值共识,都是一种"纸上谈兵"。经济社会的发展不可避免地影响到人们的思想文化生活,资本逻辑思维正逐渐左右人们的思想和价值判断,以利益为导向成为一部分人社会行为的原初价值倾向。改革开放四十多年,社会利益格局已然发生了深刻调整,市场经济思维模式全面渗透到人们的生活世界,传统社会中人们曾怀有的稳定的价值感、崇高的意义感和对"共同体"浓厚的归属感,不知不觉中被剥离、被解构。市场经济那种把人变成"原子化个人"和"单向度的人"的趋势,在社会主义市场经济体制下是否可以改变?我们所要培育的核心价值观是否能得到已习惯于市场经济思维模式的人们的认同和接受?如果回答是肯定的,那么解决问题的基点和关键点是什么?我国以公有制为主体、多种所有制经济共同发展的基本经济制度和以完善按劳分配为主体、多种分配方式并存的分配制度,从根本上决定了我国社会主义市场经济体制下社会发展的人民价值取向。"以人民为中心",就是要明确"国家

· 77 ·

建设是全体人民共同的事业,国家发展过程也是全体人民共享成果的过程"。❶ "以人民为中心",人民共享改革发展成果,最大限度保障了人民群众的根本利益。"利益共享"思维与西方社会惯常的一方收益必然有另一方受损的"零和博弈"思维截然不同,"利益共享"体现了社会主义的本质和社会主义制度的优越性,创造性地找到了一个使人民群众紧密团结在一起的方式。"利益共享"确保了社会主义市场经济条件下人民的主体地位,在一定程度上有力消解了现代化过程中因社会分化而可能滋生出的动乱,为当代中国培育社会主义核心价值观和形成对核心价值观的基本价值共识,创设出相对稳定的物质基础和社会心理基础。

利益多元是多元价值观冲突产生的根本原因,利益系统的波动与变化积累到相当程度会引发社会结构的震荡和社会心理的激荡;利益变动导致的不公正感和幸福感的缺失则是社会不同价值观间冲突和矛盾产生的直接原因。而人民共享社会发展成果,不仅能够让人民群众富有尊严,更能将社会黏合成一个彼此依赖、密切合作的利益共同体,不仅能减少人与人之间、人与社会之间、群体与政府之间的隔阂,更能强化社会成员的归属感。利益最大共享是我国社会制度区别于其他社会制度的鲜明表征,更是现代社会文明发展的标志和人类社会发展的方向。"共享"是我国新发展理念中的重要一环。"共享"本身就是一种价值观,它是维系共同体延续的重要机制,在资本主义社会中"共享"没有生存的土壤环境而被主动遮蔽掉了;"共享"本身也符合社会主义核心价值观价值共识的内在要求,是对人们公共生活的积极回应。社会主义核心价值观表达的是社会成员共同的利益诉求,社会主义核心价值观价值共识可形成的基础就在于公共价值的存在,公共价值反映的是社会成员共同的利益需要,只有在利益上满足社会成员的普遍需要、在精神上让社会成员产生真切的归属感,价值共识才会更好更快地形成。"归根到底,是利益的需要,才使价值认同成为主体的需要,因而,价值认同实际上是一种利益导向;离开主体的价值认

---

❶ 习近平. 在庆祝"五一"国际劳动节暨表彰全国劳动模范和先进工作者大会上的讲话[N]. 光明日报, 2015-4-29 (02).

同，永远不能为主体所认同。" 诚然，利益既指物质利益，又包括政治利益、文化利益和精神利益。利益的共享无疑是价值共识的基本特征，在利益共享基础上构建对社会主义核心价值观的价值共识，能够增强核心价值观的凝聚力、感染力和影响力。

三、核心价值观价值共识的定位分析

讨论核心价值观价值共识，还需要研究核心价值观价值共识的定位。核心价值观价值共识定位的价值：一是可以厘清核心价值观价值共识所处的历史方位和发展方向；二是可以凝练特色，核心价值观缺乏特色、失去辨识度就会在汇聚人心方面打折扣；三是提升价值观品格。核心价值观价值共识定位有利于提高"共识"精细化水平。

（一）理论定位

培育核心价值观并形成对核心价值观的价值共识，是一个社会意识形态理论体系的核心要素和关键向度。马克思主义意识形态与社会主义核心价值观存在着本质一致性，社会主义核心价值观价值共识与马克思主义意识形态自觉具有逻辑同构性。改革开放以来，伴随着打开国门、走向世界，中国社会逐渐进入了多元价值观时代。就个体而言，人们看似告别了某种"一体化""一元化"的价值权威，却悲哀地发现自己慢慢纠结于一个原本不是问题的问题——"我是谁"。就如同"围城效应"，人们又开始渴望在多元的喧嚣中和混乱无序的价值世界里，寻找到可以让自己安身立命的精神家园，以一种可以统摄自身生活的终极意义来摆脱价值危机，再显生命价值的崇高。就社会而言，多元价值观在一定程度上破坏了一个社会赖以和谐稳定的价值共识系统，让社会堕入一种相对焦虑的状态。社会迫切需要重塑一个相对统一、可靠稳定的价值体系，将"碎片式"的个体

---

❶ 裴德海. 从一般价值到核心价值——社会主义核心价值观培育与践行的双重逻辑[M]. 合肥：安徽教育出版社，2012：127.

紧密团结为一个遵循共同价值准则的共同体。当社会成员明确知道"我们是谁",社会意识形态的构筑发展才算步入安全健康的轨道。当代中国正处于这么一个由"实然"的"多"——价值观多元、多样、多变中汇聚"应然"的"一"——培育核心价值观、形成对核心价值观普遍价值共识的紧张进程之中。在"多"中求"一",从"实然"走向"应然",不仅是意识形态的应有之义,更是人们精神生活的内在诉求。换言之,意识形态承认"意识"的多样性与差异性,但重点则是在对多样性与差异性的社会凝聚上,即向着"形态化"努力。

从当代中国意识形态构筑的总体态势和发展动向来看,正经历由多元向二元聚集阶段。所谓二元聚集是指大众意识在许多意识形态重大问题上逐渐向两极靠拢,以致形成两种截然对峙而又势均力敌的认知或判断,例如,"伦理—道德"对峙、"义—利"对峙、"德—福"对峙、"发展指数—幸福指数"对峙、"公正论—德性论"对峙等。大众意识形态的两极聚集本身就是社会共识的成果,说明价值共识正在生成,大众意识形态呈现为较为典型的二元体质。❶ 社会价值观在二元聚集态势形成之前,多元价值观间的冲突和矛盾所展现出的是复杂性特点;二元聚集态势一经形成,两极间的冲突和矛盾则变得愈发尖锐,对抗性明显增强。二元聚集阶段是形成价值观"一"的"形态化"的前夜,是国家推行核心价值观的最佳战略机遇期,更是建构对核心价值观的价值共识,实现由"二"进"一"的关键期。国家意识形态如何有效干预大众意识形态,关键在于发挥主流意识形态凝聚社会共识的作用,这个过程主要诉诸核心价值观的力量,核心价值观是对社会价值观的一种次序排列与分层,并借此力求克服社会思想文化的纷乱与冲突。所以,正处于社会结构深刻变动敏感期和社会转型阵痛期的当代中国,培育社会主义核心价值观已成为意识形态构建的关键性问题,这一问题能否破解,或者说核心价值观是否起到应有的对社会文化整合和对社会结构优化的功能,则主要取决于社会主义核心价值观能否获得社会成员的普遍共识。而对核心价值观形成普遍价值共识的"关节点在于

---

❶ 樊浩. 中国社会价值共识的意识形态期待[J]. 中国社会科学, 2014 (07): 5-6.

第二章 价值共识是培育社会主义核心价值观的关键性节点

多维辨思核心价值认同的直接现实性及其精神机制实现的动能"，❶ 社会主义核心价值观作为"观念的上层建筑"，唯有走进普罗大众，在生活世界中得到人们的认知认同，才会得以现实化。核心价值观只有获得社会成员的普遍价值共识，完成在人们深层心理结构中的精神性内化，才能够"成为全体人民的共同价值追求，成为我们生而为中国人的独特精神支柱，成为百姓日用而不觉的行为准则"。❷ 也只有转化为人们的日常意识与社会心理，社会主义核心价值观才能展现其作为社会主义意识形态本质体现与核心内容的全部功能，在调节利益关系结构、引领社会思潮、调适伦理生态和社会心态、稳定社会秩序等方面发挥重要作用。

使人民群众对社会主义核心价值观形成价值共识，就要通晓社会主义核心价值观的思想和实践的尺度。培育社会主义核心价值观，不仅要萃取其引领社会多元价值观念的价值品质，还要提升其理论说服力。价值品质确证了社会主义核心价值观的科学性与先进性，理论说服力则要求社会主义核心价值观须具有亲和力和凝聚力。社会主义核心价值观既要有"普遍性的形式"又要有"普遍性的意义"，以"三个倡导"为基本内容的社会主义核心价值观，是社会主义意识形态的本质体现与核心内容，体现了当代中国经济社会发展和社会关系理顺所需的"普遍性的形式"，而这种"普遍性的形式"要成为"唯一合乎理性的、有普遍意义的思想"，❸ 就要有理论解释力和现实说服力，从而超越"个体自由"与"价值共识"的矛盾对立。我们需要注意的是，现代社会中对个人的特殊利益和特殊价值观念的尊重与宽容，潜藏着将核心价值观工具化的倾向，这容易遮蔽集体意识或价值共识，"问题的解决需要进一步理解意识形态乃至马克思主义意识形态概念与'人的本质'及其存在样式和客观'社会经济结构'之间复杂的内在关联，从而把握核心价值观在现代性历史境域中发挥其功能的价

---

❶ 成长春，张廷干，汤荣光. 意识形态自觉与价值理性认同 [J]. 中国社会科学, 2018 (02)：4.
❷ 习近平. 在文艺工作座谈会上的讲话 [N]. 光明日报, 2015-10-15 (02).
❸ 马克思恩格斯选集（第1卷）[M]. 北京：人民出版社, 1995：100.

值机制或精神基础"。❶

(二) 历史定位

习近平总书记指出:"每个时代都有每个时代的精神,每个时代都有每个时代的价值观念。"❷ 人类进步和文明发展的历史性标志是文化,文化所承载的价值观在历史传承过程中将历史的经验与记忆转化为当下的自觉,反映时代精神、体现时代内涵。中国五千多年的文化发展史有着厚重的历史积淀和绵长的价值辐射,都在潜意识中影响着中国人的精神文化和社会心理;中国人民在中国共产党的带领下创造的革命文化和社会主义先进文化,既是对中华优秀传统文化的继承和发展,更是引导中国人民奋发图强、实现中华民族伟大复兴的不竭动力和正确科学价值理想来源。如果切断了价值观的历史血脉和价值传统,找不到历史方位的"共识"只能是空中楼阁水月镜花,终将被人们摒弃,被历史遗忘。

价值共识是一种文化自觉,是对文化意义的哲学反思。"中华优秀传统文化讲仁爱、重民本、守诚信、崇正义、尚和合、求大同"❸的思想早已熔铸于中国人的文化血脉,沉淀在中国人的文化心理最深处,直至今天仍然有鲜活的时代价值,影响着人们的生存理念、思维方式和行为习惯,在缓解人与自然、人与人、人与自身的紧张关系与情感焦虑方面发挥着难以替代的作用和价值。中华优秀传统文化是当代中国价值共识的情感认同基因和共识构建根基,是中国文化瑰宝和价值资源库。中国共产党成立以来,在马克思主义指导下,高度重视人民主体地位,深耕中华优秀传统文化,扎根于中国革命和社会主义现代化建设实际,形成了"站起来"的价值理想、"富起来"的价值导向和"强起来"的价值目标。从"站起来""富起来"到"强起来",反映了中国共产党人价值观百年递进历程,凝集着近代以来中国人民在不同历史阶段的心结与共识。三个"起来"是党和

---

❶ 成长春,张廷干,汤荣光. 意识形态自觉与价值理性认同 [J]. 中国社会科学,2018 (02):15.

❷ 习近平. 习近平谈治国理政 [M]. 北京:外文出版社,2014:168.

❸ 习近平. 习近平谈治国理政 [M]. 北京:外文出版社,2014:164.

第二章 价值共识是培育社会主义核心价值观的关键性节点

人民实践体认和集体智慧的结晶,分别有着完善的价值理论,而又组成一个完整的有机价值体系。习近平新时代中国特色社会主义思想承前启后、继往开来,引领中华民族实现"强起来"的伟大飞跃,为当前和今后较长一段时期的价值共识指明了方向、厘清了认识、注入了灵魂。

当代中国社会同时面对共时态与历时态多元价值并存问题,我们需以马克思主义唯物史观为基本分析框架,对各种社会思潮和价值现象作分析。马克思主义唯物史观告诉我们,社会演进的客观必然性为核心价值观价值共识提供了历史基础和现实空间,人们的价值选择一方面会受到自身目的、利益的驱动与激励,另一方面也要受到内在文化的影响和现实社会的制约。人们的价值选择只有与历史同向而行,只有遵循社会发展规律,才能是合目的性与合规律性的统一。文化发展的基础和保障分别是经济与政治,然而文化又以价值观念的形式融入经济和政治之中,形塑一个国家、社会和成员个体的价值取向和精气神,体现了一个国家和社会在文化思想层面质的规定性。对核心价值观形成普遍价值共识并不是一般性的问题,而是全局性根本性问题,"为什么中华民族能够在几千年的历史长河中生生不息、薪火相传、顽强发展呢?很重要的一个原因就是中华民族有一脉相承的精神追求、精神特质、精神脉络"。❶ 核心价值观影响着人们的社会心理和价值判断,特别是现阶段,在世界各国都对中国经济和社会发展赞叹不已的时候,却往往主动回避我们取得伟大成就背后社会主义核心价值观所提供的精神动力和智力支持。我们自己不仅不能忽略这个重要因素,还需进一步加大核心价值观价值共识力度,自觉萃取核心价值观,将之作为事关民族强盛的重大问题之一。"培育和弘扬核心价值观,有效整合社会意识,是社会系统得以正常运转、社会秩序得以有效维护的重要途径,也是国家治理体系和治理能力的重要方面。历史和现实都表明,构建具有强大感召力的核心价值观,关系社会和谐稳定,关系国家长治久安。"❷ 对核心价值观进行历史定位,能够使人们清楚中国文化体系的脉络

---

❶ 习近平. 在文艺工作座谈会上的讲话 [N]. 光明日报, 2015-10-15 (02).
❷ 习近平. 习近平谈治国理政 [M]. 北京:外文出版社, 2014:163.

和关键节点,特别是在重大历史关头和历史性抉择时刻,核心价值观凝聚人心、稳定社会的作用表现得最为明显。

(三) 实践定位

马克思认为:"理论在一个国家实现的程度,总是取决于理论满足这个国家的需要的程度。"❶"需要的程度"给"理论"创设了平台和空间,但"理论"多大程度上满足"需要"则是实践问题。"理论"与"实践"相结合、相促进才可能有最大"程度"的满足。"在政治上利用一切社会领域来为自己的领域服务,光凭革命精力和精神上的自信是不够的。"❷ 习近平总书记指出:"在当代中国,我们的民族、我们的国家应该坚守什么样的核心价值观?这个问题,是一个理论问题,也是一个实践问题。"❸ 并且要"努力把核心价值观的要求变成日常的行为准则,进而形成自觉奉行的信念理念"。❹ 所以说,培育和践行社会主义核心价值观,就是"理论"和"实践"的辩证统一关系,在"培育"中"践行",在"践行"中"培育",只有这样核心价值观才会内化于心,外化于行。对核心价值观的价值共识同样需要在实践中达致。

对社会主义核心价值观的价值共识,能够为我们坚持中国特色社会主义道路提供新动力。"中国特色社会主义道路是实现社会主义现代化、创造人民美好生活的必由之路",❺ 中国特色社会主义道路的最终目标是实现人的自由全面发展,这与社会主义核心价值观的价值目标有着本质一致性。中国特色社会主义道路是中国共产党领导人民坚持改革开放的直接产物,培育社会主义核心价值观是改革开放的时代命题,任何一个社会的发展与进步,都需要有与之相适应的科学合理的核心价值观做支撑,社会主义核心价值观既立足于中国特色社会主义实践,又观照中华优秀传统文

---

❶ 马克思恩格斯文集(第1卷)[M]. 北京:人民出版社,2009:12.
❷ 马克思恩格斯文集(第1卷)[M]. 北京:人民出版社,2009:14.
❸ 习近平. 习近平谈治国理政[M]. 北京:外文出版社,2014:168.
❹ 习近平. 习近平谈治国理政[M]. 北京:外文出版社,2014:174.
❺ 党的十九大报告学习辅导百问编写组. 党的十九大报告学习辅导百问[M]. 北京:党建读物出版社,学习出版社,2017:13-14.

第二章 价值共识是培育社会主义核心价值观的关键性节点

化,从理论的角度为中国特色社会主义道路的实践提供内在动力。新时代我们要愈发地坚定中国特色社会主义道路自信、理论自信、制度自信和文化自信,"自信"问题的前提和基础是"认同",没有"认同"就不会产生"自信"。对中国特色社会主义道路的认同与对社会主义核心价值观的价值共识具有效果的叠加性和认同的互构性,社会主义核心价值观是中国特色社会主义道路的唯一价值命题和重要稳定器,关切中国特色社会主义道路的性质和方向,道路认同离不开核心价值观价值共识的导向、凝聚、激励和促进。

对社会主义核心价值观的价值共识,能够为中国精神注入新能量。中国精神"就是以爱国主义为核心的民族精神,以改革创新为核心的时代精神",没有民族精神,中国精神就无法体现鲜明的民族特质;没有时代精神,中国精神就会丧失时代价值。中国精神是在历史文化与现实实践双重作用下形成的内在精神品质与外在精神风格的综合体现,核心价值观不仅是中国精神的内核,更是国家的文明名片和对外交往交流的"护照"。核心价值观被社会成员理性认知、情感认同后,就会转化成为一种内在需求的自觉状态,既能固化为深层次心理结构,又可升华为高层次信仰信念。社会主义核心价值观与中国精神同向同行,社会成员对社会主义核心价值观形成普遍价值共识,能够把握精神航向、构筑精神支柱、展示精神气魄。

对社会主义核心价值观的价值共识,能够为中国力量筑牢新基石。中国力量既是国家硬实力,也是文化软实力,社会主义核心价值观的"社会主义"前提,旗帜鲜明地表明我们所要培育的核心价值观姓"社"、姓"马",社会主义核心价值观必须反映中国特色社会主义的价值诉求。作为一个后发现代国家,如果我们亦步亦趋地跟随其他国家的主导性价值观,终将会在思想文化和理想信念方面罹患"软骨病",罹患"软骨病"的国家又怎能有力量?实现中华民族伟大复兴必然内含文化复兴,培育社会主义核心价值观,就是要走一条独立自主、和平和谐的文化复兴之路,为中

---

❶ 习近平. 习近平谈治国理政[M]. 北京:外文出版社,2014:40.

国文化铸魂，为文化自信"补钙"，为中国力量筑牢新基石。通过对社会主义核心价值观的价值共识，从根本上激发社会成员的价值自觉，使意识形态得以在人们精神自觉和价值共识中获得现实性，进而转化现实的"物质力量"。

理论源于实践又指导实践。价值和价值关系产生于人们的社会实践和社会交往，实践决定着价值观发生发展全过程和基本指向，实践性是社会主义核心价值观的本质需要，不经实践检验的"共识"是虚无缥缈的"共识"。社会主义核心价值观应该根植于中国特色社会主义伟大实践，用价值追求引领现实社会，以文化尺度反思社会发展进程。"改革开放只有进行时没有完成时"，❶ 定位于中国特色社会主义伟大实践的社会主义核心价值观也将始终"在路上"，"这种'在路上'的性质决定了：从实践要求出发所作出的价值判断不能不具有某种当下性或策略性特征"。❷ 习近平总书记指出："坚持问题导向是马克思主义的鲜明特点。问题是创新的起点，也是创新的动力源。"❸ 面对共时态与历时态多元价值并存局面，培育社会主义核心价值观是马克思主义中国化在文化实践层面提出的重大课题，我们要坚持问题导向，一是推动中华优秀传统文化的创造性转化和创新性发展，二是"推进马克思主义中国化时代化大众化，建设具有强大凝聚力和引领力的社会主义意识形态"，❹ 以核心价值观消弭文化冲突，在全社会形成共同价值追求，使人们从价值观紊乱失衡中摆脱出来。

"新时代我国社会主要矛盾是人民日益增长的美好生活需要和不平衡不充分的发展之间的矛盾"，❺ 这其中也包含着文化、政治、经济三者间发展不平衡不充分问题，并由此诱发人们不自觉地割裂了经济政治实践与文

---

❶ 习近平. 习近平谈治国理政 [M]. 北京：外文出版社，2014：69.
❷ 于金成，王艳. 从理论与实践相结合的角度认识社会主义核心价值观 [J]. 社会主义研究，2015（06）：43.
❸ 习近平. 在哲学社会科学工作座谈会上的讲话 [N]. 人民日报，2016-05-19（02）.
❹ 党的十九大报告学习辅导百问编写组. 党的十九大报告学习辅导百问 [M]. 北京：党建读物出版社，学习出版社，2017：33.
❺ 党的十九大报告学习辅导百问编写组. 党的十九大报告学习辅导百问 [M]. 北京：党建读物出版社，学习出版社，2017：15.

化实践之间的联系。对社会主义核心价值观价值共识的实践定位,一是可以明确人的价值主体地位,突出价值主体社会性与个性自由的历史性统一;二是可以进一步遏制工具理性的极度膨胀,保持工具理性和价值理性的张力平衡;三是实现价值观教育方式的转化,即价值观从侧重外部灌输向注重内外共生转变,达成"公共领域"与"私人领域"、意识形态先进性与大众性的统一。

四、核心价值观价值共识的结构分析

社会主义核心价值观是一个科学的、开放的、发展的复杂理论体系,社会主义核心价值观价值共识是一个由浅入深、从认知现象到探究本质的循序渐进的认识过程。作为一个理论体系,社会主义核心价值观必然有其严谨的逻辑;作为一个发展着的认识过程,社会主义核心价值观价值共识必然有其层次结构,把握社会主义核心价值观价值共识的结构构成,在理论层面可以拓展和深化社会主义核心价值观研究范畴,在实证层面能够使社会主义核心价值观的培育和践行更具针对性和可操作性。对核心价值观价值共识的结构研究,一是要确证核心价值观价值共识的逻辑起点;二是要厘清核心价值观价值共识的过程要素;三是要弄清核心价值观价值共识的理论结构;四是要明晰核心价值观价值共识的层次结构。深刻了解社会主义核心价值观价值共识的层次结构,有利于我们透彻掌握价值共识规律,找准抓手、分层实施、精确制导,为核心价值观的理论探索和实践构建打下扎实基础。

(一)核心价值观价值共识的逻辑起点

逻辑起点问题是核心价值观价值共识的深层次问题。核心价值观价值共识从何处着眼、从何处出发,既是理论问题也是实践问题,明晰核心价值观价值共识的逻辑起点问题,有助于确立"共识"的指向、内容和实践路径。

1. 逻辑起点之一：价值理想和现实体认的落差

价值观是在价值发生与实现过程中，隐于主体思维和行为的深层次却又具有内在指导性和约束性的观念意识。价值主体在社会生活中以价值观为基本标准和尺度来判断衡量价值客体，这说明价值观的现实规定性，即只有在现实社会中才能更好地把握和权衡价值观的本质意义。正如马克思所指出的，"不是人们的意识决定人们的存在，相反，是人们的社会存在决定人们的意识"，❶ 价值观如若脱离现实社会关系就会成为一种抽象概念，失去其实质"价值"，不仅不能科学指导人的行为，还不可避免地使人们产生更大的"价值迷茫"，进而坠入"价值陷阱"。所以，当代中国核心价值观价值共识问题首先必须立足于中国特色社会主义实践基础之上，唯有如此才能从根本上祛除价值观的神秘性和抽象性。而如果仅从价值观本身或者人类价值发展的一般状况出发，将无法驾驭世事变迁中价值流转的本质和规律。

核心价值观一经形成，其最重要的"引领"功能随即显现出来。人之所以为"人"，人之所以是超越性存在，就是人们可以在社会核心价值观的引领和自身对价值理想本性追求的合力作用下，得以超越某些具有自然重要性的事物。经济社会中的人们承认物质的基础性和重要性，也认同物质财富方面的正当获利无可厚非，但人们也愈发感受到物质财富的多寡与精神文明的高低并非是完全意义上的正比关系。所以当代中国更加迫切地寻找中国特色社会主义价值依托和价值理想，并希冀为经济提档升级、社会整体进步、国家和谐稳定提供文化支撑、智力支持和精神动力。

核心价值观价值共识是要找到一条维系物质再生产的"系统世界"和文化再生产的"生活世界"的纽带，使人们的价值追求与现实感知和谐一致。核心价值观价值共识所要达致的价值理想与人们现实体认之间的契合度，很大意义上决定着"共识"的效果。如果人们在现实社会生活中切实感受到"共识"带给社会进步和个人发展的"红利"，就会自觉地拥护"共识"、遵循"共识"、维护"共识"；相反，人们如果对"共识"无感，

---

❶ 马克思恩格斯选集（第2卷）[M]. 北京：人民出版社，1995：32.

第二章 价值共识是培育社会主义核心价值观的关键性节点

或者体认不到"共识"的有效作用和积极意义,价值追求和现实体认存在落差,"共识"就必然被边缘化甚至直接"解体"。核心价值观价值共识一方面要满足社会成员普遍的价值需要,并在其所在的现实社会中得到充分的先进性验证;另一方面取决于社会成员对"共识"的理解和坚守,这决定了核心价值观价值共识必须消弭人们价值追求和现实体认之间的悬殊落差,使"共识"的价值观融入人们的精神层面,沉淀为大众的社会心理,步入人们的日常生活,熔铸为内在的精神力量。正如习近平总书记指出的:"一个国家,一个民族,要同心同德迈向前进,必须有共同的理想信念作支撑。"❶

2. 逻辑起点之二:"物质至上"与"道德失范"下的"社会之病"

道德是文化的形式之一,是价值观在现实生活中的折射。"社会主义价值观与社会主义道德观是一对相互联结、相辅相成的社会主义伦理范畴",❷ "凝练了我国优秀传统道德文化","反映了社会主义道德的本质"。❸ 社会成员能否把握自身行为,与国家、社会的"大德"约束以及自我道德价值观内省息息相关。

义与利之辩,道德与利益之争是人类社会长久以来一个争论不休的命题,也是一个生活在物质极大丰富之前的社会成员普遍遭遇的价值现实选择问题。我国在计划经济时期,人们物质生活相对困难,生活条件相对落后,人们被压抑的物质需求在社会主义市场经济改革中被释放了出来,如同一根弹簧,形变量越大其弹性势能就越大,人们关于价值选择的意愿和特征表现得十分明显,那就是主要追求物质利益。于是,满足自身利益需求成为人们价值判断和取舍的主要准则,"物质至上"思想大行其道。部分人为了追求利益最大化开始藐视"道德"的存在,为了一己私欲不断挑战社会规则和道德底线。在这样的社会氛围中,如果一些不道德的现象没有受到制度及时有效的约束,就会被更多的人所效仿,也就会造成道德塌

---

❶ 习近平. 习近平谈治国理政(第二卷)[M]. 北京:外文出版社,2017:323.
❷ 贾金玲. 社会主义核心价值观的道德蕴涵[J]. 道德与文明,2016(01):120.
❸ 李建华. 社会主义核心价值观与道德规范体系之关系[J]. 道德与文明,2017(02):13-14.

方。在这场道德与物质利益的拉锯战中,我们遗憾地发现,经济增长和物质充裕并没有给人们带来更多更大的"获得感",相反却出现了诚信缺失、诈骗勒索、腐化堕落等严重危害社会正常生产生活的"社会病症",这种情况下人们对思想文化的需求变得日趋强烈,对社会主义市场经济条件下价值体系的构筑愿望变得日趋迫切,"现代社会利益和道德关系的深刻变化要求践行社会主义核心价值观的逻辑起点必须建立在正确理解的利益和道德之上"。❶

当然,我们对利益追求的合理性以及合法的利益所得必须持有肯定的态度。马克思主义唯物史观告诉我们,无论是道德观还是更深层的价值观,都是由现实社会的物质条件和经济现状所决定的。人们总是"从他们进行生产和交换的经济关系中,获得自己的伦理观念",❷物质利益也总是最牵动人们的敏感神经,一种理论、一种价值观,如果不能解决人们最直接、最现实的问题,就得不到民众的认同和拥护,从根本性上就立不起来、站不住脚。当代中国利益结构正在发生深度调整,利益关系深刻变化,中国传统文化积淀的厚重的道德观、价值取向为我们提供了宝贵的思想资源,这些思想资源必须经过创新与转化才能重新焕发光彩,在新的历史时期彰显新的"价值"。同理,以往的社会主义道德价值观也必须在社会关系的变迁中完成转型,如集体主义的践行过程中就隐含着对个人权益自觉不自觉的忽视,这种单向度的管理方式与当代中国尊重保护公民权利和个体价值产生冲突,集体主义的硬性介入已难以取得理想效果,只有维护和增强人民的主体地位,激发价值主体的自主性才能有效推进国家治理体系和治理能力现代化。核心价值观价值共识的逻辑起点就应该是在社会现实关系中尊重人的价值,正视人的自由全面发展需求,着眼于人的本质回归,校正扭曲的人性,解放遮蔽的生活,全面表达新时代中华民族的道德理想和价值诉求。

---

❶ 廖小琴. 论社会主义核心价值观践行的逻辑起点[J]. 思想政治教育研究,2016(06):1.
❷ 马克思恩格斯选集(第3卷)[M]. 北京:人民出版社,2012:470.

3. 逻辑起点之三：共享语境

"语境"即人们生活的环境和背景，语境共享可以使社会成员在一个动态的平等的环境内开展对话。中国五千多年的文化为核心价值观价值共识提供了丰富的思想元素，中国特色社会主义伟大实践是核心价值观价值共识的元环境，人们对美好生活的向往和对真善美的价值追求是核心价值观价值共识的元动力，共享思维则是核心价值观价值共识的元意识。价值共识既是对社会关系本质的追问、意义的磋商，更是对现实语境的优化和自觉构建。核心价值观价值共识"并不是价值生活中感性经验的简单汇聚，而是经过特定的心理结构、心理图式整合的结果"。❶ 这种整合得益于相同和相似的历史背景与时代背景，让人们在文化结构、情感认知和经验体会等方面有着无法割舍的天然亲近感，这恰是核心价值观价值共识的基础和起点。语境的互通性意味着人们有机会跳跃出自身的特殊性而获得一种高层次的普遍性，核心价值观价值共识所凝练的应该是中国人共有、共创、共享的社会主义核心价值观，能够集中反映中华民族共有的价值追求和价值理想，可以承担起对人们公共生活方方面面的价值指导任务。从共享语境出发，充分尊重现实，使核心价值观价值共识的达致立足实然与现实，实现实然与应然、理想与现实的统一。当然，语境的共享只是核心价值观价值共识的逻辑起点和有利条件，作为一个复杂的系统工程，核心价值观价值共识不会因此一蹴而就。

（二）核心价值观价值共识的过程要素

核心价值观的价值共识形成是一个多要素构成并具有一定结构的运行过程。如果把价值共识作为一个认识发生发展过程来看，在解决了"为什么"需要"价值共识"后，必然涉及价值共识的主体、客体和中介等基本问题，这些恰恰是构成价值共识发生发展的基本要素和内容。即要解决谁与谁、对什么对象的共识，或者说"共识"什么以及如何"识"等问题。具体说，核心价值观的价值共识包括如下基本要素：价值共识主导者；

---

❶ 孙美堂. 社会主义核心价值观的几个基础理论问题 [J]. 观察与思考，2017（10）：50.

"共识"什么;价值共识渠道;价值共识客体和对象;价值共识效果等。

1. 价值共识主导者

社会主义核心价值观价值共识的主导者从结构构成上包括倡导者、推动者和行动者。党、国家和政府更多的是承担倡导者的角色,社会主义核心价值观究其本质是一种国家意志,更是国家的"核心利益",党、国家和政府有责任和义务在意识形态领域使社会民众形成与执政党相适宜的价值理念。倡导者通过文化领导权确定社会主义核心价值观的基本内容,以顶层设计的方式引领社会主义核心价值观的培育方向,创设培育环境,创新培育渠道,把握培育节奏。党、国家和政府是个集合概念,首要的是党的领导干部应对社会主义核心价值观有着正确和全面的理解,并能够树立高尚价值追求,真正以核心价值观作为自身言行的价值评判标准,为社会主义核心价值观的践行起到正向效应和示范效应。"党性和人民性从来都是一致的,统一的。"❶ 只有在工作中坚持党的宗旨和作风,坚决维护人民群众的正当利益,不断推进国家治理体系和治理能力现代化,党、国家和政府才能更好地获得"公信力",人们才能通过对党、国家和政府治理能力的认同转化成对其治理理念的认同,进而形成对社会主义核心价值观的主动认同与自觉遵循。

社会主义核心价值观价值共识的推动者是指哲学社会科学工作者、党的意识形态领域的专家学者和广大文化工作者。核心价值观价值共识需要"理论家""宣讲家"的宣传、教育与引导,建立核心价值观科学解读机制、合理宣传机制和系统教育机制,以创新性工作不断充实社会主义核心价值观的理论内涵,以高超的理论水平和实践能力推动社会主义核心价值观生活化、大众化,以科学的工作方式汇聚民众对核心价值观的认同。推动者要立足于中华优秀传统文化、革命文化与社会主义先进文化,阐释培育和践行社会主义核心价值观的必要性和重要性,将历史与现实联系起来,将理论价值与实践价值贯通起来,将社会主义核心价值观的科学性与可行性融会起来,采取各种有效方式加深社会成员对社会主义核心价值观

---

❶ 习近平. 习近平谈治国理政 [M]. 北京:外文出版社,2014:154.

的认知、理解和认同。"话语传播进程中，既要考虑到思想政治教育预设的'硬指标'的达成，又要考虑到受众话语汲取时的幸福感、体验感、获得感等'软需要'的满足，要用符合当代受众口味、走心的传播形式吸引人、打动人、滋润人。"❶

社会主义核心价值观价值共识的行动者是指每个鲜活生动的社会成员。社会成员既是核心价值观的接受者也是核心价值观的践行者、行动者。"一步实际运动比一打纲领更重要。"❷ 社会主义核心价值观从理论走向实践，只能依赖于社会成员的体验感悟、认同遵循。只有社会成员普遍将核心价值观内化于自身的精神力量和道德力量，才能在全社会形成良好的核心价值观运行环境，核心价值观也才能真正发挥价值引领和价值规约作用。

2. "共识"什么

以"三个倡导"为基本内容的社会主义核心价值观，是一种开放的、未定论的表述方式，归纳了社会主义核心价值观的基本范畴，体现的是当下中国关于构建社会主义核心价值观的阶段性成果。这说明，社会主义核心价值观仍然在培育和构建中，这将是我国当前和今后较长一段时期意识形态领域的核心任务。由此，价值共识的指向必然是"社会主义核心价值观"。

社会主义核心价值观统率和规范着社会成员的价值旨趣和方向，其重要性不言而喻。核心价值观要获得社会成员的普遍认同，既取决于价值共识主导者和价值共识客体的共同努力，也取决于核心价值观本身的合理性与合情性。如果核心价值观不具备合理性与合情性特质，对核心价值观的价值共识也就只能付之阙如。社会主义核心价值观的合理性在于它的科学性与实践性。从党的十六届六中全会提出要建设社会主义核心价值体系到党的十八大提出的以"三个倡导"为基本内容和基本价值遵循的社会主义

---

❶ 李洁，廖小琴. 智媒时代思想政治教育话语发展的审视［J］. 思想教育研究，2021（07）：53.

❷ 马克思恩格斯选集（第3卷）［M］. 北京：人民出版社，1995：296.

核心价值观，再到当下不懈地培育和践行，社会主义核心价值观的建设只历经了短短十二年。这么短的时间要完全构建成一个宏大、复杂、科学的核心价值观系统是不现实也不符合价值共识规律的。但毫无疑问的是，我们凝练、培育核心价值观的方向是正确的，以"三个倡导"为基本内容的社会主义核心价值观具备人民群众认同的合理性动因。社会主义核心价值观发轫于中国特色社会主义伟大实践，根植于中华优秀传统文化、革命文化和社会主义先进文化，具有博大的理论资源和民众认同的深厚文化心理基础。同时，社会主义核心价值观最大限度涵盖了国家、社会和公民三个层面的价值准则，价值理论科学，逻辑结构严谨，契合人民群众的物质利益需要和精神文化需求。社会主义核心价值观既要在理论上得到社会大众的认同，也要在具体社会实践中获取民众的认同，而且，社会主义核心价值观实践性能的正向性决定了其满足社会成员价值需要度。只有在根本上满足人们的利益需要和精神需求，才能逐步获得人们的信任和支持，进而形成对社会主义核心价值观普遍的价值共识。社会主义核心价值观的合情性则来自深厚的民族文化底蕴，"三个倡导"中的十二个词语都可以从中华优秀传统文化中找到其丰富的理论资源作为支撑，核心价值观所具有的鲜明民族性完全契合中国人民的思维模式、道德底色和文化习惯，从根本上容易激发民众的认同感。社会主义核心价值观更加体现新时代人们的价值追求，作为一种价值理想，就要具有一定的高度，以此来激励、鼓舞人们朝着中华民族伟大复兴的中国梦砥砺前行。

3. 价值共识渠道

价值共识的渠道建设要遵循这样一个思路：一是要与时俱进，不断拓展宣传与教育途径；二是要灵活多样，针对不同的人群采取不同的方式。首先，要充分发挥文化在价值共识中的作用。相对于西方文化，中国文化更侧重于道德理性，并以"传统"的方式融于中华民族的文化血脉之中，"中华优秀传统文化已经成为中华民族的基因，植根在中国人内心，潜移默化影响着中国人的思想方式和行为方式"。[1] 文化产品是文化的具化，应

---

[1] 习近平. 习近平谈治国理政[M]. 北京：外文出版社，2014：170.

该具备正确、科学的思想性，贴近群众生活，传播真善美，以生动活泼、活灵活现的方式向人们展示核心价值观的崇高与美感，明确提倡什么、反对什么、肯定什么、否定什么，一扫社会思想文化领域中存在的颓废萎靡之风，拉高人们的价值基线，提升社会的道德水准。其次，充分发挥网络媒体的效能，牢牢掌握网络舆论的主导权和话题设置的主动权。"互联网技术和新媒体改变了文艺形态"，我们要正视历史发展带来的变化，互联网或许是把双刃剑，但我们不能因噎废食，"信宿"在哪里，"信源"就要辐射到哪里；人群在哪里，我们的工作就要延伸到哪里。积极探索网络环境中核心价值观宣传和引导规律，改变传统价值观教育单一、呆板、硬性的方式，打造绿色网络文化，传播健康正向价值理念，批判和抵制不良思想侵袭，营造风清气正的网络空间。最后，要使官方倡导与民间响应形成合力。当代中国价值观领域，"要人民怎么样"和"人民要怎么样"仍存在较大落差，主流价值观居主流而未显主导是不争的事实。而要改变这种现状，就要高度尊重人民"为我而存在"的价值主体地位，核心价值观必须充分体现人民价值取向，从根本上克服核心价值观被边缘化危机。总体而言，越是贴近人民群众生活、符合人民群众心理预期和思维特点，并且容易被民众熟练掌握与实践的价值观，才有着最大限度的价值共识可能。

4. 价值共识客体和对象

价值共识客体和对象即社会主义核心价值观教育传播对象，亦即接受客体、受众，一般而言指的是接受社会主义核心价值观的人民大众。显然，核心价值观的教育与传播是一个双向互动过程，人民大众如果只是被动的接受者，那么对核心价值观形成的价值共识就只能是一种虚假共识，对核心价值观的认同也只是虚假认同。虚假共识是浮于表层的消极共识，而并非是内心深层次的积极共识。相对而言，虚假共识的共识度比较低，共识基础比较脆弱，往往会随着外部环境的改变而迅速消解，虚假共识的基点实际上是对诸事冷漠的价值虚无。我们所需要的是核心价值观接受者、受众的主动性认同，这就要求人民大众对社会主义核心价值观有着通

---

❶ 习近平. 在文艺工作座谈会上的讲话 [N]. 光明日报，2015-10-15 (02).

透的理解，人们有以核心价值观为衡量标准自觉调整自身价值诉求的高意愿度。在培育社会主义核心价值观，引领人们价值共识的过程中，对价值共识客体和对象要采取分层分类、有的放矢的教育和引导，人们只有在实践中体验和感悟核心价值观的意义、价值与力量，自觉认识到核心价值观的价值引领与人们内在需求的一致性，超越自我的宏大叙事的合理性与说服力才能凸显、放大。对核心价值观的价值共识从个体层面来说，是确认自己是什么样的人以及希望自己成为什么样的人的过程；从社会群体层面上说，是个体寻找能让自我具有某种舒适感甚至自豪感的社会组织或文化传统的过程。简而言之，就是追寻自我价值理解与社会主导价值观相契合所产生的归属感、依赖感、信任感和在家感。总之，对社会主义核心价值观的价值共识，离不开核心价值观主导者的培育、推广和教育，更离不开社会成员的价值自觉，只有社会成员通过实践将核心价值观内化为日常生活的意识、观念和语言，社会主义核心价值观才能为社会成员构筑出真正的心灵居所。从价值共识的客体和对象角度看，人们对社会主义核心价值观形成普遍价值共识，关键是培养人们的现代公民意识、价值宽容意识和共生共享共赢意识，提高人们的价值认知和价值判断能力，强化人们的"公共理性"精神。

5. 价值共识效果

对社会主义核心价值观形成普遍价值共识，目的在于确立其"核心"地位，激发其"主导"功能。衡量对社会主义核心价值观的价值共识成效，一是看社会成员对社会主义核心价值观是否从形式认同、理论认同和评价认同等层面转化为实质认同、情感认同和实践认同。培育核心价值观的意义更多地在于指导人们的实践，而形成对核心价值观的价值共识则是实现认同转化的"总开关"。二是看"他律"与"自律"是否和谐统一。"律"是一种标准、规则和规范，对于社会成员而言，"自律"在价值选择和道德行为中起到内在的柔性自我约束作用，但是，如果仅凭借"自律"的反求诸己，社会主义核心价值观的培育生态和践行环境就相对比较脆弱。而"他律"则意味着人们在生活中要受到"共同规定性"的硬性约束。"自律"与"他律"、自我价值观与社会主导价值观的和谐统一,是检验社会主义核心价值观内化的重要尺度。三是全社会共同践行的局面是否形成,全社会共同践行核心价值观有利于营造积极健康的社会环境,加速推动核心价值观内化。四是看社会主义核心价值观是否升华成为社会成员的"共同信仰"。确立对社会主义核心价值观的信仰,关系到中国特色社会主义制度优越性能否在精神层面被人民群众所认同,关系到社会成员"美好生活"的质量。

(三)核心价值观价值共识的理论结构

1. 价值主客体与价值评价

价值主体与价值客体都兼具自然属性和社会属性两个方面。价值主体可以是个体、群体,也可以是一个民族和国家,这种"普遍性"内在决定了价值共识要萃取的是普遍化和共同化的价值理念;价值客体可以是物,也可以是社会关系和思想理念。实践活动使价值主体和客体的功能实现转化并形成价值关系,价值主体在实践中通过对自身需求理解、醒悟和反思,得出理性的价值意识和价值思维,并以此指导实践。

价值评价是主体对客体"价值"的评价性认识,是基于自有的价值观对事物价值的评判。这种评判结果最终指向的是"价值事实"能否满足人的需要。作为价值评价的决定者,主体的价值理念、评判标准等方面的差异导致即使面对同一客体也会有着相异甚至相反的价值评价结果。哈姆雷特只有一个,但一千个人的眼中可能有一千个哈姆雷特,这就是由不同价值主体的理解、认知和审美差异而产生的必然结果。而一个成熟的社会离不开一些基本价值观念的支撑,"精神的太阳"❶引领人们走出困惑、寻找到真正的价值意义。人们在长期的文化积淀和熏陶中对是非、真假、善恶、美丑有着原初的评价标准,对核心价值观的价值共识可以激活个体理性需要,协调社会成员的利益关系,激发对共同价值的情感认同。

---

❶ 马克思恩格斯全集(第1卷)[M]. 北京:人民出版社,1995:111.

2. 价值自觉与价值自信

价值自觉是指人们对历史凝结的文化有着深入全面的理解和认知，对文化中蕴含的价值观念有理性的价值评判标准，对价值导向有清晰的认识，对价值目标有精准的把握，在理想信念和行为方式上有着自我反思、提炼和总结。简单地说，价值自觉就是一个民族、一个国家在价值观上的觉悟和觉醒。价值自觉是价值实践的高端层次，是意识性、主体性和目的性的辩证，是主观见之于客观的统一，象征着价值主体对价值事实的价值理解、价值情感和价值认同已经达到一个比较成熟的阶段。价值自觉并非一个自然的发展过程，而是一个思想激烈交锋的艰苦历程。基于价值自觉之上，一个民族和国家才会在文化多样、价值观多元的历史环境中保持价值清醒，以缜密的价值逻辑、透彻的价值分析、细致的价值甄别和严谨的价值批判态度来准确把握价值共识规律，担当起时代重任。

价值认同是价值自觉的一个基础工程，而价值自觉又是价值自信的必由之路。价值自信是指主体对自身所持有的价值观充分肯定和高度信奉的态度，体现在价值主体对价值事实的价值判断、价值选择和价值实践等方面怀有坚定的意志。"价值自觉是价值自信的基础和前提，价值自信是价值自觉的结果和归宿，只有高度的价值自觉才能铸就充分的价值自信。"❶对核心价值观形成普遍的价值共识有助于将核心价值观的内容和要求内化为社会成员心理层面的自觉价值意识，亦即积淀在人们的无意识、潜意识层面而成为日用而不觉的价值观，从根本上影响和指引人们的实践活动。中国特色社会主义理论体系立于时代潮头，始终与时俱进，是关于民族复兴的正确理论，更是当代中国社会主义核心价值观的理论之源，正如习近平总书记所指出的，"当今世界，要说哪个政党、哪个国家、哪个民族能够自信的话，那中国共产党、中华人民共和国、中华民族是最有理由自信的"。❷

---

❶ 罗建文. 论中国特色社会主义的价值自觉与价值自信 [J]. 重庆大学学报（社会科学版），2016（02）：188.

❷ 习近平. 在庆祝中国共产党成立 95 周年大会上的讲话 [N]. 光明日报，2016 - 07 - 02 (02).

第二章 价值共识是培育社会主义核心价值观的关键性节点

3. 价值转换与价值实践

习近平总书记指出，构筑中国精神、中国价值和中国力量应该做到不忘本来、吸收外来、面向未来。也就是说，构建社会主义核心价值观就要牢牢扎根于中华优秀传统文化，就要不断吸收人类文明的有益成果。中国优秀传统文化之所以历经五千多年的风雨飘摇而赓续不绝，主要有两个方面的原因，一是中国优秀传统文化是个自我更新、不断发展、兼容并包的开放体系，有着较强的文化自觉性；二是中国优秀传统文化能够主动融入并努力适应数千年不同历史阶段的中华民族的社会实践，有着鲜明的时代特征和实践特征。如果我们将中华优秀传统文化中的价值思想观念不经转换直接植入当下的中国特色社会主义实践，那么只能加剧民族文化传统与现代的断裂，是在开历史的倒车。而"抛弃传统、丢掉根本，就等于割断了自己的精神命脉"。❶ 比如"爱国"价值观，在"家天下"的中国封建社会，爱国的主要意蕴是"忠君"；但在当代中国，"爱国"就是爱祖国、爱人民、爱社会主义。当代的"爱国"价值思想无论是内涵还是外延都与传统意义上的"爱国"有着本质上的进步。同样，我们在积极吸收人类有益文明成果（包括资本主义价值观念的合理因素）的时候也要做好价值转换。西方资本主义价值观的困境在于，私有制经济制度过分强调个人本位，从而造成个人与社会的割裂。私有制决定了并不是所有社会成员都有资格有机会分享社会财富和社会利益，这是资本主义国家民众的宿命，而资本主义宣传的自由、平等等价值，不论多么让人目眩神迷，最终都将被其自身所消解。我国以公有制为主体、多种所有制经济共同发展的所有制结构，从根本上保证了我国所倡导的自由、平等价值观既肯定了人的主体特殊性，又最大限度拓展了先进价值理念的普遍性，实现了自由、平等价值理念的质的飞跃和转换。

"价值观是实践的先导、方向和指南，实践为价值观开辟现实路径。"❷ 实践是检验真理的唯一标准，核心价值观价值共识要依托于人民群众的社

---

❶ 习近平. 习近平谈治国理政 [M]. 北京：外文出版社，2014：164.
❷ 任政. 当代中国价值观与社会共识的建构 [J]. 探索，2016 (02)：168.

会实践,依托于中国特色社会主义本质要求,"理论一经掌握群众,也会变成物质力量",❶ 坚持把价值观实践与人民群众的生产生活、价值诉求紧密结合,在人们的日常生活中提炼共识,并以社会主义核心价值观引领人们的价值追求和价值行为,以价值转换推动价值实践,以价值实践检验价值转换。

4. 价值的认同与认同的价值

价值认同是人类社会产生以来就存在着的社会现象,体现了人们对社会公共领域的价值追求。社会公共价值追求是人们在一定社会关系中共同认可、遵循的价值准则和价值目标。价值认同意味着社会价值准则的共有性,"每个社会都设法建立一个意义系统,人们通过它们来显示自己与世界的联系"。❷ 人们对价值的认同,一是源于个体发展的内在诉求,二是源于现实社会生活的需要。如果不同社会主体之间处处存在着价值观的差异和矛盾,结果只有一个,那就是个体价值无法体现,人们也必然会寸步难行。减缓和消弭价值矛盾冲突,首先就是要达致一些基本价值共识,通过价值共识界定价值准则和共识边界,让人们在开展个体价值追求的过程中有一定的价值规则可循。"价值认同在本质上也是对社会现存各个价值主体的各种价值追求的整合过程。"❸

人类价值关系是一个从单一到复杂、从低级到高级不断递进的动态发展过程,价值认同同样也是一个动态的过程,认同的价值是这个动态过程所要澄明的结果。当代中国社会认同的价值中最重要的就是社会主义核心价值观,只有确定核心价值观的主导地位,并激发出人民大众的普遍情感认同和理性认同,核心价值观才能"承载着一个民族、一个国家的精神追求,体现着一个社会评判是非曲直的价值标准"。❹ 也只有这样,我们要构

---

❶ 马克思恩格斯文集(第1卷)[M]. 北京:人民出版社,2009:11.
❷ [美]丹尼尔·贝尔. 资本主义文化矛盾[M]. 赵一凡,蒲隆,任晓晋译. 北京:生活·读书·新知三联书店,1989:197.
❸ 方旭光. 认同的价值与价值的认同——社会主义核心价值观论[M]. 北京:中国社会科学出版社,2014:156.
❹ 习近平. 习近平谈治国理政[M]. 北京:外文出版社,2014:168.

第二章　价值共识是培育社会主义核心价值观的关键性节点

筑的社会主义核心价值观才是有"价值"的。

（四）核心价值观价值共识的层次结构

当代社会，人们在价值选择方面有着充足的自主权，社会"要我做"和"我要做"之间产生巨大张力，仅凭国家的权威性来推动核心价值观已经远远不能满足人们的心理接受范围，甚至社会"提倡的"成为人们下意识要"逃避的"。而要实现民众价值自觉，使人们发自内心地认同和接受核心价值观并在社会实践中自觉遵循核心价值观，就要厘清核心价值观的层次结构，使民众对核心价值观产生理性认同、情感认同和利益认同，由浅入深、由表及里地逐步凝聚社会成员对社会主义核心价值观的价值共识。

1. 理性认同

构建对核心价值观的价值共识既要有"自上而下"的灌输，也要有"自下而上"的自觉。"灌输"依赖的是意识形态宣传和行政干预，是一种强势的方式，却容易使客体完全陷入被动接受的处境，进而产生价值情感上的抗拒。而"自下而上"的价值观自觉则是基于理性认同之上的价值观"内生"思路，主张在辨清各价值主体的价值观点基础上，通过理性的理解与对话实现"共识"的目的。换言之，"共识"的基础是自在的、理性的价值认同。价值的理性认同是人们在实践活动中通过现有的相关概念与知识，进行理性的价值分析、价值判断和价值选择的心理过程。伴随着时光的流逝和物质生活的丰富，人们对历史苦难的记忆逐渐在消退，对党历史上的丰功伟绩的认同也逐渐在淡化，走出权威崇拜的人们更多的是依靠自身利益是否得到社会的许可与维护来决定其价值观的取舍，这就是价值个体的价值理性认同机制。

马克思认为，"理论只要说服人，就能掌握群众；而理论只要彻底，就能说服人"。❶ 个体的理性认同是接受社会主义核心价值观的思想基础，这种理性认同不只是理论上的理解，更要有时代背景和实践意义上的理

---

❶ 马克思恩格斯文集（第1卷）[M]. 北京：人民出版社，2009：11.

解，唯有如此才可能产生对核心价值观的情感认同。人是具有理性思辨能力的人，在处理各种复杂的社会关系时，人们就不能不面对公共价值问题，公共价值需要公共理性思维，价值共识正是公共理性的体现。每个社会个体由于所处阶层、社会地位和文化背景的不同，从而导致价值观的不尽相同甚至彼此对立，而没有公共理性的共识，失去对多元文化价值主体实践交往的整合与引领，社会就无法进步。

2. 情感认同

马克思认为"激情、热情是人强烈追求自己的对象的本质力量"。❶ 价值观的情感认同是一定的价值观经过价值主体的理性判断，认为与自身的价值需要完全符合，从而在情感上对此价值观产生肯定与亲切的态度。人们对特定价值观的情感认同是建立在理性认同基础上的，并且所认同的价值观与人们的情感需要高度契合，主体发自内心地自愿接受，能够自觉将其内化为自身的价值取向和价值准则，外显于自己的实践行为。情感认同带来的是正向积极的情感体验和价值体验，能够极大唤醒主体意识，增强主体积极性。对核心价值观的价值共识必须要激发出情感认同，这不仅能够从根本上调整人们去权威化思想带来的偏离，更能使价值主体在情感共鸣中加速对核心价值观价值共识的深度与广度。

情感因素注入价值规范的理解，使价值理念获得民众心理上的信任，这种心理信任一是强化了人的价值主体地位，二是加速了价值自觉进程。在"三个倡导"的社会主义核心价值观范畴中，富强、民主、文明、和谐，承载着近代以来中国人民上下求索、奋发图强的价值信念；自由、平等、公正、法治，批判吸收了人类文明优秀成果，寄托着人类千百年共同的价值理想；爱国、敬业、诚信、友善，继承了中华优秀传统文化的价值基因，凝聚着中华民族的价值追求。社会主义核心价值观体现的是全体社会成员至高至上的价值愿景，与人民群众的价值需要产生共鸣，奠定了价值共识的社会心理基础。没有价值情感认同，就割裂了对中华文化的情感依存，就不可能获得真正的价值共识。

---

❶ 马克思恩格斯文集（第1卷）[M]. 北京：人民出版社，2009：211.

3. 利益认同

经济基础决定上层建筑，利益影响人的价值观，价值观与利益的关系十分密切，忽视利益的存在而空谈价值，价值就是无根之萍；避开价值只论利益，利益就变成没有灵魂的空壳。马克思认为，"人们为之奋斗的一切，都同他们的利益有关"。人类社会本质上是一种利益共同体，个体利益、阶层利益和国家利益深度纠缠在一起。没有单纯的个体利益，个体利益融于集体利益之中；也没有单纯的集体利益，集体利益是个体利益的集中表达。满足人民大众的利益需求，为人们的价值选择和价值追求提供动力，社会主义核心价值观的先进性就在于既体现集体价值追求又兼顾个体价值诉求，既扎根现实又面向未来。当代中国在汇聚对核心价值观的价值共识过程中，要充分尊重人的正当利益获得的合法性地位，建立健全相应的激励与约束机制，努力做到"大德，必得其位，必得其禄，必得其名，必得其寿"，通过激励与约束机制，协调基本利益、公共利益和共同利益的关系，推动人们核心价值观的理性认识和理性选择。

在现代社会中，人们可否形成对核心价值观的价值共识，与国家对共识的利益维护密切相关。随着社会转型和社会结构调整，分化出不同的阶层，衍生出不同的利益群体，以人民为中心，充分发挥利益调节机制的作用是形成对核心价值观价值共识的关键点。"差异性社会"中普通民众的价值向往主要集中于两个方面，一是追求共同富裕，共同富裕使人有深切的"获得感"；二是追求公平正义，公平正义让人们免于相对的"剥夺感"。核心价值观价值共识就是整合利益诉求的过程，使人们自觉将社会主义核心价值观作为全体社会成员共享的价值判断标准和行为准则，以此消弭利益矛盾和价值冲突。

---

❶ 马克思恩格斯全集（第1卷）[M]. 北京：人民出版社，1995：187.

第三章 社会主义核心价值观价值共识实现机制分析

"共识"问题是当代哲学社会科学普遍关注的重要问题之一,也是关涉当代社会现实生活的重要实践问题。形成对社会主义核心价值观的普遍价值共识是培育和践行核心价值观的关键,价值观"多"与"一"的转换需要一定的机制以保证完成。核心价值观价值共识不是消极被规定的,而是人们去积极澄清和追求达成的结果,是一种自觉建构的获得性存在和主动为之的整合性结果。现代社会价值共识的达成应基于对象而设计,形成尊重需要、澄清价值观和激发责任的联动,主导价值观的辐射与边沿价值观聚合的双向互动。构建核心价值观价值共识机制,需要从目标机制、动力机制、保障机制、整体优化机制等方面入手。

一、确定核心价值观价值共识方向的目标机制

目标机制是在主观意识形态中以预期目的为发展方向,把事物的整体和各部分按照实施路径有机结合起来,推动事物有规律地科学运行。核心价值观价值共识的目标是指人们以核心价值观对当前社会中存在的各种社会思潮进行价值整合,以社会发展需要和人们想要共同达到的境界为方向,通过社会实践活动进行理性思辨,不断夯实价值共识基础。

(一)首要目标:筑牢社会共同思想基础

社会共同思想基础,是指社会各阶层在社会实践活动中普遍认同的特

定思想或理论体系。没有共同的思想基础，社会很难形成合力，甚至导致社会组织结构解体、社会运行机制失序、社会成员失去前进目标和动力。社会共同思想基础是一个随时代发展和实践需要而变化的动态概念，我们从历史坐标纵轴上截取两个时间段来分析。第一个时间段是从1840年鸦片战争到1921年中国共产党成立的81年，这个时间段的中国，基本上是处于内忧外患、四分五裂的状况，其中一个重要原因就是没有形成社会共同的思想基础。第二个时间段是从中国共产党成立到当今的101年。这个时间段中，中国共产党始终密切团结人民，与人民同心同德，将人民汇聚到共同社会思想基础上，铸就了中国特色社会主义伟大事业。所以从中国共产党成立至今，马克思列宁主义、毛泽东思想、中国特色社会主义理论体系是汇聚人心的共同思想基础。我们党在每个历史阶段面对不同的历史任务均有着与马克思列宁主义一脉相承的思想理论作支撑，在中国进入全面建成小康社会、奋力实现中华民族伟大复兴的新时代，习近平新时代中国特色社会主义思想就是全社会的共同思想基础。当代中国共同思想基础实质上就是对国家的认同、对马克思主义的认同、对党的领导的认同。现实社会生活中，人们的价值取向和价值标准受经济社会和多元价值观的影响有趋于功利化和世俗化的趋势，这可能会在浅层次满足个体的需求，但如果长期游离于共同思想基础之外且没有受到相应的规范和制约，就必然诱发出对社会公共价值和核心价值观"合理性"和"必要性"的质疑，这是值得我们警惕的。历史事实早已证明，只有增强核心价值观价值共识，夯实社会共同思想基础，广泛凝聚社会共识，进一步巩固社会成员的向心力和归属感，才能共同推进中国特色社会主义事业的发展。

核心价值观价值共识的首要目标是筑牢全社会共同思想基础，这既是由文化的特殊地位与作用所决定的，也是由社会历史发展需要所决定的。"中国特色社会主义文化是激励全党全国各族人民奋勇前进的强大精神力量"，[1] 文化的激励力量更基本、更深沉、更持久，具有不可替代性。多元

---

[1] 党的十九大报告学习辅导百问编写组. 党的十九大报告学习辅导百问［M］. 北京：党建读物出版社，学习出版社，2017：14.

价值观对当代中国社会共同思想基础有着明显的阻隔、分化和消解的作用，疏离和分化去除了共识，削弱了民族凝聚力，离散了民族向心力。西方资本主义国家要实现西化分化中国的目的，首要的也是破坏我国社会共同的思想基础。古今中外的历史都证明了一个事实：在对手的硬实力比较强劲时，依靠野蛮的武力向对方发动攻击会存在较大风险，有时甚至得不偿失。但如果从软实力方面入手，特别是在思想文化领域打开缺口进而击溃对方的思想防线，往往会有出人意料的效果。中国综合国力发展到今天，西方资本主义国家只能寄希望首先攻破中国人民思想上的"万里长城"，才能在其他领域寻找分化肢解中国的机会。"西化"是西方资本主义国家惯用的手段，把其文化文明与价值观贴上"普世"的标签，以此蛊惑人心，扰乱人们的思想，动摇人们的价值信念，实现其"分化"的最终目的。如果中国社会失去共同的思想基础，丧失共同的价值规范和价值导向，人们没有判断是非、真假、善恶、美丑的价值标准，那么近代中国曾因匮乏共同思想基础而导致的历史悲剧会毫无悬念地再次上演。

（二）重点目标：构筑民族共有精神家园

精神家园是人们在社会共同思想基础上构筑起来的文化高度认同、精神有所归属和心灵可以寄托之所在。人之为人就在于人除了有物质需要更有精神需求，而中华民族长期受自然经济生活方式和以血缘关系为基础的宗法制度的影响，对"家"的情感依赖远超其他民族，这从每年的"春运"可见一斑。"回家"是情感上的充电，更是精神上的洗礼、文化上的寻根。中华民族共有精神家园，是中华民族共有共享的文化依托、价值共识和信仰信念，是中国人民精神生命的起点和归宿，是中华魂的安居之所。

马克思将人的发展划分为三个阶段，即"人的依赖关系""以物的依赖性为基础的人的独立性"和"自由个性"。[1] 当代人类身处第二个阶段，即"以物的依赖性为基础的人的独立性"阶段，这一阶段是通往"自由个

---

[1] 马克思恩格斯全集（第30卷）[M]. 北京：人民出版社，1995：107-108.

性"的必经阶段，但如果仔细探究，当前人类面临的许多全球性问题与危机的根源即在此。第二阶段中人的发展有两个鲜明的特点，一是人在形成"普遍的社会物质交换、全面的关系、多方面的需求以及全面的能力的体系"❶的同时也被物化；二是物的依赖基础上人的"独立性"。特点之一造成了人和人的社会关系通过"物"的关系和标准来体现和衡量，不仅是在经济领域"物"的关系构成或者表现了人和人的关系，而且辐射到人的精神领域。人的精神生活以"物"的交换关系来参照和维系，最终的结果是人的精神生活被物化，"精神"也就随之失去了其本来意义。"虽然物质财富和金钱商品能满足人的生存需要，但不能从根本上解决人的精神生活问题，精神生活的问题还需要由精神生活的财富来解决。"❷特点之二表明"独立性"是人的特质，这也确证了当代人的价值多元化追求。人们总是要寻找到能为自己对"物"的利益追逐行为而开脱和掩饰的价值理念。正是在这样的阶段背景下，人们的精神生活必然出现对"物"的偏执态度、社会成员间社会生活和精神生活的双重疏离、文化的飘无定所和价值虚无主义。对"物"的偏执式追求，在某种程度上让人们无暇关注或者放弃关心自己的内心世界；社会生活和精神生活的双重疏离，既是人物化为原子式个体的结果，也使人陷入更深的物化状态；文化的飘无定所使人们下意识地远离"宏大叙事"，拒绝有着强烈仪式感和庄重感的传统，转而追求能够满足感官刺激的碎片化文化，眼球被"绚丽多姿"的肤浅文化所吸引，心灵却早已无处安放，放逐自我欲望时也将精神变成无家可归的孤魂野鬼；价值的虚无让人们找不到现实存在的意义，也让人们分辨不清"我是谁"，更不知道"我在哪""我要到哪里去"。

人的发展不能止步于"以物的依赖性为基础的人的独立性"阶段，人的可贵之处就在于自我意识的不断觉悟与提升。跳脱出"物的依赖"而走向"建立在个人全面发展和他们共同的、社会生产能力成为从属于他们的社会财富这一基础上的自由个性"❸，就要从人的生命本性反思共有精神家

---

❶ 马克思恩格斯全集（第30卷）[M]. 北京：人民出版社，1995：107.
❷ 胡海波. 精神生活、精神家园及其信仰问题 [J]. 社会科学战线，2014（01）：21.
❸ 马克思恩格斯全集（第30卷）[M]. 北京：人民出版社，1995：107-108.

园的构筑问题,单纯凭借"物"的思维方式和实践方式来破解当代社会人类性问题与危机,就犹如背负着棉花过河一般,问题愈发会变成"不可承受之重"。对人而言,作为"自然生命"的"活着",一般来讲是件很简单的事情;但是"生活"却着实不易,因为"生活"不仅是"自然生命",更是"精神生命","更有尊严"的生活是人类不懈追求的价值理想。精神家园说到底是文化家园,民族共有精神家园能够使人们有挺起精神脊梁的底气,有追求价值理想和坚守信仰信念的勇气。核心价值观价值共识目标如果不指向构筑民族共有精神家园,不指向到人的自由全面发展,我们今天的一切努力与成就都将烟消云散。

(三)主体目标:培养向上向善的时代新人

党的十八大以来,习近平总书记在多个场合谈到"向上向善"的价值观传递和教育问题。在党的十九大报告中,习近平总书记再次强调"激励人们向上向善、孝老爱亲,忠于祖国、忠于人民"。[1] 中国优秀传统文化中蕴含着丰富的"向上向善"思想,"向上向善"更体现着中国共产党人的价值取向。

马克思指出:"自由的有意识的活动恰恰就是人的类特性……有意识的生命活动把人同动物的生命活动直接区别开来。正是由于这一点,人才是类存在物。"[2] 这段话指明了两个问题,一是人具有现实性,现实性是人存在基础;二是人具有超越性,"自由的有意识的活动"正是人的超越性本质的逻辑起点。人若只有现实性而没有超越性,人的发展可能是两种结果,要么被自然淘汰,要么仍然停留在茹毛饮血的阶段。否定现实性空谈超越性,超越性只是南柯一梦;否定超越性只论现实性,现实性就会沦为尘垢秕糠。"向上向善"才是超越,"向下向恶"是堕落,人的高贵性和进步性表现在"向上向善"的不断进取之中。

中国传统文化中的"苟日新,日日新,又日新""周虽旧邦,其命维

---

[1] 党的十九大报告学习辅导百问编写组. 党的十九大报告学习辅导百问 [M]. 北京:党建读物出版社,学习出版社,2017:34.
[2] 马克思恩格斯全集(第3卷)[M]. 北京:人民出版社,2002:273.

新""天行健,君子以自强不息"等思想讲的都是砥砺奋进、不断向上的精神;"止于至善""君子莫大乎与人为善""勿以恶小而为之,勿以善小而不为"等思想告诉我们的是善的珍贵与必要。向上是向善的前提,向善是向上的境界。向上向善是一种高尚的价值取向,既是人的价值追求也是美好生活之需;向上向善是一种精神力量,创设出奋发向上、崇德向善的社会环境,赋予个人以高尚、赋予社会以规则、赋予国家以形象。我们要培养的是社会主义事业的建设者和接班人,最基本的是培养向上向善的时代新人。向上向善的价值取向是在实践和教育中形成的,我们想要达致的对社会主义核心价值观的价值共识也绝非是任意的、随机的、没有任何指向的共识,这样的共识是没有价值、没有意义的共识。当代中国社会主义核心价值观价值共识就应该聚焦中华民族伟大复兴,培养向上向善的时代新人。正如习近平总书记在庆祝中国共产党成立100周年大会上的讲话中指出的:"新时代的中国青年要以实现中华民族伟大复兴为己任,增强做中国人的志气、骨气、底气。"❶ 凡是支持中华民族伟大复兴、致力于中华民族伟大复兴的言行都是向上向善的,都是值得我们肯定和学习的;凡是削弱、歪曲、否定党的领导和我国社会主义制度,阻挠、破坏中华民族伟大复兴的言行,都是我们应当旗帜鲜明坚决反对的。"自由"不应不设边界,"多元"不应取消主导,"多样"不应混淆共识,"多变"不应迷失方向,对核心价值观价值共识就是要削减、消弭分歧,引导社会成员在情感和利益上理性认同核心价值观的主导地位,培养向上向善的时代新人,为中华民族伟大复兴提供不竭动力。正如习近平总书记所指出的:"只要中华民族一代接着一代追求真善美的道德境界,我们的民族就永远健康向上、永远充满希望。"❷

---

❶ 习近平. 在庆祝中国共产党成立100周年大会上的讲话 [N]. 光明日报, 2021-07-02 (02).

❷ 习近平. 在文艺工作座谈会上的讲话 [N]. 光明日报, 2015-10-15 (02).

二、启动核心价值观价值共识达成的动力机制

对核心价值观价值共识的动力机制，是价值共识形成的过程机制和推进方式之总和。没有动力机制作支撑，共识就无以为继。核心价值观价值共识是在导引力、内驱动力和基础动力等合力作用下形成的，马克思主义中国化为核心价值观价值共识提供导引力，满足个体利益发展需要是核心价值观价值共识的内驱动力，社会实践是核心价值观价值共识的基础动力。

（一）思想导引：马克思主义及其中国化

培育和践行社会主义核心价值观，"这与中国特色社会主义发展要求相契合，与中华优秀传统文化和人类文明优秀成果相承接，是我们党凝聚全党全社会价值共识作出的重要论断"。❶ 这一论述明确说明核心价值观要坚持以马克思主义及其中国化最新理论成果为指导，根植于中国特色社会主义伟大实践。我们构建的是社会主义核心价值观，而不是其他核心价值观；我们需要的是中国特色的价值共识，而不是别的什么共识。所以，在构建社会主义核心价值观、寻求核心价值观价值共识的过程中，应以马克思主义及其中国化最新理论成果为思想导引。也就是说，核心价值观必须体现社会主义的本质规定；核心价值观价值共识必须对焦社会主义方向。

马克思主义是产生于实践又被实践确证了的科学真理，是社会主义核心价值体系的基本内容和最高指导思想，马克思主义的先进性和科学性赋予了社会主义核心价值观勃勃生机，马克思主义的根本力量在于确保社会主义核心价值观的性质和方向。坚定不移地以马克思主义理论武装全党、教育人民，才能使人民形成科学的信仰和正确的共识。马克思主义中国化是马克思主义基本原理与中国具体实际相结合的产物，对中国特色社会主

---

❶ 中共中央办公厅印发《关于培育和践行社会主义核心价值观的意见》［N］. 光明日报，2013-12-24（01）.

义给予现实的、具体的指导。习近平总书记在党的十九大报告中指出："必须推进马克思主义中国化时代化大众化，建设具有强大凝聚力和引领力的社会主义意识形态，使全体人民在理想信念、价值理念、道德观念上紧紧团结在一起。"❶中国特色社会主义伟大实践赋予了核心价值观价值共识的时代特质，核心价值观价值共识要主动看齐马克思主义中国化最新理论成果，与中国特色社会主义实践同频共振，才能获得大众的认同。

对核心价值观的价值共识要在马克思主义及其中国化理论成果的指导下进行顶层设计，从国家层面建立健全各项制度，以此保障核心价值观价值共识的有效开展。启动核心价值观价值共识的动力机制必须发挥马克思主义及其中国化的导引力作用，坚持马克思主义指导地位，运用好马克思主义中国化的伟大成果，牢牢把握先进文化的领导权，建设中国特色社会主义先进文化，不断增强先进文化的凝聚力、亲和力，不断提高文化自觉和文化自信，巩固中国特色社会主义共同理想。

在物理学中有一个十分有趣的伽尔顿板实验，竖直木板上规则地钉着铁钉，木板下面是等宽狭槽。实验的结果是：从上面的漏斗形入口投入单个小球，与铁钉发生多次碰撞后的小球最终落入哪个狭槽是不确定的，完全出于偶然或随机。但如果投入大量小球，就会发现落入中间狭槽的小球数量远多于落入两侧狭槽的数量，并基本上呈金字塔形分布，这说明实验中大量小球的运动是遵循确定规律的。举这个例子所要验证的是，我们所进行的以马克思主义及其中国化理论成果（相当于实验中的铁钉）为导引的价值共识，对于某个社会个体（相当于小球）来说，是否会产生共鸣和有着多大遵循意愿程度（落入哪个狭槽）是不确定的，但确定的是从社会成员整体来看，以马克思主义及其中国化为引领的价值观教育一定能够在多数社会成员中形成共识，最终达致预期的效果。

（二）内驱动力：满足社会个体利益发展的需要

个体与社会是辩证统一的关系。个体是社会性的存在，现实的人是社

---

❶ 党的十九大报告学习辅导百问编写组.党的十九大报告学习辅导百问［M］.北京：党建读物出版社，学习出版社，2017：33.

会存在的前提，没有个体，社会不能凭空而来。社会是由无数个体构成的，维系这种社会结构的是庞杂的社会关系。"个体—群体—社会"之间会有各种关系的排列组合，而各个排列组合之间又彼此勾连，彼此影响，共同造就了一个错综复杂的社会文化景观。从人类发展历史来看大致可以得出两个结论：一是个体先于社会存在；二是社会为个体发展提供了必要条件。马克思指出，在未来社会，"人以一种全面的方式，也就是说，作为一个完整的人，把自己的全面本质据为己有"。[1] 由此可见，马克思主义关于社会发展的根本目的和最终落脚点是个体的发展。人本身具有独立性，在不同客观条件和因素的影响下，有着不尽相同的发展需要，更有着不同的发展轨迹，这使得每一个个体都有着不同的人生选择和人生道路，演绎着不同的人生故事，此所谓人生百态。社会发展是无数个体发展的集合性展示，有其必然性和规律性。个体发展需要如果与社会发展方向和谐统一，个体顺势而为，就有更大的可能实现自身需要与价值追求；个体发展需要如果与社会发展方向不一致甚至格格不入，逆势而行的个体就要受到社会发展大势的强制与约束。

社会个体是鲜活的人，人具有多层次的需求，其中最根本的是利益需要。人的利益发展需要催生出人的主动性与积极性，因此引导个体正确认识其内在的利益发展需要，是核心价值观价值共识的根本内驱动力。核心价值观价值共识也只有在优先满足个体利益发展需要的基础上，才会激发出人们对"共识"的情感认同以及强烈的向心力和内驱力。我们同时也要看到，当下人们在做价值判断和价值选择时，往往首先考虑的是"值不值"，而并非是"应不应"，这说明当下人们做出"非理性"选择的可能性还是比较大的，或者是没有真正认识到什么才有利于自身发展、什么才是自己真正的需要。当然，部分社会成员"理性"地选择"非理性"的价值观念就另当别论了。从这点来讲，实质上培育社会主义核心价值观所做的是两个方面的事情：一是为人们凝练出共有的价值标准，这是一项基础性的工程；二是为人们提供共同的价值理想，这是一项顶层设计。共有的

---

[1] 马克思. 1844年经济学哲学手稿 [M]. 北京：人民出版社，1979：77.

价值标准让人们走出困惑，共同的价值理想让人们沿着正确的道路前行。需要我们注意的是，在构建核心价值观价值共识的过程中，不能因为强调个体对社会的适应而选择忽视个体发展需要和价值观的差异性；也不能因为强调社会利益而忽视个体正当权益。

（三）基础动力：中国特色社会主义实践

基础动力来自人的精神之外的客观世界，特别是来自人的社会实践，中国特色社会主义实践为核心价值观价值共识提供了基础动力。人在社会实践中有了价值的观念，核心价值观在形式上属于精神层面，但在内容上又是客观的，是理论抽象与客观实践共同的产物。

社会主义是一种理论、一种制度，更是一种价值追求，中国特色社会主义没有现成的模式可参照，只能在马克思主义基本原理与中国革命建设具体实践相结合中摸索总结。价值观生成发展于社会实践之中，实践是价值产生的根源也是价值的载体，在七十多年的社会主义建设历程中，人们逐渐认识到社会主义核心价值观具有导向性、规范性、凝聚性等重要作用。党的十八大关于核心价值观"三个倡导"的表述，采取的是一种开放但未定论的表述方式，这体现的是一种严谨的科学态度和精神，因为社会主义核心价值观的培育和践行始终在路上，中国特色社会主义实践不止，核心价值观的凝练与培育就不息。社会实践和核心价值观的培育所遵循的同样是毛泽东关于实践和认识的观点，即"实践、认识、再实践、再认识，这种形式，循环往复以至无穷，而实践和认识之每一循环的内容，都比较地进到了高一级的程度"。❶

核心价值观价值共识只有根植于社会实践才能获得合法性的存在；只有回应和解答当代中国现代性困境和价值信仰危机，才能获得人们的认同；也只有指向社会主要矛盾，才能彰显其正确性和科学性。新时代人们的"美好生活需要"愈加蕴含着精神生活方面的需求，精神文化不平衡不充分发展已然成为转型期中国亟待破解的难题，而这个难题产生于社会实

---

❶ 毛泽东选集（第1卷）[M]. 北京：人民出版社，1991：296-297.

践，最终也要在社会实践中寻求答案。社会实践也是检验价值共识真理性的唯一标准，价值观尽管具有相对稳定性，但在特定的社会背景和历史阶段有着不尽相同的内涵和外化形式。也就是说，价值观一定要追随社会的发展而发展，这就意味着价值共识是一个动态过程。所以价值共识可以批判地吸收历时态和共时态人类一切先进价值观思想元素，最终的目的仍是服务服从于现实实践，正如马克思指出的，"人应该在实践中证明自己思维的真理性，即自己思维的现实性和力量，自己思维的此岸性"。❶ 社会主义核心价值观能否是"最大公约数"，要通过社会实践的检验，人们只有在反复的实践中，才能给"共识"一个意义上的评价，只要在实践中确证了共识的先进性和合理性，就会自觉将之内化，并以此作为自己的行为准则。社会实践是核心价值观价值共识最基础的动力。

三、督导核心价值观价值共识发展的保障机制

核心价值观价值共识能够在潜移默化中引领人们的思想和行为，消解社会矛盾与冲突。社会和群体应围绕核心价值观创设和谐的社会心理和社会环境，从整体到个体、从制度到自觉、从营造氛围到感染影响，探索核心价值观价值共识达成的保障机制。遵循核心价值观价值共识规律，进行顶层设计和宏观调控，实现从被动的社会问题倒逼式应对解读到主动的科学性阐释的转变；从被动的价值反思到主动的价值构建的转变；从理论的探究到"培育"和"践行"知行合一的转变；从国家的硬性灌输到民众的自觉认同的转变。当前我们要以马克思列宁主义、毛泽东思想、中国特色社会主义理论体系为指导，弘扬中国优秀传统文化，强化个人文化素养，引导社会成员积极培育和践行社会主义核心价值观，并且要充分利用制度的约束力来保证实施落实。通过提高社会成员思想认识，增强制度约束，不断提高社会主义核心价值观的理论说服力和向心力，不断提升其实践引领力和辐射力。

---

❶ 马克思恩格斯选集（第1卷）[M]．北京：人民出版社，1995：55．

（一）构建全局顶层设计的保障机制

当代社会多元价值观的冲突给人们带来的思想困惑和价值迷失，首当其冲地影响到社会主义意识形态的地位和功能。虽然马克思主义仍然是当代中国意识形态领域的核心，但我们要清醒地认识到，多元价值观特别是西方资本主义价值观已然弱化了马克思主义的核心地位，使我国主流意识形态面临严峻挑战。这种挑战既来自西方的思想观念和价值理论，又来自当代中国社会矛盾在人们思想意识和价值理念中的映射。如何坚持和巩固马克思主义在现代社会价值观构建方面的主导性地位，形成全社会的普遍价值共识，需要有国家层面的顶层设计。否则，单纯依靠民众的价值自觉将是一个比较漫长的过程，"共识"的结果也有可能偏离预期。而国家层面价值观构建的顶层设计，则能精准把握"共识"方向，提高"共识"效率。所谓顶层设计，就是立足全局，提供具有战略性、前瞻性、原则性、系统性、创造性的核心价值观构建及践行方案，这项顶层设计应该"明确宣示举什么旗、走什么路、以什么样的精神状态、担负什么样的历史使命、实现什么样的奋斗目标"。既体现人民愿望，又顺应实践要求，既是描绘精神文明发展的蓝图，又是当下达致核心价值观价值共识的行动纲领，能以更宽广的视野、更长远的眼光引领人们的价值追求，推动社会主义文化大发展、大繁荣。

加强核心价值观价值共识的顶层设计，就要从宏观的高度加强思想文化建设，从微观的领域加强个人文化修养。在法律层面保障，在制度层面落实，在道德层面约束，通过国家的力量推进"共识"，确保我国社会主义核心价值观价值共识的主流方向，提高我国的文化软实力，引领我国文化建设持续健康发展，建设社会主义文化强国。习近平总书记指出："要坚持走中国特色社会主义文化发展道路，深化文化体制改革，深入开展社会主义核心价值体系学习教育，广泛开展理想信念教育，大力弘扬民族精

---

❶ 习近平. 习近平谈治国理政（第二卷）[M]. 北京：外文出版社，2017：60.

神和时代精神,推动文化事业全面繁荣、文化产业快速发展。"[1] 在这里,习近平总书记把顶层设计归纳为坚持中国特色社会主义文化发展道路,通过文化体制改革和社会主义核心价值观教育,弘扬民族精神和时代精神。

无论顶层设计还是基础筑牢,目标是关键,有了明确的目标就有了为之奋斗的方向。在全局设计的过程中,坚持以人民为中心,注意把握整体与部分之间的关系,既要抓主要矛盾,又要抓次要矛盾,既要完善体制机制上的不足,也要注重把握主流价值观的发展趋势,在全社会范围内大力弘扬社会主义核心价值观,唱响时代主旋律,发展人民群众喜闻乐见的大众文化。核心价值观价值共识的最低目标是形成共识的价值底线,改变价值观失真、失衡、失序、失范的乱象;最高目标是培育和完善新时代中国特色社会主义价值体系,使人们再次拥有普遍认同的价值引领。

(二) 构建宣传舆论导向的保障机制

宣传思想工作具有把握动态、引领时局、凝心聚力、促进发展的强大作用,对党和国家具有根本性、长远性、战略性意义,是核心价值观价值共识的重要保障。宣传思想工作的核心是坚持马克思主义的指导地位,进一步巩固全党全国各族人民团结奋斗的共同思想基础,这与核心价值观价值共识的目标内在统一。坚持正确的舆论导向,要从党和国家全局高度正确掌握新形势下宣传思想工作的主动权。历史告诉我们,东欧剧变、苏联解体的重要原因之一就是在文化和价值观教育上出了问题,从某种意义上说就是放松了对于宣传思想战线的坚守,宣传思想工作关乎党的前途命运和国家长治久安。

当下中国社会利益格局多元,社会思想多样多变。正所谓"树欲静而风不止",各种社会思潮冲涤不休,特别是西方资本主义价值观的渗透无孔不入,社会主义核心价值观培育形势复杂严峻。价值观关系社会兴衰治乱,这就要求舆论宣传坚持正确的政治方向,努力营造风清气正的社会宣传舆论环境,在传播正确价值观念、涵养高尚价值意识、塑造完善价值主

---

[1] 习近平. 习近平谈治国理政 [M]. 北京:外文出版社,2014:160.

体、形成普遍的核心价值观价值共识、维护核心价值体系稳定运行、引导价值目标实现等环节，发挥主力军、主渠道和主阵地作用，形成有利于社会主义核心价值观培育践行的不同层次舆论场，并且使得各个舆论场汇聚连接成为一个完整的同心圆。官方舆论场和民间舆论场分别代表着"社会要怎样"和"民众想怎样"两种价值思维模式，两者重叠越大越有利于社会主义核心价值观的价值共识；两者重叠越小或根本不能重叠，则说明主流舆论宣传出现梗阻危机。值得我们深思的是，同处一个时代背景和社会环境，面对一样的社会现象和社会问题，两个舆论场为什么往往见解不同，声音相异？这恰恰是留给核心价值观价值共识的时代任务和价值空间。

对核心价值观的价值共识需要把握正确的宣传舆论导向，满足人民群众的普遍精神需求。当今社会，经济体制改革不断深化，社会结构不断调整，社会生产生活方式日益多样化，社会思想和舆论导向也呈现出多样化、多元化的特征，客观上增大了宣传舆论工作的难度。这就需要我们积极抢占宣传舆论工作的制高点，将宣传舆论工作渗透于中国特色社会主义建设之中，为其提供坚强政治保证和强大精神动力。加强对核心价值观的价值共识需要认清国情、把握主流，坚持正确的宣传舆论导向。当前，应重点把握好理想信念教育与"两个一百年"奋斗目标之间的关系，既要巩固马克思主义在意识形态领域的指导地位，又要筑牢全党全国各族人民团结奋斗的共同思想基础。

做好宣传舆论导向必须主动出击，聚焦当代中国文化的时代主题，在全社会营造培育核心价值观的良好氛围，结合"中国梦"教育、核心价值观教育，宣传社会正能量，弘扬中国精神、凝聚中国力量、传播中国声音，铸就中国价值共识的坚强堡垒。在宣传舆论工作的对象上，要抓住主要群体，用马克思主义中国化最新成果武装人们的思想，加强党史国史的学习教育活动，培养一批中华优秀传统文化传承者和中国特色社会主义文化践行者。

(三) 构建文化浸润感染的保障机制

文化浸润感染是指通过文化信息的交互引起人们的"共情",使人们有着相似或相同的思想感受。人们在文化的浸润中会时时感受到文化感染的力量,比如"看三国掉眼泪——替古人担忧"就是比较浅层的文化感染表现形式,而文化感染渗透力的深层表现形式就是价值观的共鸣。文化具有潜移默化的渗透性,不知不觉间潜濡在人们的思想之中;文化具有强烈的感染力,人们在文化中感受到历史的厚重、时代的脉搏、大众的关切和自我的存在。提升文化浸润力与感染力,能够突破传统意识形态教育的局限性,依托多样态的文化将价值观教育寓于人们的社会生活实践,使民众产生相似或相同的价值情感体验,强化核心价值观价值共识的实效性。

当代中国深受互联网文化和"后现代主义"思潮的影响,图文文化和视觉文化以直接性、体验性、游戏化和娱乐化的特点俘获大众眼球,现代社会尊重差异、倡导个性的态度成为一部分人在思想文化和精神生活方面恣意妄为的借口,于是人们逐渐失却了对严肃文化的敬畏感,也逐渐模糊了对高尚价值观的向往感。当消费、"八卦"、猎奇、恶搞成为大众文化的特点,当"娱乐至死"成为大众文化的精神,当"快餐化"、碎片化成为大众文化的发展方向时,人们思想上的贫瘠化、文化上的沙漠化、价值观上的荒芜化问题就显露无遗了。如果任由低俗文化如病毒般蔓延,或许可以暂时性满足人的欲望,却宛如精神鸦片,让人们在感性的"刺激—再刺激"的恶性循环中愈滑愈远。这当然不是文化感染力的体现,而是消费主义作祟的后果,人们看似在消费自己创造出来的东西以满足自身感官需要,但实际上却是被消费。这样的文化也终将被扫进历史垃圾堆,最后除了满目疮痍,什么也不会留下。而愈是与社会实践紧密契合的文化才愈发具有穿透力、影响力和感染力,与中华民族伟大复兴同频共振的社会主义核心价值观,在人们意义世界的召唤下也终将浸润到社会机理的方方面面,激发出人们对于崇高理想的价值追求。

加强文化浸润感染力是核心价值观价值共识形成的重要基石,我们要"增强中华文化亲和力、感染力、吸引力、竞争力,向世界阐释推介更多具有中国特色、体现中国精神、蕴藏中国智慧的优秀文化,提高国家文化软实力"。❶ 增强文化感染力,是发挥文化特有属性,构建核心价值观价值共识的有效途径。通过文化感染力,加强民族归属感、认同感、尊严感、荣誉感教育,凝聚全民共识,积极传播正能量,保障核心价值观价值共识达成。"艺术的最高境界就是让人动心,让人们的灵魂经受洗礼……我们要通过文艺作品传递真善美,传递向上向善的价值观,引导人们增强道德判断力和道德荣誉感,向往和追求讲道德、尊道德、守道德的生活。"❷

文化是民族的,也是世界的。当代中国是开放的中国,中华文化的独特魅力,中国文化所蕴含的风格鲜明的价值观是世界文化文明的重要组成部分,对此我们要有着高度的文化自信,努力讲好中国故事、传播中国声音。在传播文化的过程中,要既立足于本国又要面向世界,既继承优秀传统文化又弘扬时代精神。传播中国价值,完善中华文化体系,创新中华文化交流机制,综合现代传媒手段,运用多种方式加强中华文化的感染力,使中国文化更好地与世界文化展开对话,使中国价值观与世界共享。

四、形成核心价值观价值共识的整体优化机制

优化是指在事物运行或发展过程中采取一定的措施和方法,帮其修正不足,促其优异的过程。优化的本质是查找不足、完善丰富、全面提升。对核心价值观的价值共识是个动态过程,它随着时代的变迁、生产力的发展、人们生活水平的变化而变化。这说明核心价值观价值共识过程具有不可确定性,需要时时予以优化。优化的过程要从整体出发,遵循全局到部分、内部结构到外部环境、感知到内化的优化规律,按层级有序开展。核心价值观价值共识作为一个系统工程,与政治、经济、社会等方面的建设水平密不可分,需要注重不同角度多渠道联动优化。

---

❶ 全面贯彻党的十八届六中全会精神 抓好改革重点落实改革任务 [N]. 光明日报,2016 - 11 - 02(01).
❷ 习近平. 在文艺工作座谈会上的讲话 [N]. 光明日报,2015 - 10 - 15(02).

（一）核心价值观价值共识之全社会整体优化

人是社会的人，社会环境是人类生存和活动的物质条件、精神条件的总和。做好核心价值观价值共识的整体优化，就要对构成社会环境的各要素进行综合优化。首先要优化政治环境，具体包括政局稳定情况、公民参政情况、法制建设情况、决策透明情况、自由言论情况等。政治环境是影响核心价值观价值共识整体优化的重要因素，约束着核心价值观的取向，规范着社会的价值行为。整体来看，我国的政治环境建设为核心价值观培育和共识的达成提供了有力的政治保障。革命时期人民的独立自主、团结统一的民族精神，社会主义建设时期人民的艰苦朴素、攻坚克难的拼搏精神，改革开放时期的开拓创新、勇立潮头的时代精神，都是在政治环境的优化下形成对核心价值观的价值共识，也都激励着一代代中国人民为了中华民族伟大复兴这一共同梦想而奋勇前进。其次要优化经济环境，经济环境是指经济制度和经济状况。当前我国经济社会处于一个深度调整期，经济快速发展，尽管社会主义市场经济从某种角度来讲加剧了利己主义、功利主义等价值思想的传播，但瑕不掩瑜，现实多元价值观间的冲突与矛盾也更加激发人们对真善美的渴望和对美好生活的向往。最后要优化文化环境。文化环境是指文化制度和价值观念，包括教育、科技、文艺、道德等。文化环境对核心价值观价值共识优化的作用是不言而喻的，文化环境的优化，会形成符合人们共同价值要求的文化模式，潜移默化地推动对核心价值观的价值共识。伴随着改革开放的深入和信息时代的到来，当今中国东方文化与西方文化交融，传统文化与现代文化并存，多元文化共生的局面逐渐形成，这为社会主义核心价值观提供了丰富的文化思想资源。

对核心价值观的价值共识是个庞大的社会性系统工程，需要在政治建设的指导和保障下，以文化建设为灵魂，通过经济建设推进核心价值观价值共识。从国家宏观层面加强政治环境优化，制定相关制度或措施保障核心价值观价值共识平稳达成；深化经济体制改革，破解深层次社会矛盾，提高全党全国人民对改革重要性和紧迫性的再认识，促进社会公正、增进人民福祉，为核心价值观价值共识提供最广泛、最深厚的社会基础；当代社会,人们更加重视美好生活的文化含量和文化品质,特别是经过改革开放四十多年的洗礼,人们比以往任何时候都更迫切地希望在社会思想文化领域构建出健康的经济伦理道德、民主法制的政治文化精神和体现社会主义本质的核心价值观,满足人们的精神文化需求。这就要求我们全面贯彻"二为"方向和"双百"方针,深化文化体制改革,促进社会主义文化大发展大繁荣。

(二) 核心价值观价值共识之各阶层有序优化

社会阶层不是人为划分的,是社会运行过程中自然形成的。良好的社会分层具有明显积极意义,有利于社会流动,推动财富再次分配,增加社会成员的存在感;不良的社会分层容易造成社会动荡不安,使制度内原本能够受惠的阶层享受不到应有的福利,造成心理落差,产生不满情绪。我国正处于社会结构分构期,社会结构分构是导致核心价值观共识困境的重要原因。计划经济时代社会结构构架相对简明,政治在社会领域占绝对的主导地位,起到统率作用,工人、农民和知识分子是社会结构的基本构成单位,并且因政治制度、经济制度和地域限制等各种原因,被固化在单质的利益单元上,相互间流通缓慢,利益差距不大,利益单元之间摩擦系数小,易于形成、接受、遵守相同的价值观。而伴随着社会主义市场经济的确立和发展,社会分工愈加细化,单质的社会结构被打破,社会各构成要素不断地进行"分化—整合—分化"的过程,可以说社会结构的分构是现代化的必然结果。"人的本质不是单个人所固有的抽象物,在其现实性上,它是一切社会关系的总和",❶ 由此分构形成具有各自利益诉求的阶层和群体,他们的利益诉求既有交集,也存在矛盾和冲突,这种矛盾与冲突也进一步加快分构速度,扩大分层数量。"实际上,每一个阶级,甚至每一个行业,都各有各道德。"❷ 这种社会分构必然投射到社会心理层面,不同阶层和群体之间主动或被动、自觉或被迫地建立和取舍与之利益相符的文化

---

❶ 马克思恩格斯选集(第1卷)[M]. 北京:人民出版社,1995:56.
❷ 马克思恩格斯选集(第4卷)[M]. 北京:人民出版社,1995:240.

和价值取向，以期构建其阶层或群体的屏蔽堡垒，这就在客观上造成了核心价值观价值共识的困难，同时也意味着核心价值观培育难度增大。核心价值观既要代表全社会的价值取向，也要兼顾各阶层的需要，承担着"最大公约数"的功能。

从职业角度出发，以组织资源情况、创造资源情况和分配资源情况为基础划分当代中国的社会阶层，可以简单地划分为国家与社会管理者阶层、专业技术人员和工作人员阶层、商业投资管理阶层、产业工人阶层和农业劳动者阶层等。国家与社会管理者阶层的社会态度、价值观念、利益取向和道德品质等，对其他社会阶层具有较大引领作用，是核心价值观实践的重要领跑者，这一阶层要坚定共产主义价值信仰，牢固树立"四个意识"，提高服务本领和法治素养。专业技术人员和工作人员阶层是维护社会稳定和激励社会进步的重要力量，需要从积极引导、加强沟通、增强认知等方面进行价值共识优化。商业投资管理阶层是市场化改革的积极推进者和制度创新者，对此阶层应该从中国建设的伟大成就、经济发展的巨大效益、个人收获的可观利益入手凝聚共识，使之认识到社会经济发展和个人正当收入与中国特色社会主义制度密不可分，与社会成员的价值取向和价值观环境息息相关。产业工人阶层是生产力发展的基本力量，为中国特色社会主义事业做出了卓越的贡献。该阶层是国家兴盛、社会稳定的中坚力量，是民间舆论场的主体，可以通过不断提高他们的政治、科技、文化素质，提升劳动技能，促进其对核心价值观的价值共识。农业劳动者阶层是中国规模最大的一个阶层，也是中国文化服务的主要对象，相对其他社会阶层而言，农业劳动者阶层对文化有着更加强烈的渴望，这就要求在核心价值观价值共识上结合国家惠民政策，贴近实际、贴近生活、贴近群众，以大众听得懂的语言、看得到的利益引领该阶层价值共识。总之，人民既是文化的主体也是文化的发展目的，既是文化的创造者也是文化消费者，要坚持以人民为中心，改变核心价值观单向传播模式，充分理解不同阶层对价值需求的多样性和差异性，不断扩大各阶层群众的价值诉求与社会主义核心价值观的契合度，引导人们对社会主义核心价值观形成普遍的价值共识。

（三）核心价值观价值共识之意识形态建设优化

社会存在决定社会意识，意识形态不是人脑中固有的，而是源于社会存在。意识形态是建立在特定"经济基础"之上的"上层建筑"。每个国家都有自己的意识形态，在指导思想、思想观念、价值原则等方面捍卫其统治阶级的利益。一个民族、一个国家之所以有凝聚力和向心力，主要取决于社会成员具有相似或相同的价值观，坚守相同的价值原则，坚决维护民族或国家的核心利益。相反，如果一个国家没有自己的价值体系和价值判断标准，就会是非不分、敌我不明，落入对方"价值陷阱"而不省察，出卖自己利益而不自知。从这个角度说，主导价值观属于国家核心利益范畴，不容挑战。所以，意识形态工作首要的就是确立社会成员普遍认同、自觉遵循的价值目标、价值原则、价值规范和价值理想，唯有如此，才能构筑出引领人民大众的中国精神、中国价值和中国力量。我国以社会主义公有制为主体、多种所有制经济共同发展的基本经济制度，一是决定了国家意识形态最大限度维护了广大人民群众的根本利益，二是决定了多元化利益阶层的存在。随着改革开放的深入，利益结构的调整，不同利益阶层间容易出现价值观冲突，这种冲突有时表现得比较尖锐，这就要求意识形态对多元利益关系和各种价值体认进行有效整合，使人们对于自我价值体认和对国家及社会的价值体认相统一。

意识形态是包含着政治、经济、文化等诸多方面思想理论的有机整体，而并非不同方面、不同内容、不同理论的机械总和，价值观则是贯穿于各个单元的灵魂和统摄。社会成员对核心价值观共识程度越高，对国家意识形态的认同也就越大；而社会成员对国家意识形态的认同越大，国家的意识形态越安全，核心价值观价值共识程度可以说是国家意识形态安全的重要评判指标。当代中国意识形态功能的优化主要是做好"两个统一"：意识形态政治功能与非政治功能的统一、意识形态认知功能与实践功能的统一。传统的意识形态工作主要侧重的是政治功能，过于严肃的政治化表现让人们因敬畏而疏远、因说教而冷淡，缺少亲和力的意识形态反而失去了其功能和效用；而如果淡化政治功能，又会失去意识形态的本意，不仅不能维护核心利益，反而放弃了思想文化阵地，放任了对社会思潮和价值思想的管控。只有实现意识形态政治功能与非政治功能的有机统一，才能正本清源，避免掉入形而上学的泥淖。意识形态自产生就内含认知功能，以此开展理论上的批判与辩护。理论的意义在于服务实践，意识形态理论只有融入人们的社会生活，才能彰显其改造世界的实践功能和实践价值。优化意识形态建设，就要把意识形态的认知功能和实践功能相统一，充分发挥其在"文化交响乐团"中"指挥"的地位与作用，一个高超的"指挥"能够创造出一个大于乐团各构成总和的真正整体，演奏出和谐壮美、充满生命力的"主旋律"。核心价值观是意识形态的重要向度和内在要求，核心价值观价值共识能够内聚人心、外御渗透，以潜移默化的隐性逻辑实现"唱响主旋律、传播正能量"的显性目的。

第四章　社会主义核心价值观价值共识的达成对策

探析社会主义核心价值观价值共识机制，有助于我们把握价值共识脉搏，掌握价值共识规律，进而在对社会主义核心价值观价值共识的深层思考中不断探寻价值共识达成之策。当代中国社会主义核心价值观价值共识的构建需要全社会对"共识需要"必要性、迫切性有"共识"，对以社会主义核心价值观为主导价值观有"共识"，对达成"共识"人人有责有共识。坚持党的文化领导权，注重大众性，聚焦主导性，着力获得性和达成性，并高度重视推动核心价值观大众化、提升核心价值观的亲和力、大力发展协商文化等。

一、坚持党在核心价值观构建中的文化领导权

习近平总书记在党的十九大报告中指出："党政军民学，东西南北中，党是领导一切的。"❶ 一个执政党，不仅要取得经济、政治、军事等方面的领导权，还要牢牢掌握以意识形态为核心的文化领导权。社会的撕裂、政权的解体乃至国家的分裂，往往是从思想文化领域开始。思想文化领域如若出现"病症"且得不到及时有效的"治疗"，就会由"疾在腠理"发展到"在肌肤""在肠胃""在骨髓"，终将"无奈何也"。人民群众是否认

---

❶ 党的十九大报告学习辅导百问编写组. 党的十九大报告学习辅导百问［M］. 北京：党建读物出版社，学习出版社，2017：16.

同和拥护我们的党,社会主义事业能否从胜利走向新的胜利,从一定意义上来说,"问题'只'在于无产阶级及其先锋队的文化力量"。❶ 中国共产党在领导中国革命、建设和改革开放的伟大实践中,将马克思主义基本原理同中国具体实践和时代特征相结合,不断推进马克思主义中国化,形成了毛泽东思想和中国特色社会主义理论体系两大马克思主义中国化理论成果,赋予马克思主义社会发展动力学说以鲜活的时代内容和现实的实践平台,使马克思主义在当代中国呈现出鲜明的中国风格和中国气派,促进中国民众对马克思主义的普遍精神"认同",不断巩固中国共产党的文化领导权,提升社会主义理想信念、价值理念、道德观念的凝聚力和向心力,推动中国特色社会主义事业发展。

(一) 文化领导权的实质:获得文化认同

当前我国在中国特色社会主义建设方面取得了非凡的成就,这一方面巩固和发展了我们党对文化的领导权,另一方面也说明我们党牢牢掌握文化领导权与中国特色社会主义事业的发展需要具有内在一致性。但我们也要清楚看到,由于国内国际错综复杂环境的综合影响,特别是西方发达资本主义国家价值观的渗透,对我国意识形态领域的马克思主义指导地位和中国共产党文化领导权造成了严重冲击。马克思主义合法性受到质疑,中国共产党文化领导权面临挑战,这就迫切要求我们不断巩固和加强文化领导权建设。"意识形态"是文化领导权的核心内容,如果意识形态工作的领导权、管理权和话语权旁落,国家和社会就会问题频发、矛盾激化。习近平总书记指出:"能否做好意识形态工作,事关党的前途命运,事关国家长治久安,事关民族凝聚力和向心力。"❷

关于意识形态,尽管马克思、恩格斯没有明确给出相应的概念,但不可否认的是,在马克思主义中意识形态问题占据十分重要的位置。马克思、恩格斯强调:"统治阶级的思想在每一时代都是占统治地位的思

---

❶ 列宁全集(第43卷)[M]. 北京:人民出版社,1987:63.
❷ 中共中央宣传部编. 习近平新时代中国特色社会主义思想三十讲[M]. 北京:学习出版社,2018:213.

想。……占统治地位的思想不过是占统治地位的物质关系在观念上的表现。"❶ 列宁进一步发展了马克思主义关于意识形态的思想,并创造性地提出意识形态"灌输论","把社会主义思想和政治自觉性灌输到无产阶级群众中去,组织一个和自发工人运动有紧密联系的革命政党",❷ 并指出"没有思想上的统一,组织统一是没有意义的"。❸ 西方马克思主义思想家葛兰西最早提出文化领导权理论,他认为"一个社会集团的霸权地位表现在以下两个方面,即'统治'和'智识与道德的领导权'"。❹

文化领导权包含对外和对内两个方面的内涵,对外主要是指维护文化主权和文化安全的权力;对内则是指维系社会成员具有相似或相同政治观点、价值取向和意识形态的权力。而一个执政党或国家可以通过两种方式实现民众对主导文化的认同:一是"文化统治权",即通过实行强制、暴力等硬统治手段达到控制民众并使民众与一定类型的生产和经济相适应的目的。"文化统治权"含有"削足适履"的意味,属文化认同的硬着陆方式,可以在短时间内取得一定的效果。二是"文化领导权",即通过价值观、文化、伦理、道德等形式使社会成员形成共识,以对社会起到指挥、领导作用,达到被统治者的积极同意。"文化领导权"含有"因势利导"的意味,属文化认同的软着陆方式,能够保证文化认同的长期效果。由于文化领导权具有得到社会成员积极响应的效果,能让人们从内心"接受"和"同意",进而优化社会治理环境,改变"领导者"和"被领导者"之间单纯的统治关系和支配关系。事实上,随着人类社会的文明与进步,政党或国家强制因素短期会立竿见影,但长期来看则越来越得不到民众的"认同"和"接受";而引导社会成员自觉文化认同的方式短期内看起来作用不明显,但长期来看由于其建立在民众"共识"基础上,显得韧劲十足,终可后发先至。实践中,一个政党获取民众对政党文化的认同,对于该政党存在的合法性,甚至是执政民意基础的稳固,都是至关重要的。讨

---

❶ 马克思恩格斯选集(第1卷)[M]. 北京:人民出版社,1995:98.
❷ 列宁选集(第1卷)[M]. 北京:人民出版社,1995:285.
❸ 列宁全集(第5卷)[M]. 北京:人民出版社,1986:247.
❹ [意]安东尼奥·葛兰西. 狱中札记[M]. 曹雷雨等译. 郑州:河南大学出版社,2014:59.

论文化领导权问题，必须要考虑到其基本精神，即核心价值观的价值共识问题。认同是文化的一项基本功能，文化领导权的本质就是获取民众广泛的文化认同，亦即形成核心价值观的广泛共识。任何政党要获得执政权或者巩固执政权，都需要构建出自身"文化领导权"的内涵、意义和实施理念，这一切的基础是引领和通约出一个社会的核心价值观。当然，我们不要顾此失彼，不能只是引领民众的自觉认同却忽视了灌输的作用，事实上，只有充分发挥二者的综合效能，才是完整意义上的文化领导权，也只有这样才能获得文化的广泛认同并形成相似或相同的价值观。

（二）文化领导权的作用：获得核心价值认同

当代中国，人们的思想和社会生活均发生了历史性的变化。人们的思想自由而活跃却往往因缺乏信仰的有力支撑而悬浮半空、飘无定所。造成这种思想现实状态的原因很多，从人们的日常生活领域来看，主要是经济生活早已取代了政治生活成为人们生活的中心，但是时至今日，能够支撑中国特色社会主义经济生活的价值体系尚未完全建成。而当下社会中存在的负面现象，如部分官员的腐化、公共道德失序以及诚信的缺失等问题绞合在一起形成集成放大效应，进一步把人们推向信仰危机的境遇。可以说，建立在计划经济基础上的统一价值体系的消解给人们带来挥之不去的失落感，而怀揣这种失落感的人们在面对社会主义市场经济下一些日益严重的社会问题时，失落感就被放大为失望感。既然没有新的、善的、科学先进的价值评价标准和价值体系作行为上的准则，那么以市场思维衡量社会关系，以"物"的关系评价身边的世界就成为人们下意识的选择，而这又加速了价值的分裂和理想的幻灭。实际上，当代中国还有一个历史性的变化，那就是中国与世界的关系在发生着大变化。西方世界不会好整以暇地让我们构建出与国家硬实力相匹配的核心价值观，可以预见的是，西方世界对我国价值观的输入将更加激烈，"我们离民族复兴目标越近、离世界舞台中央越近，敌对势力越会想方设法攻击抹黑中国道路、理论、制度、文化，加紧进行意识形态渗透、价值观渗透、加大策动'颜色革命'

力度"。❶ 这些历史性的变化都在警醒我们加强文化领导权是一项紧迫而艰巨的任务。

看问题要看到问题的本质，文化领导权的本质就是要获得社会成员文化上的认同，而文化认同的核心是价值观的认同，价值观认同的根本目的是建立起当代中国核心价值观。马克思指出："占统治地位的将是越来越抽象的思想，即越来越具有普遍性形式的思想。"❷ 构建文化领导权，对确立社会主义核心价值观具有重要作用，有什么样的价值观决定了有什么样的文化立场，中国共产党通过构建文化领导权融入民众现实生活，将民众思想汇聚成社会认同的强大道义力量。中国共产党要完成中华民族伟大复兴中国梦，就必须按照马克思主义思想的指引来改造和建设世界，也就必须要构建出具有马克思主义灵魂的、根植中国文化和中国特色社会主义实践的新的价值体系，必须要确立全社会普遍认同的价值取向、价值标准和价值目标，在社会实践中为社会成员确定"意义"，告诉人们如何看待问题、分析问题、解决问题，为人们提供价值导向。文化领导权坚持和强调的是对核心价值观的确认与共识，让人们在多元文化语境下形成基本一致的价值观。中国共产党要牢牢把握文化领导权，始终代表中国先进文化的前进方向，积极萃取符合社会发展进步的价值因素，形成国家统一意志，并将其内化为人民群众的自身品格，引导个体以社会普遍认同的观念和行为方式切入到社会生活中去，使个体感受到社会和时代引领、规范、约束的力量，努力使人们从内心接受并维护核心价值观。

（三）文化领导权的再构：动态整体建构

实现文化领导权动态的整体性建构，首先要加强经验总结与理论创新。社会主义的性质决定了人民群众是国家的主人，那么我们党所要建设的社会主义核心价值观，应该是广大人民群众的价值观，是发展着的马克思主义大众化的价值观，也只有以马克思列宁主义为指导思想，把具有中

---

❶ 中共中央宣传部编. 习近平新时代中国特色社会主义思想三十讲 [M]. 北京：学习出版社，2018：216.
❷ 马克思恩格斯选集（第1卷）[M]. 北京：人民出版社，1995：100.

国特色的核心价值观内化为广大人民群众的价值观，才能够真正实现党对文化建设的领导权。党对文化领导权的建设和巩固过程，实质上是核心价值观逐渐形成共识的过程。这不仅需要党利用先进的思想武器对广大人民进行意识形态的教育，同时也是广大人民自觉接受教育并把核心价值观作为根植于自己内心信念和精神支柱的过程。历史证明，核心价值观的构建，或者说对文化领导权的建设，需要人们发自内心的赞同和肯定，所以要以平等、民主的方式才能实现。同时，马克思主义具有与时俱进的理论品质，要围绕理论说服力不断加强理论创新，坚持问题导向和底线思维，紧紧抓住问题，找准意识形态工作和文化领导权的切入点和着力点，做到因势而谋、应势而动、顺势而为。文化领导权关乎旗帜、关乎道路，关乎国家文化安全，躲躲闪闪、扭扭捏捏、含糊其辞、退避三舍，都是不可取的，最终可能自毁长城、失去民心。

其次要坚持文化领导权合法性与合理性的统一。不断完善政治制度建设，健全法律体系，推进国家治理体系和治理能力现代化，使民主、平等、公正、法治思想贯穿到人们社会生活的方方面面。中国共产党要坚持不忘初心、牢记使命，永远做人民群众利益的代言人，获得民众一如既往的信任与支持，在实践中确认文化领导权的合法性。文化领导权要积极回应民众利益诉求和价值追求，中国特色社会主义理论体系的科学性是经过实践确证的，我们仍需继续挖掘其内在价值性，以此吸引大众，人们只有对理论体系有着深刻的情感认同，才能真心信仰。中国共产党文化领导权的合理性在于与社会实践深度兼容，解决当代中国社会发展中出现的新问题。从实践需要的角度出发推进马克思主义中国化、时代化、大众化，是提升社会主义核心价值观认同感、吸引力和凝聚力的关键所在。建构文化领导权不能将其合法性与合理性割裂开来甚至是对立起来，而是要摒弃绝对主义和相对主义的思维模式，坚持以整体性思维方式系统、辩证地开展意识形态工作。

最后要提高领导能力与巩固群众基础的统一。新时期中国共产党面临"四大危险"，即精神懈怠危险、能力不足危险、脱离群众危险和消极腐败危险。应该说，文化领导权是门艺术，是集党的宗旨、作风、智慧、经验、理论修养、思辨能力和执行能力于一体的科学方法和高超技巧。社会主义核心价值观是涉及人们思想深层次的问题，如果只停留在表层、只注重表象，即所谓"雨过地皮湿""乱花渐欲迷人眼"，无法直抵人心，就不会取得良好工作效果。构建文化领导权，必须坚持辩证唯物主义思想，透过盘根错节、纷繁复杂的现象看清本质，找出规律。以人民为中心、实事求是是构建文化领导权的基础和根本方法，在实践中不断总结和学习是克服本领恐慌的唯一途径。文化领导权建设过程既是领导者和被领导者之间相互认知、相互理解，矛盾与融合并进的动态过程，也是党和人民之间谋求价值共识的过程，以人民为中心就是坚持群众路线，尊重群众物质和精神合理诉求，不脱离群众。社会主义文化领导权说到底是政党文化与民众的关系问题，文化领导权的实现，不仅要通过国家行政干预的手段来推进，更要得到广大民众自觉自愿的认同才会有明显效果，否则可能"雨过地皮未必湿"。能否激发群众的参与意识与参与热情，使群众乐于接受、积极维护社会主义先进文化，取决于我们提倡的社会主义核心价值观是否代表了群众的利益，是否具有亲和力、说服力和感召力，是否让群众认为这是"自己的"价值观。所以说，当代中国巩固党的文化领导权，就要实现提高党的文化领导能力和巩固群众基础的统一。

二、"和而不同"与"异中求和"中西有别整合之路

中西文化由于受不同自然条件和社会历史条件的影响，形成了各具风格的文化和价值观体系，宛如人类文明大树上的两个具有不同特质的丰硕果实，分别代表着各自文化文明。在寻找社会主义核心价值观价值共识的策略中，我们要以批判性思维正确看待中西方价值观体系的异同，对中西文化和价值体系的形成及差异进行理性思考、分析、对比。文化在比较中逐渐成长，在品鉴中走向成熟，促进当代中国核心价值观价值共识离不开文化比较，于比较中加深文化自信与价值观自信，为我国核心价值观价值共识奠定理论根基。

（一）和而不同：中国式价值共识整合思维

中国古人在观察自然、适应自然和改造自然的过程中，不断总结归纳自然规律，并且注重将自然规律引申延展到社会生活之中，进而推导出社会规律，此所谓"格物致知"，中国传统文化中关于"和同"的辩证关系论证与阐发也正是这种思维方式的结果。面对多姿多彩的大自然，中国古人发出"物之不齐，物之情也"的感叹，进而推演出从自然规律跨越到社会规律的"和实生物，同则不继"。中国古人的智慧和思辨能力并未就此止步，而是将"和同"问题升华到哲学层面，导引出"和而不同"这一独具特色的中国哲学命题。"和而不同"字面意思是与他者和谐相处，但并非没有原则的随意附和。"和"在哲学语境中即是指"差异性的统一"，"同"则是指"同一性""同质化"。差异性是世界存在的生态，也是现实世界的基本特点，中国传统文化一直秉持承认世界的差异性存在，并承认"物之不齐"下"差异性的统一"的价值理念，"物之不齐"是世界的表象，"和而不同"是世界的内在规律。"和而不同"作为一种价值理念，不仅构成了中国传统文化和谐美丽的图景，而且在文化多样、价值观多元的当代中国社会依然有其积极作用和广泛的应用价值，特别是可以为人类回应"文明冲突论"，实现"文明对话"，提供极具中国风格的基本原则和方法论支持。

"和而不同"反映的是世界本来面貌，世界上一切事物都是以差异性、多样性对立统一的状态存在，也正是不同事物、相反方面的氤氲激荡、和合演变构成丰富多彩、生动活泼、永续发展的世界。而"以同裨同"，抹杀多样性的绝对同一只能让世界失去发展动力，价值世界亦如此。我们不应只看到多元价值观之间的分歧与殊异，还要看到作为人类文化文明内核的价值观之间的联系与相通之处。中国文化是兼容并包的文化，中国文化"和而不同"思想是尊重"不同"致力于"和"，其根本指向并非"不同"而是"和"。历史上无论是汉唐时期佛教的中国化与本土化，还是16世纪以来中西文化的交流交汇，都得以使中国文化不断丰富样态、融合发展。"和而不同"不仅体现了中国文化的宽容特征，更彰显了中国文化雍容大气的风范、谦和自信的风骨,多样价值观之间通过平等交流与对话,互相启发、互相补充、互相吸收,最终达到对立统一或多样性统一的"和"之境界。我们一再强调"和而不同"是基于"不同"、承认"不同"基础上的"尚和合",这就与中国传统文化中另一个核心价值要素"求大同"紧密连接在一起了。"求大同"不是奢求完全同一或基本同一,而是追求不同价值观之间"交集"的最大化,即社会价值共识最大公约数。"尚和合"是基础、是过程,"求大同"是目标、是结果,当代中国社会价值共识的"大同"就是社会主义核心价值观。

在多元价值观矛盾频发的当今世界,中国文化"和而不同"思想能够为世界不同文化和不同价值观的和谐相处,提供一个切实可行的中国方案。中西文化同属人类整体文化,其价值观尽管存在着不同表征,却又隐含着相类的本质内涵,在根本上具有共通性。"天下同归而殊途,一致而百虑",多样价值观调和问题不在于讨论价值观本身是否具有通约性,其前置性问题是人们以什么样的心态和观念看待价值共识,"对待不同文明,我们需要比天空更宽阔的胸怀"。❶ 如果将人类不同文化和异质价值观预设在"冲突"上,得出的结论一定是"文明冲突",而"和而不同"的中国价值观整合思想和兼容并蓄中国文化发展史恰恰对破解"文明冲突"问题,贡献了与西方世界主流价值思维不一样的观点、路径和答案。"萝卜青菜,各有所爱",正如习近平总书记指出的:"我们应该从不同文明中寻求智慧、汲取营养,为人们提供精神支撑和心灵慰藉,携手解决人类共同面临的各种挑战。"❷

(二)异中求和:西方式价值共识整合思维

特定的历史文化和特定的社会现实影响了相应价值观念的形成,中西文化各有各的"源头活水",不同的社会历史和文化传统使中西方发展出与各自文化体系、社会制度相适应的主流价值观,这在客观上造成了中西

---

❶ 习近平. 习近平谈治国理政 [M]. 北京:外文出版社,2014:262.
❷ 习近平. 习近平谈治国理政 [M]. 北京:外文出版社,2014:262.

文化和价值体系的分延与差异。西方文化发展的中轴线大致可以概括为"古希腊文化—古罗马文化—基督教文化"。古希腊文化是公认的西方文化源头之一,古希腊文化中心位于阿提卡半岛,该半岛三面环海,土地贫瘠,农业无法自给自足,古希腊人为了解决生计问题,就只能选择向海洋进发,通过发展海上贸易,同其他地区进行农产品交换。在与海洋作斗争的过程中,古希腊人逐渐形成了勇于冒险、敢想敢拼、对未知世界充满好奇心的性格。同样由于受地域狭小、山川河谷相隔等地理条件限制,古希腊形成了城邦政治制度,这被视为西方民主政治的源起。城邦政治模式最终发展为民主共和制,城邦时代追求的是群体的"善",雅典公民可通过政治活动来维护自身利益。此外,古希腊时期的宗教活动或者大规模祭祀都有着较为广泛的群众参与性,这无形中有助于形成自由、平等、好胜等思想观念。古希腊的哲学、文艺、科学和政治模式对现代西方社会都产生了深远的影响。古希腊盛极而衰,先后被马其顿王国和新兴的罗马征服。罗马地处意大利半岛,地理环境与希腊相似,农业文明同样落后,古希腊通过自由贸易实现物物交换,所采取的是相互合作的良性竞争模式,而罗马人选择的道路却是侵略与扩张,通过战争劫掠各地财物。罗马文化继承了古希腊哲学、宗教和自然科学,但没有继承古希腊的民主制度而是实行高度集权的政治制度,发展出内容较为丰富、形式较为完备的法律制度,在法治精神和法律意识方面深深影响了后世西方国家,这是罗马人对西方文化最大的贡献。当欧洲进入中世纪,人们的价值观主要是对宗教价值的遵循。文艺复兴和宗教改革促使西方从宗教价值观回到追求现世的生活幸福上来,人们重新开始以功利的眼光看待自然世界与人类社会。

正如恩格斯所言:"没有希腊文化和罗马帝国所奠定的基础,也就没有现代的欧洲。"[1]古希腊文明中"自由""平等""民主"等思想和古罗马文化中的"法治""公正""共和"等观念,都是当代西方国家价值观的"源头活水"。我们可以看到,后世西方国家在经济发展道路上仍然深受古希腊和古罗马价值思维的影响,通常一手是古罗马式的殖民扩张,一

---

[1] 马克思恩格斯选集(第3卷)[M]. 北京:人民出版社,1995:524.

手是古希腊式的贸易交换。这种价值思想已然沉淀为西方文化的基因，在价值观领域的反映就是党同伐异，"顺我者未必昌，逆我者一定亡"，其"异中求和"的价值观整合思路实质是要求其他国家或民族在价值观方面与西方世界保持"同一性"。说到底，西方资本主义价值思想底色和价值思维模版是"零和博弈"，没有"共赢"，没有和谐共生。明白这一点，我们就能搞清楚两个问题。一是"文明的冲突"问题。塞缪尔·亨廷顿在《文明的冲突与世界秩序的重建》中提出"为什么文化共性促进人们之间的合作和凝聚力，而文化的差异却加剧分裂和冲突"？❶并且认为"在这个新的世界里，最普遍、重要的和危险的冲突不是社会阶级之间、富人和穷人之间，或其他以经济来划分的集团之间的冲突，而是属于不同文化实体的人民之间的冲突"。❷这些问题与观点实际上就是将非西方价值观视为"异教"，与历史上消灭异教徒的十字军东征精神如出一辙。"文明的冲突"理论所触动的是一个国家或民族的文化基因结构，如果文化基因被篡改，则不是谁动了谁的奶酪的表层利益问题，而是关涉民族存亡的根本性问题，所带来的是必然使国家或民族之间的仇恨加剧。西方文化背景下"文明的冲突"理论的最后归旨也必然是充满价值观霸权主义的"历史的终结"论。二是西方所提倡的"自由、民主、平等"等"普世价值观"问题。"普世价值观"不过是西方资本主义党同伐异的"武器"而已，只要需要就可"把共和国的'自由、平等、博爱'这句格言代以毫不含糊的'步兵，骑兵，炮兵'。"❸厘清西方核心文化价值观的阶级属性和社会属性，也就揭穿了"普世价值观"的虚伪面纱。反观中国文化发展史，尽管各个文化系统之间也发生过矛盾和冲突，但基本上保持了"和而不同"的持续发展、和谐融通，这既和"中华民族的血液中没有侵略他人、称霸世

---

❶ [美] 塞缪尔·亨廷顿. 文明的冲突与世界秩序的重建（修订版）[M]. 周开琪等译. 北京：新华出版社，2009：108.

❷ [美] 塞缪尔·亨廷顿. 文明的冲突与世界秩序的重建（修订版）[M]. 周开琪等译. 北京：新华出版社，2009：6.

❸ 马克思恩格斯选集（第1卷）[M]. 北京：人民出版社，1995：622.

界的基因"❶ 有关，也和我国文化所承载的价值观特质有关。中国传统价值观所沿袭的一直是"君子以厚德载物"，对异质文化更多地持有宽容和欣赏的态度，"天下国家之事，本非一人之意见"，推动文明间的平等对话，加强交流互鉴，才是价值共识的大道之行。

（三）求同存异：坚定走中国价值共识之路

马克思主义与中国价值观的高度交融或许有朝一日会成为世界文明史上的佳话，马克思主义是世界的马克思主义，赋予中国价值观以自信的骨气；中华优秀传统文化是中华民族的基因，赋予中国价值观以自信的底气。近代以来，国人曾经一度对自己的文化怀疑过、动摇过，甚至失去文化自信，主张全盘西化，是中国共产党人让中国文化穿越各种冲击得以涅槃重生。随着中国特色社会主义不断取得重大成就和改革开放的不断深入，中国人在价值观领域重铸信心，也愈发认同社会主义核心价值观必须与中国历史文化相契合，必须与中国特色社会主义相一致，必须与时代问题相适应。马克思主义理论和中华优秀传统文化共同承载着中国核心价值观，马克思主义关于"人的自由全面发展"理想是社会主义核心价值观的终极价值目标；中华优秀传统价值观通过创造性转化和创新性发展，构成了社会主义核心价值观谱系的民族根柢。行走在新时代的中国人，不再惊诧于各种冲击，不再沉湎于自卑自轻。经过近代以来对价值观问题的深刻反思，越来越多的中国人认识到中国只能走自己的道路，中国文化只能走自己的道路，"解决中国的问题只能在中国大地上探寻适合自己的道路和办法"。❷ 社会主义核心价值观价值共识同样也只能在中国特色社会主义框架内达成，一是要固本筑基，守护文化基因；二是要兼容并蓄，吸收外来文明；三是要融会贯通，坚持综合创新。三者相互促进，协调发展。

坚定走中国式核心价值观价值共识之路，首先要坚持传统性与现代性

---

❶ 习近平出席中国国际友好大会暨中国人民对外友好协会成立六十周年纪念活动并发表重要讲话［N］．光明日报，2014-05-16（01）．

❷ 习近平：解决中国的问题只能在中国大地上探寻适合自己的道路和办法［EB/OL］．http：//www.xinhuanet.com/politics/2014-10/13/c_1112807354.htm，2014-10-13．

相结合。传统性与现代性相结合主要解决社会主义核心价值观与中华优秀传统文化价值观之间关系的问题。中国文化从历史发展来看主要是内聚融合型文化，长期以来孕育了以儒家文化价值为核心、儒释道相交融的中华民族传统文化，农业文明社会相对稳定的社会结构也有利于核心价值观的形成。但当代中国的社会质态与传统社会有了翻天覆地的变化，我们必须以批判的态度继承优秀传统文化中的价值理念，也就是要肯定和提炼中华传统文化价值观中的积极成分，并依据社会主义先进文化发展方向和核心价值观价值共识需求，积极开展批判性的继承与转化。批判旧世界的目的是为了发现新世界，人类在价值领域的进步也应是一个不断自我反思、自我否定、自我超越的螺旋式上升过程。批判继承传统价值观中的合理成分，最终目的是实现其与现代社会和当代核心价值观之间的无缝连接。坚持传统性与现代性相结合，就是要做好价值共识的加减法，一是摒弃传统文化中与时代精神相违背的价值观念；二是根据社会实践的时代要求添加新的价值元素和价值理念。其次要坚持民族性与世界性相结合。民族性与世界性相结合主要是解决全球化背景下中国价值体系与西方价值体系之间的关系问题。世界文化的发展规律告诉我们，没有哪一种文化可以完全独立于整个人类文化体系而"独善其身"。特别是伴随着全球化和信息化进程的不断发展，多元价值观彼此交错纵横，形成了一个开放的文化生态圈，社会主义核心价值观价值共识不可能在封闭的环境中达成，而是要顺应我国和世界价值观发展进步潮流，面向现代化、面向世界、面向未来，既要汲取其他价值观发展中的经验与教训，又要以包容的态度积极吸收世界文化中的有益价值观元素，构建出开放的、进步的、满足人们价值需要的、符合中国特色社会主义实际的核心价值观。最后要做好不同价值观组成要素的融会贯通与综合创新。无论是传统的还是现代的价值观元素，也无论是本土的还是外来的价值观元素，要成为我国核心价值观的组成部分，就必须与马克思主义价值观念相一致，与中国特色社会主义相符合。马克思主义是中国共产党的指导思想，我们所要达致的核心价值观价值共识最根本的是要契合马克思主义价值精神和价值信仰，否则就会在价值体系内部种下价值分裂的种子。从另一个角度说，我们要用马克思主义基本价值思想将核心价值观价值共识的各个构成要素贯穿起来，使之成为一个科学严谨、密不可分的价值体系。马克思主义价值思想有如何进一步中国化的问题，中华优秀传统价值观有如何创造性转化和创新性发展的问题，对人类文明有益成果中的价值元素有如何借鉴吸收的问题，这都需要我们把握好核心价值观价值共识规律，努力实现核心价值观的内生性演化、兼收并蓄和综合创新。

三、"自上而下"与"自下而上"的双渠道培育

核心价值观价值共识的达成是一个综合工程，任何一个环节存在短板或漏洞都会影响到价值共识达成效果。从价值共识的培育渠道来看，主要有"自上而下"和"自下而上"两种渠道。而"自上而下"和"自下而上"是不可分割的双向动态过程，"自上而下"是方向盘，没有"自上而下"的引领，则"自下而上"是一个漫长的、不可预知方向的过程；"自下而上"是基本盘，没有"自下而上"，则"自上而下"就没有落脚点和支撑点，就是无根之水。

（一）自上而下：多渠道引导价值共识方向

对核心价值观的价值共识是遵循价值共识规律循序渐进的过程，我们要在实践中对焦社会主义核心价值观不断改进、持续优化价值共识的培育方式方法，使"社会主义核心价值观"这样的"宏大叙事"融入民众日常生活，获得人们普遍认同的合法性，充分彰显出"社会主义核心价值观"这一中国价值体系"生命之根"的"价值"。

1. 加强宣传教育促转化

认知始于实践又反作用于实践。认知是共识的前提和基础，如果没有认知，所有的教育和引导都是在做无用功。物理学中有个著名的"牛顿第一定律"，也被称为"惰性定律"，意即任何物体在外力迫使它改变运动状态前将保持匀速直线运动或静止状态。人类社会同样存在这样的"惰性"

第四章 社会主义核心价值观价值共识的达成对策

或"惯性",所以我们能够看到这样的一种状况,即人们可能下意识地知道什么是真理,但这并不等于主动去探究为什么"真理"是"真理",知道"真理"之所以为"真理"也不等于知道如何用"真理"指导自己的实践,知道如何用"真理"指导自身实践也不等于愿意在实践中"实践"。因此,增强人们对社会主义核心价值观的认知认同,就要着力做好相关的宣传教育工作,通过形式多样的宣传教育活动,使人们对培育和践行社会主义核心价值观的目的、内容、意义、精神实质以及能够带给人们什么样的益处有清楚的认识,让人们从内心认为谋求构建核心价值观价值共识的过程就是创设社会和谐的过程,践行社会主义核心价值观的过程就是人们满足根本需要、维护自身利益的过程,并进而内化为深层的思维模式和行为方式。社会主义核心价值观只有得到人民群众的同意才能有力量,社会主义核心价值观也只有为人民群众掌握,才能在建设现代化强国、推动社会发展、维护公序良俗、满足人们美好生活需要等方面迸发出巨大的社会正能量。片面化、直观化的价值感知带给人们的只是一时一事的影响,而全面化、系统化、理性化的价值观体系则会让人们受益终生。

加强对社会主义核心价值观的宣传与教育,一是要健全理论灌输引导机制。思想灌输一向是中国共产党思想政治工作的基本方法和必要形式,列宁认为:"工人本来也不可能有社会民主主义的意识。这种意识只能从外面灌输进去。"❶ 在当代社会,随着人们主体意识的增强,"灌输式"方法有时容易被看成"说教"而引起一些人的心理抵触或逆反,这就明显减弱了核心价值观价值共识效果和核心价值观的培育及践行。我们应当加强对社会成员价值观的"引导",通过协商式的"引导",以一种平等的态度进行价值观"渗透",以宽容消弭暴戾,以亲切获取好感,以柔性化交流互动实现人们对社会主义核心价值观的赞同、支持和维护。二是把握舆论宣传导向。舆论宣传在价值观传播和人们的价值选择方面具有强大的引导功能,通过舆论宣传使核心价值观持续地充分地发挥根本引领功能,有利于在全社会营造向上向善的文化氛围,构筑抵御不良价值观侵蚀的意识形

---

❶ 列宁选集(第1卷)[M]. 北京:人民出版社,1995:317.

态防线。舆论宣传应注意贴近群众生活，以社会焦点、热点问题为切入点，分析现象的本质，还原事件的真相，遏制谣言的扩散，制止有害价值观的传播。三是发挥网络平台的重要作用。当下社会，网络文化已将人们"一网打尽"，互联网时代开启了社会思潮和价值观传播的新模式，互联网文化也正在发起一场使传统媒体愈发走向"传统"、主流媒体逐渐被边缘化的颠覆式革命，不更快更好地掌握互联网平台，就会被时代所抛弃。鱼龙混杂、泥沙俱下的网络空间已经对人们，特别是对青少年产生了一些负面影响。掌握互联网文化的领导权和主动权，营造风清气正的网络空间，是当代社会文化建设必须要完成的一项重要且紧迫的任务。从另一个方面说，也只有运用好互联网平台，才能更好地推进价值共识。所谓"大音希声，大象无形"，最佳的宣传教育就是那种仿佛并未发生过却取得了预期效果的宣传教育，最有效果的宣传教育就是让教育对象沿着宣传所指引的道路前行，却相信这是其自觉选择。

2. 融入国民教育全过程促内化

文化本身即具有育人功能，社会主义核心价值观与国民教育目标具有内在一致性。国民教育是基础教育、高等教育、职业技术教育、成人教育等领域教育的总称。教育具有阶级属性，教育的重要目的是培养为特定社会发展服务的人。毋庸置疑，我国国民教育的底色是马克思主义，各类教育的首要要求是坚持社会主义办学方向，根本任务是培养社会主义事业建设者和接班人。"育人为本，德育为先"，这里的"育人"不是培养人的某一方面或某一项技能，而是全面育人；这里的"德育"不单指培育公民的道德品质，更是内隐于公民道德深层次的价值观教育。培育对核心价值观的价值共识就是要确定价值体系的定盘星，就是要建立中国特色社会主义的价值坐标。

回顾我国的教育史，不难发现在价值观教育方面有三个问题亟待解决：一是价值观教育脱离人们的社会生活实践的问题，这导致价值观教育不接地气，而悬浮在半空中的价值观无法获得人们的普遍认同。二是价值观教育，或者说是寓价值观教育于其中的思想政治教育，未做好系统化设计、层次化分工的问题。这导致国民教育过程中,思想政治教育内容重复化的现象比较严重。当然,在教育过程中理论灌输的深度有所不同,但这也不能掩饰问题的存在。教育应该是循序渐进的过程,在特定阶段就应该有符合人们这一阶段接受能力的知识理论与传授方法。违反价值观教育规律,本应分层递进的价值观理论和实践活动在不同教育阶段重复叠加,就使人们产生审美疲劳,甚至将之看作"说教"而从心理上排斥和抗拒。社会主义核心价值观要融入国民教育全过程,就需要价值观教育从认知到体认,从现象到本质,从表层到深层,从简单到复杂逐步进行、逐层深入。同时,价值主体随着自身成长和人生阅历的丰富,对核心价值观的接受和践行也是一个由浅至深、由情至理、由知至行的过程。三是社会主义核心价值观落细落小落实的问题。价值共识依靠"表面文章"难以收到成效,核心价值观不走进人们的心灵也无法获得"共识",这就需要我们不断拓宽价值观教育和实践领域,充分发挥核心价值观的渗透功能,将核心价值观融入人们的日常生活,让人们在社会生活实践中感受到核心价值观的力量。做好核心价值观贯穿国民教育全过程工作,就是要加强文化渗透、熏陶功能,做好整体性规划,分层次递进,落细落小落实,全面融入人们的日常生活。

3. 抓住重点人群促深化

我们对所从事的工作要以马克思主义方法论为指导,抓住事物的主要矛盾,这样才会取得事半功倍的效果。培育社会主义核心价值观的目的是汇聚全社会的价值共识,需要全体社会成员共同参与,要求把"宏大叙事"与人们现实生活的微观行为相统一,个人理想追求与中华民族伟大复兴的中国梦相结合,体现的是社会主流价值思想对国家、社会和个人的正向引导。当前中国社会结构比较复杂,新的社会阶层和利益群体随着经济的发展不断出现,人们思想意识的差异性越来越明显,这在无形中加大了全社会形成广泛共识的难度。因此,我们必须紧紧抓住事物的主要矛盾或矛盾的主要方面,在培育和践行社会主义核心价值观、形成对社会主义核心价值观的价值共识过程中,必须要抓好党员干部和青少年这两个重点人群。

  党员干部是践行社会主义核心价值观的中坚力量和主力军，他们的价值准则、价值取向和道德行为更容易被人们所关注，具有很强的示范作用和放大效应。中国共产党作为一个有着九千多万名党员的执政党，每一个党员都代表着党的形象，每个党员都有着培育和践行社会主义核心价值观的社会责任。同时，在空前广泛、深刻的社会变革中，党员干部面临着诸多的挑战和考验，首要的是在理想信念方面不能动摇马克思主义信仰，避免在价值判断面前没有界限，丧失底线。习近平总书记明确指出："理想信念就是共产党人精神上的'钙'，没有理想信念，理想信念不坚定，精神上就会'缺钙'，就会得'软骨病'。"❶ 党员干部在培育和践行社会主义核心价值观的行动中应当责无旁贷地起到带头作用，始终坚守共产党人的价值理想高地。首先，党员干部要做学习的表率。学习是党员干部保持先进性的根本途径，也是做好党的领导事业的基础。这里所指的学习，不仅是对社会主义核心价值体系的学习，而且是宏观上党员干部通过学习以追求卓越的状态。要通过学习沉淀党性修养，提高精神境界和道德品质，做好人民群众的领路人。其次，党员干部要做实践的表率。除了要自觉践行社会主义核心价值观外，更要执政为民，做社会进步的"火车头"。这就要求党员干部在实践中践行社会主义核心价值观。最后，自觉接受群众监督。任何权力都要关进制度的笼子里，国家和人民把权力交给了党员领导干部，这是一份沉甸甸的责任，任何权力如果不被监督，就会被无限放大，进而失去为人民服务的意愿和本领。

  青少年时期是价值观生成的重要阶段，也是可塑性最强的阶段，价值观一经形成，就会保持相对稳定，所以青少年时期形成什么样的价值观对一个人的一生都将起着决定性作用。"青年是标志时代的最灵敏的晴雨表"，❷ 青少年能否形成价值共识，形成什么样的价值共识，将直接体现社会和时代的整体道德水准及精神风貌。而当下的青少年，恰是实现中华民

---

❶ 习近平. 习近平谈治国理政[M]. 北京：外文出版社，2014：15.
❷ 习近平. 习近平谈治国理政[M]. 北京：外文出版社，2014：167.

族伟大复兴"中国梦"的"筑梦者"和"见证者"。因此，今天的青少年不仅要掌握服务国家和社会的本领，更要树立共产主义远大理想，秉持社会主义核心价值观，从当下做起，从自身做起，从点滴做起，让社会主义核心价值观成为他们青春远航的动力。"人生的扣子从一开始就要扣好"，❶扣不好人生的第一粒扣子，就无以成就中国梦；扣不好人生的第一粒扣子，几代中国人前仆后继、流血牺牲、艰苦奋斗所换来的今天所有的成绩就失去了意义和价值。青少年树立和践行社会主义核心价值观，就要在习近平总书记所要求的几点上下功夫："一是要勤学，下得苦功夫，求得真学问"；"二是要修德，加强道德修养，注重道德实践"；"三是要明辨，善于明辨是非，善于决断选择"；"四是要笃实，扎扎实实干事，踏踏实实做人"。❷

4. 推动实践养成促优化

"空谈误国，实干兴邦"。核心价值观的价值共识不能只限于讨论，培育和践行社会主义核心价值观同样不能只限于空谈，只做表面文章，而是要落在实处，落在实践。"教育"和"实践"互相促进，两手抓、两手都要硬，以教育指导实践活动，以实践活动优化教育成果。实践是检验真理的唯一标准。习近平总书记指出："一种价值观要真正发挥作用，必须融入社会生活，让人们在实践中感知它、领悟它。要注意把我们所提倡的与人们日常生活紧密联系起来，在落细、落小、落实上下功夫。"❸培育和践行社会主义核心价值观，重点在学习，关键在落实，确保其真正深入人心并成为人们的自觉价值选择和价值行为。实践中要做好顶层设计，不断加强理论的科学性与严谨性建设。同时，搭建社会主义核心价值观实践平台，设立教化场景，形成生产实践、科学实验、校园文化、家风家教、志愿服务等各协同育人机制，使核心价值观价值共识培育工作在实践中见成效，确保理论的说服力和执行力。只有通过这样点点滴滴的实践活动，人

---

❶ 习近平. 习近平谈治国理政 [M]. 北京：外文出版社，2014：172.
❷ 习近平. 习近平谈治国理政 [M]. 北京：外文出版社，2014：172-173.
❸ 习近平. 习近平谈治国理政 [M]. 北京：外文出版社，2014：165.

们才能在具体而细微中感知践行核心价值观所带来的社会文明进步、生活改善提高、个人素养提升,这种真实真切的感知又反作用于对社会主义核心价值观的认同与遵循。社会主义核心价值观只有在实践中反映出其符合人民需要和时代发展要求的特质,才能够被群众接受并广泛落实。

(二)自下而上:全方位凝聚价值共识达成

"自上而下"所强调的是方向引导,"自下而上"强调的则是凝聚共识达成的力量。社会主义核心价值观的培育应该是主导者的教育实施与民众的价值自觉相结合的双向沟通过程,否则就可能忽略一部分社会群体的真正价值诉求。时代发展到今天,如果只是依靠国家和社会以"家长"的身份,一味地采用灌输式、填鸭式的方法来对民众进行价值灌输和价值引导,已经不能取得历史上政治生活占据中心地位时期那样的显著效果。因此,要形成社会主义核心价值观的价值共识,就必须允许社会成员自下而上的主动发声,这种声音代表了社会成员的价值心声,反映他们真正的诉求和需要。我们应该尊重差异,通过沟通与融合,走一条在激发社会成员价值自觉基础上形成的价值共识之路。"自下而上"构建核心价值观价值共识,就必然要求全方位促进人们发自内心地认同社会主义核心价值观,特别是要解决社会成员对社会主义核心价值观的理性认同、情感认同、利益认同、行为认同等问题。只有这样,对核心价值观的价值共识才有深厚的社会心理基础,而要获得社会成员的理性认同、情感认同和利益认同,就要在以下几个方面做文章。

1. 培育公民的公共理性精神

我们强调价值共识实际指向是公共社会生活领域的价值共识,公共社会生活质量的标准和指数是社会和谐度,而社会和谐度的重要参数则是社会成员之间社会交往的公共理性精神。现代社会人们和谐的社会生活是由社会成员共同参与、彼此充分理解与宽容构成的文化图景,没有公民的公共理性精神,当代中国社会存在的民主与法制、公平与效率、先富与共同富裕等系列公共价值组合之间的张力就会失衡,价值冲突就会无休无止、难以调和。公民的公共理性为人们社会公共生活创设了一个判定是非对错、协调整体平衡的权益调节平台，它制约着社会成员依据公共生活规则和价值观念实施自己的社会行为。公共理性是现代社会中值得称赞与推崇的调和性力量，对工具理性具有积极的纠偏作用。拥有公共理性精神，人们才能超越现实社会生活中执着于一己私利的本位价值选择思维，以公正的理念、平等的社会身份，对公共价值规则开展积极有效的协调与沟通，实现社会的和谐有序。公共价值共识是一种有限性共识，公共理性是一种渐进性理性，现代社会公民公共理性精神有助于人们学会尊重他人的正当合法利益所得，摒弃利益独占思维方式，通过和平的方式解决社会群体之间的价值差异，舒缓公共价值与个体价值间的紧张关系，构筑出多元价值观"和而不同"的社会心理基础。公共理性精神一是可以帮助民众树立对核心价值观的正确认知，进而激发社会成员的心理认同和价值观内化行为；二是可以帮助民众辨清各种社会思潮本质，告别价值盲从，进行批判性的选择吸收。诚然，事物都具有两重性，人都具有理性和非理性两个层面的特质，理性所追求的统一性和确定性如果发展到极端，成为主宰人的思维的主要方式，反而对人的自由全面发展起到阻碍作用；人的非理性尽管增加了人们进行价值判断和价值选择时的不确定性，但也有值得关注的重要因素。中国传统价值体系中一直以来相对比较欠缺理性的精神，中国特色社会主义没有参考参照的范本，这就离不开全体社会成员凭借理性精神进行探索，达成核心价值观价值共识同样需要大力弘扬公共理性精神，并以此支撑起社会主义核心价值体系。

2. 实施价值观隐性培育

价值观隐性培育是指将价值观教育中的预期目标、理论内容、干预手段和方法隐蔽起来，通过启发和引导使培育对象在一个宽松和谐的文化氛围和社会环境中，自主获得相应的价值体会、形成一定的价值理念。价值观隐性培育是引导人们"由非认知心理获得自主教育经验的一种培育方式",❶其最高境界就是习近平总书记所提出的:"要用各种时机和场合,形成有利于培育和弘扬社会主义核心价值观的生活情景和社会氛围,使核心价值观的影响像空气一样无所不在、无时不有。"❷这段话极大丰富了价值观隐性培育的工作范围,即"各种时机和场合",也明确了价值观隐性培育要接地气,要在"生活情景和社会氛围"中进行。当代社会,人们不是不清楚什么样的价值观是社会交往的"通行证",也不是不清楚自己需要什么样的价值理念,价值共识之所以较难达成,这里面除了对各种私利的追逐之外,一个重要的原因则是人们出于对"强加"和"灌输"的本能回避和排斥。价值观隐性培育是一种如空气般的"无形"浸透,寓教于文、寓教于乐、寓教于人们日常生活实践,是"无所不在、无时不有"的全方位渗透。事实上,价值观隐性培育的效果要优于显性培育的效果,但其组织难度和付出的精力也远高于显性培育。价值观隐性培育看似没有既定的计划,但要根据时机和地点时时处处设计培育的计划和步骤;价值观隐性培育看似没有固定模式,但要结合新语境新情况探索新模式;价值观隐性培育看似没有目标,但要引导人们"主动"将个人价值理念与社会主义核心价值观紧密联系在一起。价值观隐性培育尊重人的主体性和独立性,基本体现了人们在价值共识过程中的自愿选择性和主动参与性,这种自愿选择和主动参与顺应了人们理论学习和价值观自觉内化的需要,契合价值共识规律,调动了人们自觉探求价值共识的积极性,加深了对社会主义核心价值观的情感认同,提高了以社会主义核心价值观为价值引领的意愿度。

3. 发挥法律规范的效能

习近平总书记指出:"法律是成文的道德,道德是内心的法律,法律和道德都具有规范社会行为、维护社会秩序的作用。"❸法律的本质是一个

---

❶ 付安玲,张耀灿.大学生社会主义核心价值观的隐性培育初探[J].思想理论教育导刊,2016(04):88.

❷ 习近平.习近平谈治国理政[M].北京:外文出版社,2014:165.

❸ 中共中央宣传部编.习近平总书记系列重要讲话读本(2016年版)[M].北京:学习出版社,2016:90.

国家和社会基本价值共识的集成性总结,是社会基本价值观的法规化。或者说,法律是价值观的外观,是"表层";价值观则是法律的内核,是"灵魂"。法律制定的过程,就是价值共识的过程;法律发挥效力的过程,就是维护价值共识成果权威性的过程。没有价值观,法律就没有判别标准;没有价值共识,法律就没有形成的根基。同样,没有法律的保障,价值观就只能停留在纸面,不能产生应有效能。理性、严苛的法律背后所体现的是这个国家和社会的普遍价值共识,通过法律法规可以研读出其所在社会的文明程度和价值共识过程轨迹。法律能够给予它所代表的价值观以确认、保护、强化和推动的作用,而对没有获得社会成员普遍共识的价值观加以限制、反对和否定。只有符合人们共同利益诉求、代表社会发展方向的法律法规,才能获得社会的普遍认同,成为被社会成员共同遵守的"善法"。如果法律与社会普遍共识的价值观念相违背,不能成为众望所归,那么这样的法律就缺乏存在的根基。

一般来说,价值观在调节人们社会生活秩序时,大多依赖的是民众的自律自觉和社会道德对不良行为道义上的谴责,缺乏实质性的约束,而法律的强制性则弥补了这方面的不足,帮助价值规范实现"应然"和"实然"在事实上的统一。同时,法律的明确化、具体化也弥补了价值观具有的模糊性、空泛性方面的不足,让人们对价值共识成果怀有敬畏之心,对自身所持有的价值标准、所进行的价值判断和价值选择有清醒的"底线"意识。当代中国全面依法治国的战略思想,从根本上保障了社会主义核心价值观的培育和践行,让遵循社会主义核心价值观的行为获得利益和幸福,让与社会主义核心价值观相背离的行为得到惩处,正所谓"徒善不足以为政,徒法不足以自行","扬善"与"惩恶"并举,"引领"和"推进"并重,方能全方位构建社会主义核心价值观。

四、大力推进大众的有亲和力的协商文化发展

社会主义核心价值观能否立得住、行得通、起作用,关键要看人民群众对之是否有普遍的价值共识度,而提高人民群众对社会主义核心价值观

的共识度，就要求社会主义核心价值观贴近实际、贴近生活、贴近群众，内化成人民群众自己的价值观。为了实现这一目标，一是要推动文化大众化，在大众日常生活中汇聚价值共识；二是要提升文化的亲和力，使承载核心价值观的文化具有感染力；三是发展协商文化，保障价值共识过程的畅通。

（一）推动文化大众化，汇聚接地气的价值共识

列宁指出，"最高限度的马克思主义 =（Umschlag）最高限度的通俗化""最高限度的马克思主义 = 最高限度的通俗和简单明了"。❶ 文化大众化是文化的平民化过程，也是文化的生活化过程。在我国，文化大众化承载的是马克思主义大众化任务。文化产生于人民群众的社会实践，文化传播依托于大众，文化创新依赖于大众，核心价值观符合大众需要才能得以传递。大众文化起始于20世纪初的文化工业，作为现代工业和市场经济思维的产物，大众文化整体呈现的特征是产业化、商业化、世俗化、娱乐化。大众文化的勃发使得文化消费和文化欣赏成为普通民众日常生活的重要组成部分，从严格意义上讲，中国的大众文化是在改革开放之后开始迅速兴起的，并对人们的社会生活产生了极大影响。然而，按照市场化逻辑运作的大众文化犹如一个被打开的潘多拉魔盒，改变了文化既有的发展格局，催生出让人们沉迷其中却又满怀失望与失落情绪的文化景观。而这一切都源自商业化的大众文化为了追逐市场利益和保障自身生存，而迎合普罗大众文化趣味所进行的各种尝试。"千里之堤，溃于蚁穴"，这种大众文化如果不加以管理和引导，低俗化文化就会宛如"精神鸦片"威胁到国民素质的提升，冲击到社会主义核心价值观培育的根基。更为严重的是，国际国内各种文化思潮不断渗透到大众文化中，从而让人们沉陷于不断流变的文化洪流的"旋涡"中，大众文化难以积淀形成稳定的文化特质和先进的价值思想，容易割裂与中华优秀传统文化这一固有根本之间的联系，割断民族精神命脉，颠覆中国文化独立性的基础。大众文化发展方向是否就

---

❶ 列宁全集（第36卷）[M]．北京：人民出版社，1959：467-468．

是文化的"泛娱乐化"？如果这样理解就低估了人民群众对文化价值理想的追求与向往，如果低俗文化真是民众所需要，那么就不会有"傻乐"之后深深的空虚与失落感。现代社会人们需要一定的娱乐，但过度的、无节制无底线的娱乐性大众文化只能将人们拖入物质主义、享乐主义的泥潭，削弱文化的审视和批判功能，导致人们精神世界的沦陷。推动社会主义文化大众化，就要推动雅俗共赏的文化，使高雅文化接地气，用高尚的价值观念引领大众精神文化生活，坚决对"群魔乱舞"进行清场。在推进文化大众化的过程中，我们要正视民众真正的文化需求，不忘推进文化大众化的初心，做核心价值观的实践者与示范者，而不是变身为大众文化趣味的追随者。

推进中国特色社会主义文化大众化，要求我们既要坚持文化的多样性，又要弘扬主旋律，既要做到雅俗共赏，又要大力弘扬社会主义核心价值观，不断增强普通群众的文化参与感、文化认同感和精神获得感。首先，必须坚持以马克思主义大众化为先导。贴近时代实际、抓住时代主题，不断深化马克思主义理论创新，用马克思主义的立场和观点分析解决我国社会发展以及文化前进中的一系列问题。围绕热点、焦点问题进行针对性强、有说服力的正面解答，而不是回避矛盾、推诿责任。用马克思主义价值观凝聚社会共识，满足人民群众在价值信念方面的新期待、新需求，使人们的价值理想不断得以升华，价值需要不断得以实现，进而对马克思主义的科学价值产生较强的认知认同、情感认同和利益认同。其次，以社会主义核心价值观引领大众文化。社会主义核心价值观只有全面融入大众文化，才能完成引领社会文化思潮、影响民众社会行为的目标。社会主义核心价值观体现了国家、社会和人民的共同利益，是具有普遍性、基础性、包容性的社会主导价值观，这与大众文化所体现的社会普遍价值观念和大众文化活动所内含的基本道德在功能上是一致的或相近的。核心价值观要得到民众积极的支持和认同，而不是消极的服从或屈从，就必须融入大众文化，这是践行社会主义核心价值观的必经之路，也是大众文化提档升级、健康快速发展的必由之路。最后，努力实现社会主义核心价值观引领下的大众文化"化民成俗"。中国古代儒家思想之所以普及甚至时至今日仍然有着巨大的影响力，与其实现"大众化"密切相关，更与其"化民成俗"的生活教化成果密不可分，形成了与中华优秀传统文化交相辉映的风俗习惯与传统节日。"化民成俗"是指通过社会成员共识的价值观影响和塑造民众的日常生活方式，以达到改造、革新、整合、优化民众基本精神秩序的目的。"化民成俗"的意义在于以一种柔性、渐进的方式引导和培育民众的外在日常生活样态与内在精神生活范式。在社会主义先进文化和社会主义核心价值观"化民成俗"方面，我们所做的还不够，还没有形成更多的直接彰显社会主义核心价值观的风俗习惯、全民节日或纪念日。但我们欣喜地看到，党的十八大之后以习近平同志为核心的党中央充分认识到这个问题的重要性，先后设立了"中国人民抗日战争胜利纪念日""南京大屠杀死难者国家公祭日""烈士纪念日""国家宪法日""中国农民丰收节"等纪念日或节日。这些都为培育和践行社会主义核心价值观，增强中华民族的凝聚力和向心力起到了极大的推动作用。

（二）提升文化亲和力，增强核心价值观感染力

新时代我们要"增强中华文化亲和力、感染力、吸引力、竞争力……提高国家文化软实力"。❶亲和力是指使人愿意亲近、接触和接纳的力量。亲和力表达的是人与人之间基于"同道"的共识与尊重，特指心灵上的通达与投合。文化亲和力是双向过程，一是指主体的人对文化的认同与亲近之情；二是指文化所包含的价值观为人所赞同、欣赏和接受，描述的是人与文化间的匹配度，匹配度越大则亲和力越强。在培育践行社会主义核心价值观方面，如果不激发出社会成员的主动性和积极性，使人们认识到核心价值观与其切身利益息息相关，并从内心认同和接受主导核心价值观，主动在日常生活实践中践行核心价值观，那么价值观的教育就不能算是成功的。"你永远都无法叫醒一个装睡的人"，价值观教育必须双向进行才会取得预期效果，这就要求承载价值观的文化要具有亲和力，文化亲和力是连

---

❶ 全面贯彻党的十八届六中全会精神 抓好改革重点落实改革任务 [N]. 光明日报，2016-11-02（01）.

接人与文化的精神纽带,将人与文化紧密联系在一起,使社会群体或一个民族拥有共同的文化价值取向,进而可以升华为人们思维和行为的准则。所以说,文化的亲和力是形成核心价值观价值共识的重要基础,把打造文化亲和力作为培育核心价值观价值共识的切入点、润滑剂,会收到事半功倍的成效。

文化的亲和力对于一个社会的核心价值观价值共识具有相当重要的推动作用。一是可以平顺社会心理。社会心理的初始阶段是自发的、庞杂的、不规则的,在一个文化具有亲和力的社会,社会心理的发展就会相对宽容与理性,可以根据社会主导价值观进行及时的调适,即使个人和群体利益在一定程度上受损,也会谋求合理渠道合理方式表达诉求,社会不至于失序。二是有助于养成社会成员主体意识。人们在文化交往过程中,出于对文化亲和力的情感偏好,会发挥主观能动性,将文化中的核心价值要素内化为自身的价值标准,在与异质文化的交流学习中以此作为价值评判标准,清醒认识自身文化的位置和先进性所在,进而迸发文化自觉,树立文化自信。三是可以优化社会环境。文化的亲和力对强化社会成员对社会规则的认知、掌握并以此作为自身行为准则起着相当大的作用,让人们在有序平和的文化环境中扩大对社会主义核心价值观的价值共识。

提升文化亲和力,首先要树立以人民为中心的文化建设思维。文化是否具有亲和力主要看文化是否以人民为中心,以人民为中心的文化是社会主义核心价值观得以形成共识的重要基础和平台。中国古代文化中就有"惟人万物之灵""人者,天地之心也"等思想,中国文化向来就不是神本主义文化,中国人的文化精神向来是人本位超越神本位。突出人的作用和地位,尊重人的生命和尊严,人才能回归本位,人的价值才得以彰显。以人为本就是将人作为价值评判的主体,从人的角度衡量世界变迁,实现人与人自身、人与人、人与世界的统一。文化的亲和力可以激发人的主体意识,确立人生终极意义,最大限度确证价值、实现价值。有亲和力的文化是让人如沐春风的文化,是让人感受到尊重的文化,对个性的尊重、对差异的包容,都是核心价值观价值共识的前提。社会主义的最终目的是实现人的自由全面发展,当代中国文化发展始终要以人民为中心,自觉遵循以人民为中心的原则，推进文化发展过程中时刻不忘"为了谁""依靠谁"和"我是谁"的问题。以人民为中心是中国共产党的宗旨与人民群众的呼声"同频共振"的价值选择和行动指针，能够使中国文化更接地气，使核心价值观价值共识获得理论上的有力保障。其次要拓展文化亲和力的内容。核心价值观教育与引导要从俯视式转向平民化，重在与民众的心灵沟通和情感共鸣。少一些大道理的说教，多一些平等的交流；少一些脱离实际的空洞论证，多一些社会生活中的践行，充分发挥核心价值观浸润心灵、以文教化的作用。价值观是建立在一定经济基础和社会现实基础上的，是一定利益在社会现实中的反映，从根本上来说，核心价值观就是要协调人与人、人与社会、人与世界之间的利益。解决民众的现实问题、维护民众的现实利益，才能得到民众的拥护。价值体系的科学性与正确性只有经过实践的检验才能体现其"有用性"和生命力。能够指导人们解决实际问题的核心价值观，才是有亲和力的价值观，才是人们自己的价值观。最后要丰富文化亲和力的形式。理论是单色调的，而生活是多姿多彩的，人们对核心价值观的认同不可能产生于抽象价值词汇复读机式的解读，而是需要充分利用各种载体和平台凝练价值共识。坚持用大众的、通俗的语言解惑，核心价值观既要易于理解与接受，又要易于普及和宣传，在表述上既要通俗易懂，又要避免庸俗化。事实上，只有让人们听得懂、听得进、记得住的语言表述才能打动人心，让民众产生共鸣。习近平总书记在这方面就是典范，他的讲话之所以让中国老百姓觉得很过瘾、很解渴、很兴奋，并真正能入耳入脑入心入神，就源于其讲话所具有的亲和力、感染力、穿透力和冲击力。例如，他讲过的"鞋子合不合脚，自己穿了才知道""撸起袖子加油干""幸福都是奋斗出来的"等，都源于生活、源于群众，在平易近人中映射出深邃的价值思想，在深入浅出间阐释了深刻的事理和哲理。

（三）发展协商文化，保障价值共识顺畅达成

协商文化是现代文明社会的体现，协商是取得价值共识的途径和手段，发展协商文化的目的是保障价值共识过程的顺畅。协商文化是建立在

民主平等之上的文化。协商文化的参与主体应该是普遍的、广泛的,这就要求必须做到两点:一是协商文化主体具有现代社会公民意识。价值观的传播是通过话语沟通、相互交流、共同实践完成的,没有公民的积极有效参与,就无所谓价值共识,更无所谓民主。二是防范"被协商"。"被协商"是对协商民主和协商文化最大的破坏,没有协商文化的广泛参与性,就容易出现"被协商"现象,这会从根本上瓦解社会共识存在的根基。协商文化是建立在公共理性上的文化。现代社会结构相对比较复杂,多元价值观间的矛盾冲突也相对比较常见,在某种程度上,对核心价值观的价值共识就是通过公共理性而达成价值妥协的过程。当然,这种妥协的结构不是策略性的讨价还价,而是对话性的"和而不同"。核心价值观价值共识是理性共识,这就必然要求社会多元主体基于理性和负责任的态度进行价值沟通,在价值共识过程中打破并超越只为"小我"的狭隘价值观藩篱,以公共利益为导向,以集体理性为指引,完善公共讨论和公共参与机制,充分发扬协商文化中的价值理性精神,形成公共价值准则。公共价值准则的真谛在于能够以平等而非暴力方式在多元价值观间达成一定共识,以"公"的力量平衡和引领"私"的过度泛滥,致力于建构社会共识和社会和谐。协商文化同时也是求同存异、兼容并蓄的文化。中国传统文化中蕴含着丰富的"协商"思想元素,孟子的"民贵君轻"思想,就内含了"通民情、达民隐、申民意"的协商文化元素。协商不是人云亦云的消极妥协,而是相互尊重、彼此包容的"和而不同",是平等的交流与真诚的沟通,强调的是获得公共价值的共识。另外,西方学者哈贝马斯尝试用交往行动理论来重建现代性,他提出交往是人类的存在方式,也是人类的基本需要,现代社会的普遍性危机源于工具理性压制了交往理性,从而使交往丧失公益性,完全让位于工具性和功利性。重建交往理性,有助于克服异化,通过社会的人际交往行动,让人与人的关系回归本位。哈贝马斯的交往行动理论为协商文化提供了有价值的思想资料。

　　成熟的协商文化是现代公民社会的重要标志,发展协商文化首先要让现代协商文明理念深入人心。要直面现代社会多元价值观客观存在的现实,努力协调不同利益群体价值诉求,开展理性、宽容的价值对话与协商。其次是拓展协商文化平台，优化协商文化生态。利用各种媒体或载体做好协商文化的宣传和培育工作，并彻底批判封建主义、官僚主义文化，警惕并应对价值相对主义、价值中立、价值独立等价值思想对价值共识的阻抗。最后要重点培育"引领型"协商文化。协商文化本身具有鲜明的实践性，强化协商文化的引领功能，有助于推动对核心价值观的价值共识。

五、借鉴西方价值共识的思路和做法

价值多元问题并非中国独有的问题，西方社会同样纠结于这一"现代困境"。西方社会的核心价值观也并非自然而然形成的，而是资产阶级自觉构建的结果。西方不同学派关于构筑价值共识的理论与经验，对我们实现社会主义核心价值观的价值共识具有重要启示意义。

（一）自由主义视野下的价值共识

从古典自由主义发展至今，自由主义流派较多，各流派之间甚至有着较激烈的理念冲突。自由主义者在文化上基本上都主张保护个人思想自由，注重个人生活方式乃至道德观、价值观上的自由性，强调私人领域不受侵犯。

美国政治哲学家、伦理学家罗尔斯在《正义论》中预设了一个思想"原初状态"，相当于设计了一个思想实验，在这个"原初状态"下，社会成员的相关信息被一个无知之幕所屏蔽，人们知道人类社会的一般性事实、知识与规则，但不知道大幕开启后自己的社会角色是什么。人们在讨论任一角色的"剧情"时，由于自己即将"出演"角色的并不确定，就不会顾及任何无知之幕开启后相应角色可能存在的既得利益问题，没有利益的干扰人们就会首选基本的善，所以给出的意见和得出的结论就相对公正。而在他们获得角色并进入角色，对自己和社会其他情况了解更多时，再要求他们取得如无知之幕时的那种共识就会有相当难度。罗尔斯这个预设的"原初状态"，是一个超越时空与现实的理想状态，罗尔斯的正义观念是普遍主义信念，事实上这种共识的达成只具有理论意义，但是可以把这种对问题的思考方式和处理方式运用到现实中来。

自由主义者始终是以抽象的人性为基础，秉持的基本观点是个人具有优先性，人的价值观和人的文化认同均是私人领域问题。个人是原子式的个人，其意义在于独立、自由和平等，个人既是目的本身也是终极的价值。自由主义认同价值多元，并且认为价值多元和文化多元紧密相连，尊重各民族文化，致力于各民族的平等地位。基于这种自由平等的理念，自由主义者认为族裔文化群体会热切希望成为自由国家的"原子"，享受到理想的自由、平等与公正。

当然，自由主义者并非完全抛弃群体的概念与意义，只是更多的自由主义者坚持个人权利的优先性。换言之，自由主义者注重保护个人权利、尊重个人价值观念和价值选择权，问题是现实中这种选择是在一定的社会和文化环境下实现的，而不可能存在"原初"式的理想状态。人的本质属性决定了人不会是"原子"，必然是在特定社会文化结构背景下进行着一定的交往活动，交往过程中就要遵守该社会共同体的共同要求。共同体的文化影响着个人的信仰和价值选择，从而规定了人们的思维方式和行为方式。在文化选择和价值认同上，自由主义者实行的是普遍的"非歧视原则"，即为确保公正，国家对任何文化都持价值中立原则，不促进亦不禁止，顺其自然发展，对客观上必然有着差异的不同文化群体予以"良善的忽视"。也有不同流派的自由主义学者反对价值中立，认为对少数群体文化应该给予差异对待，以调和差异的需求，实现真正平等。加拿大学者威尔·金里卡即赞同差异的对待。[1]

自由主义将人视为"原子"式孤立的个体，国家是保护这种"个人"权益的工具，在苏联解体、东欧剧变之后，特别是近几年来欧洲难民危机的出现，使自由主义原有的思维定式受到了冲击。民族主义的蔓延以及少数民族、移民或难民和所在国家的多数民族群体或原住民之间的激烈矛盾，使自由主义者不得不正视文化的社会属性和群体属性。文化不是"原

---

[1] 常士訚. 异中求和：当代西方多元文化主义政治思想研究[M]. 北京：人民出版社, 2009：275-276.

子"式的存在，文化具有历史性和社会性，民族的成员可以自主判断并选择自己所需的文化，但这种判断与选择是建立在民族文化底色上，而不是在一张白纸上随意涂鸦。即使放弃原有文化而改换门庭，实际上也做不到将原有文化做彻底的物理删除。无知之幕下基本的善，也是在一定文化底色上关于善的共识。价值认同，是基于先在基础上的选择、既定方向上的塑造。既要以人为本又要差异对待，既尊重个性又夯实社会主流文化环境，是值得当代中国汲取的有益养分。

（二）社群主义视野下的价值共识

社群主义产生于20世纪80年代，是当代西方最有影响的政治思潮之一，社群主义是伴随着批评新自由主义的过程发展起来的。自由主义理论的基石在于个人的优先地位，个人优于其所处的共同体，共同体是个人价值理想实现的工具。而社群主义强调的则是集体权利优先原则，社会和共同体文化对个人起到了塑造作用，个人的价值观和世界观也是由其身处的社群、社会和共同体文化所规定。社群成员是实质性地归属社群的，这其中就包括社群成员的目标和价值观应与社群的目标和价值观保持自然的一致，社群成员追求共同目标的过程亦即实现个人价值的过程。在社群主义看来，"自由主义强调个人的优先地位，而忽略了个人自由与幸福只有在共同体中才能实现。实际上，个人利益的实现离不开社会的共同利益。社会共同利益高于个人的自由权利"。[1] 社群主义者认为，由于人具有社会属性，脱离了社会和现实生活，人也就无法实现发展。在特定的社会背景和文化生活中，人们通过意会人类普遍情感，培育出理解自我和人类共同生活的深层理念，再在特定的社会生活和社群关系中探求善的本质，激发自身潜能。现实社会中不存在先于社会生活的超验的人，但这也不应作为忽略个人主观能动性的理由，如果一味强调社群优先于个人，就极有可能抹杀个人的主观能动性，个人与社会实质上是相互影响相互作用的。

---

[1] 常士訚. 异中求和：当代西方多元文化主义政治思想研究 [M]. 北京：人民出版社，2009：234.

社群主义推崇社群价值和公共利益,如果社群的利益与社会的发展进步相一致,那么个人、社群与社会将表现为和衷共济、勠力同心;而如果社群的利益与社会的发展进步不合拍甚至处于矛盾冲突状态,那么不仅表现为社群和社会的格格不入,个人的发展也会处于畏葸不前的境遇。现实社会中社群利益与社会利益相冲突的状况是比较常见的,社群主义这种画地自限的理论,面对现实的矛盾与冲突鲜有可行的对策,特别是在私有制国家,社会利益被各种利益集团攫取,社群之间、社群和社会之间的矛盾与冲突是社群主义难以解决的。

社群主义从自身的理论基础出发,过于强调道德的相对性和特殊性,认可各社会群体的特殊价值观,其必然结果就是默认各个特殊价值观之间的冲突,这使社群主义道德观有着相对主义和多元化的特征而止步于共同的、普遍的价值观探索与构建之前。但相对于自由主义来说,社群主义的理论基石建立在良好秩序的社群而非个人主义之上,进步意义明显。自由主义维护个人利益优先原则,加上市场经济对物质利益的过度追求,市场经济规则从经济领域逐渐向政治、社会等领域扩展,这些都更容易导致人们淡漠人生意义与精神价值。我们要消除现代化过程中个人主义、利己主义、拜金主义的大行其道,创建新时代中国特色社会主义社会,在一定程度上就是要协调好个体发展、群体利益与社会进步之间的关系。既要避免原发型市场经济自发性可能带来的混乱与风险,又能通过占主导地位的社会主义集体主义价值观整合个人利益与社会利益。

(三) 当代西方多元文化主义的异中求和

多元文化主义是在20世纪五六十年代伴随着对传统自由主义、普遍主义的省思产生的,主张所有的族裔文化都应该受到平等的尊重和承认,并以此保护少数族裔群体权利,实现族裔间的平等、公正、共存和共同发展。哈贝马斯的宪政民主思想、查尔斯·泰勒的"政治承认"和解构主义理论构成了多元文化主义的思想理论基础。国内有学者将多元文化主义分为四个思想流派,即以查尔斯·泰勒的"承认的政治"和迈克尔·沃尔泽的复杂平等论为代表的社群主义的多元文化主义;以威尔·金里卡、耶尔·塔米尔、威廉·盖尔斯敦、雅各布·莱威等为代表的自由主义的多元文化主义;以玛丽恩·杨的差异政治论和詹姆斯·塔利、比丘·帕瑞克的交互关系为代表的激进的多元文化主义;以内森·格莱泽、阿尔文·施密特、阿瑟·施莱辛格等为代表的保守主义的多元文化主义。[1] 尽管流派不同观点各异,但有着"文化差异"这一共同逻辑起点。

传统自由主义、普遍主义基于个人优先的原则,认为所有公民均有着平等的尊严和地位,多元文化主义认为这种"无视差异原则"意味着文化霸权。对一些少数族裔或社会群体而言,拥有相同的国籍,具备相同的公民身份,却可能觉得自己身处文化孤岛,游离在"共同文化"之外。造成这种局面的原因是多方面的,但主要是因为文化身份的不同,即存在着"文化差异"。文化的宏伟之处不仅在于指向诗和远方,更是铭刻乡愁的"精神家园"。多元文化主义认为与生俱来的族裔文化为内部成员提供了认同感和归属感,而这又使内部成员对可想象的界限和选择范围有了基本判别,当社会成员置身陌生的文化圈,精神上就会水土不服、无所适从。文化多样、价值观多元并不能削弱人们按自身文化范式参与社会实践的渴望,人有保卫家园的义务,也有护佑"精神家园"的责任,社会如果对所有群体一视同仁,就存在损害少数群体利益的可能,不仅做不到公平而且有可能违背平等原则,社会应该对处于弱势的少数群体给予更多的关注,给他们更充分的保护,"有差异"地保存和发展差异性的族裔文化。

查尔斯·泰勒作为一名社群主义者将个人归位于团体中的个人,更多地将目光投入人背后的文化问题,认为群体的人文环境决定了人的认同的内容和方向,提出"承认的政治"理念。泰勒批判了历史上出现过的"扭曲的承认"和"等级式的承认",将平等的承认——平等原则上的差异的承认确立在对个体和民族的"本真性"之上。所谓"本真性"实际是指社群所身处的长期历史发展中形成的文化和心理。泰勒试图在各执一端的多元文化主义和程序自由主义冲突之间找到"第三条道路",即"温和的自

---

[1] 常士訚. 异中求和:当代西方多元文化主义政治思想研究 [M]. 北京:人民出版社, 2009:233.

由主义",❶ 通过人际交往实现平等的认同和承认。迈克尔·沃尔泽所倡导的复杂平等论是要将不平等现象控制在自身所属领域，防止出现一种社会力量获得支配性地位。换言之，某一特定群体即使垄断了一个特定领域的善，也不能凭此跨领域支配社会物品的分配。

威尔·金里卡虽是自由主义学者，但也反对自由主义的价值中立，主张在保证政治秩序的前提下通过完善民主政治制度使不同文化群体在保存差异的基础上达成某种共识。"不再是将投票作为唯一的目的，而是更加重视投票前的讨论、沟通和协商，这种民主过程包容了更多的差异和冲突协调。也就是说虽然一致的结果仍然是由多数原则决定，但是这种一致并不是简单的多数表决，而是冲突和差异的基础上协商的结果，前者可能导致极权状态，而后者可以对权力的运行形成一种制约力量。"❷

激进的多元文化主义者玛丽恩·杨认为"公民在某些方面是相似的，但是相似并不是相同，而且相似性只有通过差异才能体现出来"。❸ 杨主张把差异纳入公共领域，构建"差异政治"。通过"差异政治"使不同文化群体不再隔离甚至可能共享经验，此时差异超越排他、对立和宰制，达到提升不同文化团体团结的目的。帕瑞克则批判了各种"中心主义"观点，认为不能以孤立静止的观点看待文化，文化之间应该进行交流与对话，文化多样化本身就是一种重要价值。

保守主义者阿尔文·施密特深刻批判了多元文化主义，认为文化平等即意味着既不能杜绝一些低劣文化，也不能区分国家文化和亚文化及反文化。他把多元文化主义看作现代的特洛伊木马，会助长国家分裂，影响美国的国家认同和凝聚力，带给美国深重灾难。而避免这种危险就是要创造超越族属认同的认同，塑造美国国家认同的美国信条。

多元文化之间必然有着种种矛盾与冲突，主要是由不同文化语境中成员的价值观、理想信念与其他文化的核心价值观和信仰不同造成的。但文

---

❶ 江晖，陈燕谷. 文化与公共性 [M]. 北京：生活·读书·新知三联书店，1998：321.
❷ 常士訚. 异中求和：当代西方多元文化主义政治思想研究 [M]. 北京：人民出版社，2009：281-282.
❸ I. M. Young. Justice and the Politics of Difference [M]. Princeton, 1990：98.

化之间是否真的具有"不可通约性",不同价值观间的矛盾与冲突是否真的不可调和,答案无疑是否定的。因为不论是从文化主体——人的自然属性还是人的文化属性来看,也不论是出于平等原则还是差异选择,文化之间都存在着公约数。这个或大或小的公约数,正是形成价值共识的空间。社会主义核心价值观是我国各族人民共同认同的价值观最大公约数,关乎国家前途命运,关乎人民幸福安康;和平与发展是世界各国最殷切的诉求,关乎人类命运共同体的构建。共识与合力成正比,共识越多合力越强。公约数越大,则个人、群体、阶层和国家的"朋友圈"也就越大。习近平总书记指出:"文明没有高下、优劣之分,只有特色、地域之别。文明差异不应该成为世界冲突的根源,而应该成为人类文明进步的动力……不同文明要取长补短、共同进步,让文明交流互鉴成为推动人类社会进步的动力、维护世界和平的纽带。"❶

---

❶ 习近平. 共同构建人类命运共同体——在联合国日内瓦总部的演讲 [N]. 光明日报, 2017－01－20 (02).

第五章 社会主义核心价值观价值共识的实践要求

社会主义核心价值观的价值共识是一个动态系统，任何一个环节存在短板都会影响到共识达成效果。第四章剖析的是对核心价值观形成价值共识的策略与理路，在实践过程中，这些价值共识进路必然要受到方方面面的影响，所以我们要进一步延伸和拓展核心价值观价值共识的实践空间，以提升核心价值观价值共识理论内涵，优化价值共识环境，通畅价值共识进程。恩格斯强调："我们的理论是发展着的理论，而不是必须背得烂熟并机械地加以重复的教条。"❶ 当代中国核心价值观价值共识的社会基础是新时代中国特色社会主义，中国特色社会主义本身也在不断完善和发展，这就要求对核心价值观的价值共识须与时俱进，深耕于当代中国社会实践，借力于新时代中国特色社会主义之"势"。

一、夯实基础：以国家文化安全为基点主导价值共识的构建

意识形态领域常常被人们视为一个没有硝烟却更为复杂和残酷的战场。经济全球化背景下的当代中国又处于社会转型的关键期，人们对于多样文化的选择和多元价值观的体认更加广泛与自由，这在客观上为形形色色的社会思潮提供了产生的空间和"发声"的平台，加上西方资本主义国

---

❶ 马克思恩格斯文集（第10卷）[M]. 北京：人民出版社，2009：562.

家在背后的推波助澜,造成各种社会思潮泥沙俱下、交织激荡,冲击了马克思主义在我国的指导地位,干扰了社会主义核心价值观的培育,影响了国家的文化安全。《人民论坛》综合筛选出2017年国内值得关注的十大社会思潮,分别为民粹主义、民族主义、生态主义、消费主义、泛娱乐主义、激进左派、文化保守主义、历史虚无主义、新自由主义、普世价值论。❶ 社会思潮所折射出的是社会成员不同的利益关切与价值取向,对此我们应给予高度的关注和积极的引导,正本清源、破立并举,净化文化生态,凝聚全社会价值共识。我们要牢记,"对社会主义思想体系的任何轻视和任何脱离,都意味着资产阶级思想体系的加强"。❷ 如果没有对社会思潮形成及时有效的引领,在国内外敌对势力包藏祸心的歪曲加工、扭曲炒作下,极易导致一般社会事件转化为热点话题、局部问题渲染营造为全局问题。值得我们警惕的是,各种不良社会思潮已呈彼此呼应、紧密合流之态势。例如,2014年上海外滩踩踏事件、福建漳州PX项目爆炸事故,还原事件真相的正面言论遭到"批判"与压制;又如,有些人在钓鱼岛争端、南海"仲裁"事件、"萨德"入韩时,受到极端民族主义与民粹主义鼓动而做出不理性的所谓爱国行为,在一定程度上扰乱了社会秩序、经济秩序和国家形象;再如,2017年北京市大兴区西红门镇发生重大火灾事故后,北京市为保障人民安全、坚决防范遏制各类事故所开展的"安全隐患大排查、大清理、大整治专项行动",被别有用心之人曲解和利用,导致部分群众产生负面情绪。历史虚无主义更是假借"理性反思历史"之名,极尽攻击和颠覆中国特色社会主义之能事。如果说多元社会思潮一方面给人们带来思想的自由和观念的解放,另一方面又让人们沉沦于文化价值选择的困惑与迷茫,那么错误社会思潮则在持续解构核心价值观的共识基础,不停消融人们对于社会主义意识形态的认同度。同时,错误社会思潮又对其他社会制度进行有选择、有目的、有组织的呈现和美化,让受众下意识地对经过包装的外来"美好"与经过丑化的本国"问题"进行比较,

---

❶ 陈琳,单宁. 当前国内社会思潮趋势走向 [J]. 人民论坛,2018 (06): 12.
❷ 列宁选集(第1卷) [M]. 北京: 人民出版社,1995: 327.

第五章 社会主义核心价值观价值共识的实践要求

催生民众不满情绪甚至是敌视心理，借此不断侵蚀社会主义意识形态的权威性、主导权和话语权，严重威胁到国家文化安全。引领社会思潮，维护国家文化安全，就必须要凝聚社会成员对社会主义核心价值观的普遍性价值共识，我们所要培育和践行的社会主义核心价值观，离不开马克思主义的正确指导，同时又能够夯实人民群众对马克思主义指导地位的认同。

国家文化安全是指一个国家的文化系统处在没有危险的平和客观状态。从外部来说，文化系统不受外来文化的挟制和渗透，或者有实力抵御外来文化可能存在的威胁和侵害，有能力全天候全方位地捍卫自己国家的文化主权；从内部来说，文化系统不受混乱与疾患的困扰，能够和谐稳定健康地运行发展，国民精神文化生活积极有序，人们拥有向上向善的精神风貌，内心充盈而自信，对本国的文化怀有强烈的归属感、认同感和自豪感。文化是一个民族、一个国家存续之根本，丧失文化安全，则是动摇了这个民族或国家的根基。马克思指出："如果从观念上来考察，那么一定的意识形式的解体足以使整个时代覆灭。"❶ 所以，文化安全是国家安全基本内容中更基础、更广泛、更深层的安全。价值观作为文化的核心，决定了文化的根本性质和前进方向，在国家文化安全中具有"领头羊"般的特殊地位和作用。维系和稳固文化安全离不开价值观的指引，尤其是核心价值观的引领，如果不能占领价值高地，国家文化安全状况就会堪忧，社会发展将偏离正确方向。可以说，主导价值观安全是文化安全诸多维度和组成部分中的关键一环，也是决定文化安全的关键一招。切实维护好核心价值观安全，是实现中华民族伟大复兴必不可少的前提条件和文化支点。

（一）"破"与"立"：文化安全以价值共识而定

培育社会主义核心价值观是凝聚社会共识的过程，也是明是非、鉴真伪、辨美丑、知荣辱的过程，更是厘边界、画底线、定标准、立规矩的过程。维护国家文化安全，我们应该明确要倡导什么样的价值观、否定什么样的价值观，树立什么样的价值观、破除什么样的价值观。不"破"不

---

❶ 马克思恩格斯文集（第 8 卷）[M]. 北京：人民出版社，2009：170.

"立","立""破"并举,两手都要抓,两手都要硬,以此不断深化对核心价值观的价值共识。

"破"与"立",是构筑社会主义核心价值观的现实需要。中国传统文化在五千多年的历史演进中培育出具有丰富内涵并且博大精深的价值观,然而,由于我国传统价值观发轫、成熟、繁荣、高峰于传统农业文明社会,而当代中国社会与传统社会,在社会实践基础、人文环境和时代特征等方面已然发生了天翻地覆的变化。中国传统价值观能够为当代价值共识提供丰富的价值元素,但是,这并非可以理解为全部的传统价值观元素都可以直接注入当代社会价值观系统,只有对传统价值观中主流的积极因素加以"创造性转化"和"创新性发展",拓展其内涵、锤炼其功能、提升其品格,方能使其获得大众的继续认同。由此,就今天中国而言,要根据现实的世情、国情、社情重新梳理、确立和弘扬传统价值观中主流的积极因素,摒弃与当代中国社会价值发展方向相抵触或相背离的非主流的消极因素,而这无疑是一项复杂的精细的理论性极强的科学系统工程。与此同时,我们更要警惕和抵制西方的理论思潮和价值观念对我国文化安全造成的冲击和威胁,特别要对当代社会中流行的新自由主义、物质主义、消费主义和极端个人主义进行积极有效的批驳,使人们清醒地认识到西方不良价值观的本质以及任其泛滥的严重危害性。西方不良价值观的渗透,在国家层面意欲美化资本主义,污名化社会主义;在社会层面上意欲撕裂共识,动摇人们普遍的理想信念;在个人层面上意欲培植认同西方价值模式的"精英"和宣传西方文化价值观的"代言人"。如果长期对西方不良价值观的渗透听之任之,其结果是,要么让人们对中国社会主义核心价值观的共识难以达成,要么则是达成西方资本主义所乐见的"共识"。一旦出现这种情况,那就意味着社会主义核心价值观价值共识的根基被破坏,中国优秀价值传统这一精神命脉被割断,国家文化安全岌岌可危。为此,我们必须在理论上破除西方文化价值观对当代中国核心价值观价值共识的消融和解构,避免陷入西方文化价值观语境的话语窠臼,在实践上树立起社会主义核心价值观。

构建对核心价值观的价值共识,培育和践行社会主义核心价值观,本身就要否定和破除与核心价值观相冲突或相背离的价值观。倡导"富强"价值观，就要破除唯利是图、为富不仁的价值观和甘贫懒惰、不思进取的价值观，更要有力批判物质主义、享乐主义和拜金主义。致力于消除两极分化，实现共同富裕。倡导"民主"价值观，就要坚持以人民为中心，保证人民当家作主，破除专横、独断等不良风气，彻底批判资产阶级民主的抽象人性论性质，揭露其欺骗性和虚伪性本质。社会主义民主应该是、事实上也是比资本主义民主更高层次的民主，是对资本主义不彻底民主的否定和超越。倡导"文明"价值观，就是把社会发展的合规律性与价值共识构建合目的性协调统一起来，将文明引导与道德自觉有机结合，破除野蛮和愚昧，行文明之风，塑礼仪之邦。倡导"和谐"价值观，就要自觉协调各种社会关系，特别是协调利益关系，既要坚持原则，又要求得平衡；既要尊重差异，又要包容多样，破除多元价值观间的对抗与冲突，谋求"和而不同"的价值共识之路。倡导"自由"价值观，就要将"自由"与"人的解放"紧密联系起来，"自由"是自然法则和社会法则之下的"自由"，逾矩的"自由"是恣意妄为，实质是对"自由"的践踏。社会主义"自由"价值观是融追求最高社会价值理想、遵循现实价值规范、提高价值辨别能力于一体的价值观子系统，这就要求破除一切禁锢人们思想解放与个性解放的枷锁，特别是物欲枷锁、等级枷锁、心理枷锁。倡导"平等"价值观，"平等"是社会主义的本质价值追求，社会主义"平等"观是对私有制中虚假"平等"的否定和超越，使公民享有真正平等的权利与人格，在法律面前有着平等的地位，拥有着平等的机会、平等的起点和平等的社会规则，破除等级之分、平均主义等观念对平等的价值、制度和体制的不利影响。倡导"公正"价值观，就是从根本上消弭隔离、对抗和分裂，这是实现社会共识的基础。公正作为社会主义的内在要求，是中国共产党人的一贯主张和奋斗目标，当代中国要着力破除影响公正的各种阻碍，特别要重点解决分配不公的问题，同时还要打破既得利益集团对社会公平公正原则的损害和对继续深化改革的阻碍。倡导"法治"价值观，坚持全面依法治国，首要的是树立法治价值观，敬畏法律，有底线意识，以法律规范为个人社会行为的圭臬，破除中国传统社会人治观念的不良影响。倡导"爱国"价值观，以爱国主义为核心的民族精神是中华民族薪火相传、生生不息的精神支柱，我们要确立理性爱国，坚决反对损坏国家利益、危害国家安全，甚至煽动分裂国家的思想与行为。倡导"敬业"价值观，敬业是实现民族复兴的动力之源，敬业就是要做到乐业、精业与奉献，它是实现人生价值和社会价值的基本途径。倡导敬业价值观也就是对玩忽职守、消极怠工、渎职失职等价值观的否定。倡导"诚信"价值观，诚信是社会共识之基，所体现的是一个人内在的修养与品质，让人具有高尚的人格力量。在当代社会，诚信作为一种"社会资本"，是人们社会公共领域的交往规矩和政府机构的施政准则。树立诚信价值观，就是对一切失信、欺诈价值观的否定。倡导"友善"价值观，有利于化解社会矛盾，提高公民幸福指数。友善所内含的尊重、理解和宽容，正是达成核心价值观价值共识之所需。树立友善价值观，就是要消除现代社会人际关系淡漠、社会成员麻木不仁等社会问题。

基于国家文化安全制高点主导核心价值观价值共识的构建，要做到"一破一立"，不破除落后、消极的价值观念，就不能为核心价值观价值共识创造良好的社会环境，更会干扰到社会主义核心价值观的培育。同样，牢固树立社会主义核心价值观，本身就是对落后、消极的价值观的否定和超越。"破"与"立"之间相辅相成，互相促进。"一破一立"，澄明先进价值观取向，维护国家文化安全。确立积极价值观和破除消极价值观应该遵循以下三个原则：一是符合马克思主义价值学说原理和马克思主义中国化理论成果的需要；二是契合中国特色社会主义建设的实践要求；三是合乎改革创新时代精神的主旨。

（二）"护"与"传"：文化安全以价值共识为用

基于国家文化安全制高点核心价值观价值共识的构建，还要坚持护佑中国优秀传统价值观这一国家文化安全基础，"基础不牢，地动山摇"，护佑中国优秀传统价值观就是守护中华民族的文化血脉和精神命脉。同时，努力推进中国核心价值观国际传播，自觉抵制西方文化价值观的渗透，主动争夺价值观话语权，提升社会主义核心价值观的凝聚力、影响力和竞

第五章 社会主义核心价值观价值共识的实践要求

争力。

"中国特色社会主义文化,源自于中华民族五千多年文明历史所孕育的中华优秀传统文化,熔铸于党领导人民在革命、建设、改革中创造的革命文化和社会主义先进文化,植根于中国特色社会主义伟大实践。"❶ 护佑中国优秀传统价值观,首先要抵御新儒化思潮的冲击,护佑中华优秀传统文化。我们的文化建设,走的是一条返本开新之路。党的十八大以来,以习近平同志为核心的党中央立足全局,将中华优秀传统文化视为中华民族的"根"与"魂",从国家战略资源的高度守护优秀传统文化,从中国特色社会主义实践出发创新和转化优秀传统文化。中华优秀传统文化凝聚着中华民族最深沉的精神追求,反映了中国人民最深层的文化认同,是实现民族复兴的根本性力量。明确中华优秀传统文化的地位和作用,大力传承和发展优秀传统文化,并非是"尊孔崇儒"。历史经验也告诉我们,儒家思想不可能构筑出现代中国社会。而新儒化思潮,意欲借助当代中国传承和弘扬中华优秀传统文化之机,行儒化共产党、儒化中国、儒化社会主义之实,其根本主张实质是"去马归儒"。对待优秀传统文化,正确的态度是坚持古为今用,而不是厚古薄今;是以古鉴今,而不是以古非今。从根本上讲,是中国共产党使传统文化凤凰涅槃、浴火重生,"去马克思主义""去党的领导",中国传统文化势必再度跌入谷底,遑论传承与发展。新儒化思潮因其具有较强的隐蔽性,容易篡改传统文化发展前进方向,捍卫中华优秀传统文化,就要有效抵御新儒化思潮。其次要抵御历史虚无主义思潮的冲击,护佑中国革命文化。历史虚无主义和"全盘西化"论始终如影随形,历史虚无主义借"反思历史"之名,行"去史灭国"之实。贬损和否定中国共产党领导下的中国人民争取民族独立和人民解放的革命史、斗争史,丑化、污蔑和诋毁中国共产党的领袖和革命英雄先烈。同时,为历史上的反动人物翻案、唱赞歌,混淆人们的是非观,搅乱人们的思想,消解主流意识形态。历史虚无主义颠倒黑白、搬弄是非,瓦解民族向心力和

---

❶ 党的十九大报告学习辅导百问编写组. 党的十九大报告学习辅导百问 [M]. 北京:党建读物出版社,学习出版社,2017:32-33.

凝聚力,在根本上动摇我国立国之本、冲击我国强国之路,摧毁我国复兴之梦。捍卫革命文化,就要有效抵御历史虚无主义思潮。最后要抵御"普世价值论"思潮的冲击,护佑社会主义先进文化。"普世价值论"与新自由主义、宪政民主等思想紧密勾连。"普世价值"所宣扬的是现代化之路只能是西方资本主义道路、现代国家的构架只能是西方资本主义制度、核心价值观也只能是西方世界的价值观。"普世价值论"混淆了价值观的一般性与具体性、普遍性与特殊性,只能给人们带来虚无缥缈的"共识幻觉",其祸心在于"把蛮横的'文化霸权'和落后的'冷战思维'冒充为当代人类的价值共识,为其进行'价值观渗透'提供道义伪装"。❶我国如果追随、认同西方价值观,"以西为美""以西为是",那么中国社会将丧失历史感与方向感,怀疑主义将笼罩在人们的头上,当"普世价值"泡沫破裂,留给中国的必然是价值世界的千疮百孔与支离破碎。

巩固文化安全,构建社会主义核心价值观共识,一是要增强马克思主义主流意识形态的作用与功能,加强对思想宣传阵地的管理。坚持马克思主义在文化领域的领导地位,不断增强马克思主义对社会大众的吸引力和影响力,继续深化社会主义核心价值观的培育,使其成为人们的思想共识和行为准则。二是要加快构建中国特色哲学社会科学,"人类社会每一次重大跃进,人类文明每一次重大发展,都离不开哲学社会科学的知识变革和思想先导"。❷构建中国特色哲学社会科学,是现实的需要、时代的呼唤和历史的重托,"中国人民需要共同的理想信念,这就需要哲学社会科学为我们拓展和升华理想的视野;社会成员需要共同的道德规范,这就需要哲学社会科学为我们梳理澄清人生观和价值观"。❸三是要加强对社会思潮的引领,提高政治意识和政治站位,不断提升把握舆论导向能力,科学有效地控制错误思潮在社会大众中的传播,降低其危害性。四是要整体推进我国经济、政治、文化、社会和生态文明协调发展,为防御错误社会思

---

❶ 侯惠勤. "普世价值"的理论误区和制度陷阱 [J]. 实践(思想理论版),2017 (07):38.
❷ 习近平. 在哲学社会科学工作座谈会上的讲话 [N]. 人民日报,2016-05-19 (02).
❸ 韩震:加快构建中国特色哲学社会科学的意义 [EB/OL]. http://news.cssn.cn/zx/bwyc/201705/t20170517_3521342_1.shtml,2017-05-17.

第五章 社会主义核心价值观价值共识的实践要求

潮,构建社会主义核心价值观创设良好的环境和氛围。

维护国家文化安全,仅仅依靠护佑自身优秀文化价值观在某种意义上说是一种被动的应对。传播是一个价值观形成、发展、发挥功效的基本途径和动力来源。一个民族、一个国家的核心价值观如若没有"走出去"的胸怀,长此以往就会陷入并习惯于自我封闭的状态,没有学习与交流、缺少碰撞与互鉴的核心价值观,最终只能是闭门造车、画地为牢,因自我孤立而丧失活力,因疲于应对异质文化价值观渗透而渐趋消解、消亡。核心价值观只有勇于在全球范围内开展高层次、深程度的传播与互动,才有希望走出一条自我更新、提质升级之路。"风物长宜放眼量",只有积极推动核心价值观的全球性传播,才能不断突破自身的文化局限性,以交流碰撞的火花照亮核心价值观价值共识方向。同时,在核心价值观交流互鉴中增强国人的文化自信,夯实社会主义核心价值观的认同基础,筑牢护卫国家文化安全的价值观长城。所以说,一个民族、一个国家的文化安全,不仅取决于其独特的核心价值观内涵和魅力,强劲的传播能力、多样的传播方式、纯熟的传播技巧以及精准的传播策略同样至关重要。

习近平总书记在党的十九大报告中指出,要"推进国际传播能力建设,讲好中国故事,展现真实、立体、全面的中国,提高国家文化软实力"。❶ 从严格意义上讲,核心价值观的传播应该分为对内和对外两种方式。对内是构建核心价值观的培育和传播体系,通过核心价值观共识巩固人们的思想文化防线;对外是利用经济贸易往来、文化间的交流、外交政策以及国际交往等方式,扩大当代中国核心价值观的辐射半径,提升社会主义核心价值观的辐射能力,"讲好中国故事,传播好中国声音,阐释好中国特色"。❷ 我们这里主要阐述如何做好核心价值观的国际传播问题。传播社会主义核心价值观,基本目标是使国际社会从误读、抵触、歪曲中国核心价值观元素和价值观意义转变为正面认知和正确理解、充分认可和基本认同当代中国核心价值观念。高级目标是为全人类共同价值提供中国智

---

❶ 党的十九大报告学习辅导百问编写组. 党的十九大报告学习辅导百问 [M]. 北京:党建读物出版社,学习出版社,2017:35.

❷ 习近平. 习近平谈治国理政 [M]. 北京:外文出版社,2014:162.

· 169 ·

慧和中国方案。中国智慧从不用于制造争端，而是为了解决问题；中国方案也从不谋求强加，而是给世界提供可参考的全新范本和别样借鉴。推进核心价值观的国际传播，首先要勇于开展价值对话。中西方主导价值观由于历史的原因存在着势差，这种势差不会因回避西方价值话语的诘难而得以弥补，也不会随着时间流逝而自然消失，中国价值观只有在与西方价值观的对话和交锋中，才能揭露其蛊惑性价值话语背后包藏的祸心，也才能彰显自身文化价值观的进步性。其次要遵循核心价值观传播规律。在文化交往全球化过程中，应该遵循由易到难，由中国传统文化价值观到当代中国价值观，由生活领域价值理念到思想领域价值理论传播的原则。由易到难，以西方世界比较熟悉的价值观为交流切入点，逐步引申到中国特色的价值理念。由中国传统文化价值观到当代中国价值观，是因为中华优秀传统文化中所蕴含的价值思想是全人类的价值财富，相对当代中国价值观来说，西方更易于接受一些。从生活领域到其他领域，可借助生活领域中的中国符号，比如中国饮食文化、中医药文化、中国功夫、中国高铁等传递中国人爱好和平、追求美好生活的价值观。最后要注重传播技巧，协同多种方式，增强核心价值观传播实效。有些价值观间的冲突源于彼此的不了解，有些不了解则源于真相被隐瞒或篡改，大多数西方人对当代中国价值观的傲慢与偏见，主要源自西方主流媒体对华的负面报道和引导。不将"一叶障目"的树叶拿掉，就无法看到整个森林。就如西方所炮制出的"中国威胁论""修昔底德陷阱"，这一所谓的"铁律"或许契合了西方的主流价值观念，但是中国价值体系中恰恰没有侵略他人的基因，"修昔底德陷阱"实质是强加给中国的一个伪命题。协同多种方式推动当代中国核心价值观的传播，要做到"一是多学科传播""二是显性传播与隐性传播相结合""三是直接传播与间接传播相结合"。[1]

（三）"补"与"合"：文化安全以价值共识而强

先进文化是社会发展进步的内在驱动力，文化本身也在社会发展进步

---

[1] 沈贺. 文化软实力视域下社会主义核心价值观的国际传播 [J]. 社会主义核心价值观研究，2018（02）：33.

中实现自我更新。每一种文化都有其合理性和局限性,中国文化亦如是。中国几千年的农业文明构筑了深层文化结构,积淀了深厚文化精神,其中积极、合理的价值观成分是主流,但消极的、落后的价值观念也仍在时隐时现地影响着人们的思维和行为。我们应该辩证地看待自身价值观和他者价值观的合理性与局限性,唯有如此才能清醒地知道自身价值观存在的缺陷和不足,既避免盲目自大,又避免妄自菲薄,并针对所缺乏的价值精神进行"靶向式""精准化"补充和综合创新型整合。"补充"和"整合"是构筑核心价值观的基本方式,也是增强国家文化安全的必要手段。

客观地讲,理性分析和评价自身价值观的合理性与局限性是比较困难的事情,最常见的路径是与他者价值观进行比较,以此对自身有一个恰当的定位。当以他者价值观作为参照系时,又必然会选择强势的价值观,而这样引申的问题是容易导致狭隘地、片面地理解和对待自我与他者价值观。近代以来中国文化发展史已经证明了这一点,在面对西方文化时,巨大的差距所带来的心灵冲击和心理落差几乎摧毁了中国人对自我文化的认知。面对当时西方强势文化,中国人要么强烈感到被支配、被控制的屈辱感,进而迸发出奋发图强的自觉意识;要么就是在极度自卑情绪下产生了极度自尊,进而产生对外来文化的一味拒斥和对自我文化的盲目依赖。前者容易产生文化激进思想,后者则容易形成文化保守主义心态,二者均是非理性的价值思想。事实上,有差别甚至是有差距是世界的"原生态",文化上的差距既来自文化间的势差,也来自时代的代差。文化间的势差并不代表价值观优劣,无非是各自价值观的取向与积淀不一而已;然而文化间的代差,所体现的却是价值观的时代性,意味着共时态语境下何种价值观顺应时代发展潮流,符合时代进步要求。以义利观为例,中国传统社会由于生活资源有限,提倡重义轻利的价值取向以有利于宗族社会的稳定,而这种价值取向客观上妨碍了人对利益的正当价值追求,进而阻滞了经济的发展和社会的进步。当代中国仍然处于社会主义初级阶段,这就要求我们必须坚持以经济建设为中心,弥补传统文化价值观中的不足,正视利益对人的感召力,将原来重义轻利观念转变为义利并重。所以说,"传统"是一个传递、传承的概念,更是一个依据时代发展要求不断补充新的价值元素的动态概念。对于"传统",我们要有系统的辩证的认识,既不能不加辨别地"传而统之",也不能简单地否定与抛弃。我们一方面生活在"传统"之中,另一方面又会立足当下现实生活需要,对"传统"不断进行有益的改造,注入时代所需而又是"传统"所缺的价值理念。

通过以上分析,我们大致可以得出这样一个结论,把脱离历史条件的、以儒家为核心的中国传统文化完全复制到当代中国社会,不可能解决中华民族伟大复兴的问题;脱离具体的社会条件实施"全盘西化",显然不符合中国国情,注定是搅乱人们的价值思想,是把中国推入万丈深渊的做法;西体中用论,其"理论的前后矛盾性以及调和矛盾而产生的二元论倾向显然也不符合中国文化的选择标准"。❶ 当代中国只能走自己的价值观发展道路,那就是以中国文化为基,辨别其中的主流积极价值因素和非主流的消极价值因素,并结合当代中国社会实践要求,检视自身价值体系,对所欠缺的价值理念,例如法治观念、个体自由、主体性、创新性等进行有针对性的补充,不断丰富价值元素、丰硕价值体系、增强价值的力量。当然,补充的过程要把握好度,以科技理性为例,建设社会主义现代化强国,离不开科技理性,但我们也要意识到工具理性所引发的深刻危机,不能由此而导致价值理性的失落,让人沦为"单向度的人"。

以国家文化安全为基点主导核心价值观价值共识的构建,还要进行多元价值观综合创新型整合。"文化价值观不仅是界定国家利益的根据,而且本身也是国家复兴的重要内容";"国家文化安全是价值观整合的重要尺度"。❷ 综合创新型整合是指把各种分散的、孤立的甚至是冲突的多样价值观创造性地整合成符合自我利益诉求,能够"为我所用"的价值体系。价值整合既是对具体价值的超越,又可以反过来对人们的具体价值实践提供价值导引。价值观综合创新型整合,首先要树立正确的价值观整合观念。一是遵循整合规律,也就是遵循矛盾规律,促进矛盾转化。二是对多元价值观开展批判性的吸收和创造性的发展。三是秉持平等包容的态度处理好

---

❶ 裴德海. 从一般价值到核心价值——社会主义核心价值观培育与践行的双重逻辑 [M]. 合肥: 安徽教育出版社, 2012: 143.

❷ 沈洪波. 全球化与国家文化安全 [M]. 济南: 山东大学出版社, 2009: 240-241.

价值观的"多"与"一"。其次要处理好现代化、传统和社会主义这三大关系。现代化发源于西方，但中国的现代化无论是在体量上还是在内涵上，都要全面超越西方社会的现代化标准；中华传统文化是我们无法割舍的精神家园；社会主义是当代中国的本质特征，中国人民共享社会主义带来的国家繁荣和发展，社会主义亦已成为一种深入人心的价值追求。有效整合现代化、传统和社会主义三者间的关系，形成既相互融通又相互制约的张力机制，应该是构建当代中国价值观的重要切入点。最后要坚持指导思想的一元化，以社会主义核心价值观为指向开展多元价值观整合。只有"一元主导"下的价值观"多元并存"，才不会使思想文化领域陷入混乱。同样，没有社会主义核心价值观，价值整合就没有方向，并且缺乏有效有力的引领，中国也不可能成为完全意义上的文化强国。必须要说明的是，我们进行的价值观综合创新型整合，一方面是避免被其他任何价值观"同质化"；另一方面也并非要构建出一种与西方发达国家的理性文化精神完全不同并取而代之的价值观，而是要在整合优质价值资源的基础上，丰富我国文化形态，提高我国文化质量，满足人们日益增长的美好生活需要，并且在全球共同的文化关切上争取中国核心价值观的话语权和主动权。这才是当代中国核心价值观价值共识的合理的科学的价值定位和发展方向，能够最大限度地维护国家文化安全。

二、强化符号：以中国梦为文化符号凝聚价值共识认同选择

2012年，习近平总书记在参观"复兴之路"展览时首次提出了"中国梦"的概念。从此，"中国梦"作为一种新的指导思想和新的执政理念，贯穿于中国改革发展的伟大进程，成为当代中国人民最大的价值理想。"实现中华民族伟大复兴，是近代以来中国人民最伟大的梦想，我们称之

为'中国梦',基本内涵是实现国家富强、民族振兴、人民幸福。"❶ 中国梦以可以企及的"诗与远方"的文化图景、立足现实而又着眼未来的开放式价值景观,给当代中国提供了最具激发意义的不竭动力源泉。由此可见,"中国梦"体现了中华民族共同的梦想和期盼,沉淀了中华民族最高层次的精神追求。

(一)以"中国梦"为文化符号凝聚国家认同

中国拥有五千多年的悠久历史,中华民族在彼此间的密切交往中互相交融,彼此依存,休戚与共,中国文化在传承发展中以宽广的胸怀吸收、消化外来文化的精华,通过不断地整合重组而生机勃勃、延续至今。在不同的历史阶段,中华民族通过获得普遍共识的主流价值观和共同的文化记忆紧紧团结在一起,这是中华民族历经磨难而长盛不衰的深层原因。历史上中国主流价值观共识增进了人们对国家的认同,维系了国家的统一,在新时代社会主义核心价值观价值共识也一定能够汇聚实现中华民族伟大复兴中国梦的精神力量。

经过四十多年的改革开放,今日的中国"比历史上任何时期都更接近、更有信心和能力实现中华民族伟大复兴的目标"。❷ 而中国梦的提出,呼应了处于历史交汇期的当代中国人民的需要与期望,成为体现中国风格、中国气派的亮丽名片,成为推动中国特色社会主义建设的精神旗帜。今天的中国也的确需要"中国梦"这样饱含理想、充满力量的文化符号,凝聚属于中华民族独特的民族精神和中国价值,并把中国精神提升到国家认同的高度,从而服务于实现中华民族伟大复兴。国家认同是推动"中国梦"实现的核心精神力量。对于如何实现中国梦,习近平总书记曾明确指出:"每个人的前途命运都与国家和民族的前途命运紧密相连。国家好,民族好,大家才会好。实现中华民族伟大复兴是一项光荣而艰巨的事业,

---

❶ 习近平. 顺应时代前进潮流 促进世界和平发展——在莫斯科国际关系学院的演讲 [N]. 光明日报, 2013-03-24 (02).

❷ 党的十九大报告学习辅导百问编写组. 党的十九大报告学习辅导百问 [M]. 北京: 党建读物出版社, 学习出版社, 2017: 12.

第五章　社会主义核心价值观价值共识的实践要求

需要一代又一代中国人共同为之努力。"❶

中国梦源自历史上中国曾经屹立于世界民族之林的文化记忆,更源自近代以来因落后而"挨打"的一百多年的屈辱史,强烈的历史反差和苦难的民族经历,催生出比世界上其他民族更为强烈的复兴诉求。循着中国文化的轨迹,我们不难发现,作为中国梦主题的中华民族伟大复兴是近代以来中华民族共识的价值目标,集中体现了中国人民追求民族独立、人民解放、国泰民安的价值信念和价值理想。作为主流意识形态的应然要求与人的自我价值观念实然状况的统一,中国梦走出"高深"的理论研究和"抽象"的话语体系,以简洁平实的大众语言风格,以接地气的话语方式,将当代中国社会的共同理想与共产主义远大理想紧密联系起来。中国梦是共产主义在当代中国的具象化,充分证明了共产主义理想的现实性和可完成性。中国梦是对中国特色社会主义发展目标的诗意描述,把共产主义远大理想与当代中国共同理想无缝对接起来,对于构建社会主义核心价值观具有性质规定和方向指导作用。

国家认同是一个国家最基本的认同,为了维护国家的和谐统一,在全球化的今天,我们应当以共同的中国梦作纽带,共筑同一个以中国梦为核心的精神家园。中国梦的建设主体是人民群众,每一个公民都应具备中华民族共同体的意识,把国家认同放在首位,通过国家认同,进一步筑牢中华民族的共同理想,积累14亿多中华儿女共同的民族意识。没有共同的文化和信念,就不可能构成真正统一的国家。实现"中国梦",建设中华民族共同的精神文化家园,以"中国梦"为政治策略,构建符合国家认同需要的意识形态。我们的目标应该使文化认同与国家认同基本一致,进而保证国家和谐和平发展。政策和法规也应对强化国家认同提供必要保障,必须在全国各族人民的实践活动中产生和提炼中华民族共同体意识,以塑造属于我们的中国精神。

以"中国梦"为文化符号凝聚国家认同,首先要提升国家综合实力,增强中国梦的说服力。经济基础决定上层建筑,社会的物质生活水平制约

---

❶ 习近平. 习近平谈治国理政 [M]. 北京:外文出版社,2014:36.

了人的思想状态。强大的综合国力是中国梦梦想成真的客观基础,也是中国梦获得普遍认同的必要条件,否则人们对于中国梦的认同就只是停留在文字层面。当前,人们对美好生活的需要是中国梦落地生根的主要原因,而中国社会不平衡不充分的发展问题则是影响人们对中国梦认同的根本原因。社会生产力水平高低、社会公平正义与否,都会映射到人们对中国梦的理解、体验和感受层面。只有经济不断发展,社会不断进步,人们的幸福感、获得感、尊严感不断增强,让人们真切感受到社会主义的优越性和中国梦的强大说服力,才能更好地激发人们对国家、民族和中国梦的认同。其次要改善社会民生,增强中国梦的亲和力。中国梦是国家的梦、社会的梦,也是个人的梦,要实现人们对中国梦的认同、对国家的认同,就要充分发挥中国梦终极价值目标的指引功能,即实现人的自由全面发展。只有代表最广大人民群众的根本利益,创造公正和谐的社会环境,使人们平等参与到中国梦的实践并且共享"中国梦"的红利,才能让中国梦对普通公民同样具有亲和力。最后要促进制度建设,增强法治保障。依法治国"事关我们党执政兴国,事关人民幸福安康,事关党和国家长治久安",[1]事关中国梦的实现。依法治国,加强制度建设和法治建设,是社会主义市场经济和民主政治的本质要求与根本保障,是改善民生,推进社会治理现代化的必由之路。

(二) 以"中国梦"为文化符号凝聚文化认同

国民特质决定国家风格,国民特性是特定国家风俗习惯、思维方式、行为方式和文化价值观的具象化。有什么样的文化就有什么样的国民特质,"不仅我们创造了文化,文化也创造了我们。个体永远不能从自身来理解,他只能从支持他并渗透于他的文化的先定性中获得理解"。[2] 一个国家即使硬实力再强悍,如果没有能够激起国民共鸣的文化底蕴,就不能称之为一个大国。中国梦没有文化的支撑、缺乏价值的共识,要么是"梦在

---

[1] 中共中央关于全面推进依法治国若干重大问题的决定 [N]. 光明日报,2016-10-29 (01).

[2] [德] 蓝德曼. 哲学人类学 [M]. 彭富春译. 北京:工人出版社,1988:273.

无梦的夜里",要么是成为一个丧失主体性、匮乏自觉意识的"梦游者"。我们更不可能梦着他者的梦,梦着别人的梦,把别人的理想梦幻成自己的未来,要么迟早梦碎,要么是场噩梦。基于共同文化基因的文化认同将人们紧紧吸引在同一个文化生态圈内,所强调的是社会共同体精神文化的历史同源性和现实内聚性,展现民族和社会特有的价值符号和价值信仰。以"中国梦"为文化符号凝聚文化认同,可以最大限度地号召持有相同或相近价值理念的志同道合者加入"朋友圈",同时也能够形成合力,规避人们"退群"现象的发生。

文化认同是确认人们归属于何种文化体系,是一种历史性的生命意义探寻与构建的参与过程。文化认同包括文化形态认同、文化规范认同和文化价值认同三个层次。一个人在社会生活中可能拥有多重身份,身份是指个体或群体根据其所具有的社会属性,对自身在社会关系中的定位判断。所谓"人以类聚",身份在某种意义上就是一种分类的结果。身份具有规定性和被规定性,规定性是指个体或群体可以以主观性的活动去争取和获取身份,被规定性则是指个体或群体被其他个体或主体依据一定的规则所做出的价值判断的规定。在人的诸多身份中,文化身份无疑居于核心位置。人成长的过程就是文化影响和熏陶的过程,从语言、思维、生活方式到价值观念,都在不知不觉中进入特定的思想文化轨道。相对于其他社会身份而言,文化身份更为稳定和牢固。也就是说,融入一个文化圈是个长期的过程,而退出某个文化群也是个很艰难的事情,一个人或群体的文化所承载的价值观一经构成体系,就较难从根本上改变。而文化身份的确认,实质上是文化认同的必然结果。文化认同是国家认同与价值认同的中介,也是中国梦和核心价值观的中介,将理想化的信仰追求同现实化的价值观念紧密连接起来,同时也是将情感化的精神力量同理性化的价值判断紧密连接起来。文化认同使中国梦落地生根,又明确了核心价值观构建方向,在稳固社会主义意识形态过程中发挥着上下贯通融合的重要作用。

以"中国梦"为文化符号凝聚文化认同,主要须做好两点:一是要坚持民族性与时代性的有机统一。文化仿若一条历史长河,个人或群体是一颗颗水珠,只有汇入长河才会获得生命的意义。坚持民族性,就是从

"我"到"我们"的价值认同过程。虽然一个民族的文化在发展过程中需要吸收其他民族的文化精华，或受到其他民族文化的影响，但文化的民族性并不会因此而消失，消失民族性的文化必然意味着消亡。坚守文化的民族性，延续民族的文化血脉，提高民族精神的独立性，有助于文化自信和价值观自信。在"世界历史"时期，民族文化的壁垒逐渐被打破，任何文化都是要先扎根于一个时代，进而获取超越时代的潜质。一个民族或一个时代不会只有一种文化，而一种文化只有兼具民族性和时代性，才有进一步发展进步的可能。中国文化要在坚持民族性的基础上与时代实践紧密结合，这也是关于发展中国文化的基本共识。二是要尊重差异，包容多样。我们既要以深邃的历史眼光看待价值观的多元化，更要以问题导向的思维方式换位思考他者的价值选择，努力做到对个体的尊重与关怀。以宽广的胸襟包容、接纳和改造异质的价值观精华，对内汇聚人心，对外影响世界。

（三）以"中国梦"为文化符号凝聚价值认同

文化认同决定了社会成员以共同体的关系存在，这构成了中国梦认同的起点，也确证了中国梦认同的深层本质是价值认同。价值的实质在于价值的有效性，在中国特色社会主义实践中，人们不断深化了对中国梦的地位和作用、价值属性和实现方式的认识，绝大多数社会成员自觉响应中国梦的价值召唤，将中国梦与自身价值需要统一起来，进而使"中国梦"成为中华民族共享的文化符号、价值理念与行为规范。以中国梦为价值行为的判断准则，不仅能够排除多元价值观的纷扰，而且还能消解社会成员个体的价值困惑。立足于社会实践，满足人们自由全面发展的需要，逐步抽象出中国梦价值认同的时代张扬性与现实体验性，升华中国梦的特有价值共识。

习近平总书记指出："国无德不兴，人无德不立。如果一个民族、一个国家没有共同的核心价值观，莫衷一是，行无依归，那这个民族、这个

第五章 社会主义核心价值观价值共识的实践要求

国家就无法前进。"❶ 中国梦为社会主义核心价值观的价值共识指引方向，同时也要借助于价值共识构筑起中国梦的价值支撑。社会主义核心价值观为中国人民提供了一种价值体系和意义世界，规定着中国人民的精神气质与精神品格。从个人角度而言，社会主义核心价值观为社会成员的价值选择提供价值依据；从社会角度而言，社会主义核心价值观能够以统一的社会价值力量规范社会成员个体的价值取向，便于团结广大民众为了同一目标采取同向行动。社会主义核心价值观对社会系统正常运转和社会秩序有效维护都将起到重要作用，中国传统社会以"三纲五常"进行价值匡正，西方资本主义国家以"自由、民主、平等、人权"进行价值遮蔽，都说明了确立一种推进社会稳定发展、规范个体实践活动的普遍价值规约的时代意义。当代中国亟须进行价值整合以形成对社会主义核心价值观的价值共识，并以此作为价值引领。

以中国梦重塑中国主流价值观，以中国梦为文化符号，形成整个民族认可并自觉遵循的共同价值观。中国梦集中反映了当代中国的价值取向和价值尺度，也是断定其他价值有效性的重要准则。"富强、民主、文明、和谐"是国家发展建设的根本旨趣；"自由、平等、公正、法治"是社会和谐的必然选择；"爱国、敬业、诚信、友善"是每一个社会成员的基本价值遵循。"中国梦"是以习近平同志为核心的中央领导集体的价值追求，更是全体中国人民共同的价值理想。我们一方面要践行社会主义核心价值观，另一方面要以中国梦为文化符号凝聚价值共识，弘扬中国精神，指引中华民族的前进方向。中国梦是国家繁荣昌盛的梦想，是民族复兴的梦想，是人民美好生活的梦想，是使人们凝聚在一起的精神纽带，是当代中国价值共识的最大公约数。中国梦是国家梦、民族梦和人民梦紧密关联的统一整体，国家富强，民族振兴，最终目标是为了每一个中国人的自由全面发展。

---

❶ 习近平. 习近平谈治国理政 [M]. 北京：外文出版社，2014：168.

三、坚持创新：创新价值观载体并且转变价值观话语方式

对核心价值观的价值共识需要凭借一定的载体以增强共识效果，实现理论与实践的有机结合，以载体为依托，在实践中检验理论，用理论指导实践，既有利于价值共识的加速形成，又可以使价值共识落地生根。同时，要注意创新核心价值观的话语方式，使核心价值观更加立体、更加真切地贴近人民群众的文化结构和文化审美，提升核心价值观的内在浸润性与外在影响力，从而最大限度地形成思想共识。

（一）用好用活价值共识载体

1. 发挥网络载体的作用

伴随互联网信息技术的迅猛发展，网络空间已经成为中西方意识形态话语权博弈的主要阵地，当前网络空间中马克思主义意识形态话语权面临重重挑战。网络具有去中心化的特点，开放的网络技术彻底颠覆了民众以往对传统媒体的倚重，而主流载体的影响力也在相对下降，人们的信息选择和价值取向日趋多元化。在网络上每个人都是自由的，可以自由地在网络上搜索信息，也可以自由地发表言论，甚至在一定条件下可以"随心所欲""为所欲为"。对网络言论官方必须加以疏导和管控，否则就会出现不利于我国主流意识形态的内容，一些别有用心的人会打着民主、自由、平等等口号宣传资本主义的意识形态，瓦解抹黑社会主义核心价值观，有些人会把自己在现实生活中遇到的压力、产生的不满情绪转移到网络空间发泄，甚至会编造谎言抹黑党和政府。

要对网络意识形态进行话语创新，网络语言应更多关注社会发展，关心百姓的民生问题，语言要贴近百姓的生活实际使之具有感召力，用有亲和力的语言解读百姓的疑惑，使群众切实感受到党和政府对自己的关怀。要坚守马克思主义意识形态话语权，避免从观念、结论出发去建构意识形态的话语权。网络是思想政治教育的重要载体，尽管存在去中心化的问

题，但不同网站的影响力存在明显的差别，国家要充分利用一些影响力大、受众面广的网站来传播正能量。整合网络媒体与报纸、电视、广播等传统媒体并形成合力，网络媒体具有信息传递速度快、覆盖面广等优点，传统媒体具有可信度高、信息权威等优势，通过整合将二者的优势结合起来，可以提高主流意识形态话语的影响力。要充分培养和有效利用网络人才，建立一支既精通网络宣传技术又信仰并熟悉主流意识形态理论的团队，在网络上解答人们的困惑，宣传社会主义核心价值观。要健全网络制度规范和立法工作，加强对网络的监督管理，对于造谣惑众扰乱社会的违法犯罪分子给予打击，净化网络环境。在意识形态领域建立预警监控机制，亮出底线。利用大数据等手段，及时发现网络谣言、反动思潮等不良信息，进行信息拦截和屏蔽，控制不良信息的传播蔓延，确保意识形态领导权牢牢掌握在党的手中，使国民认同和接受社会主流意识形态。

2. 发挥红色文化凝聚精神力量的作用

红色文化是指自 1921 年中国共产党成立以来，在中国革命、建设、改革的伟大实践中，所形成的实践精神、革命精神以及物质载体。红色文化由红色物质文化、红色制度文化、红色精神文化所构成。红色物质文化是红色文化的物质外壳和载体，如战役纪念馆、英雄纪念碑、革命遗址、烈士遗物、伟人故居等，通过实物、图像、文字等展现历史，红色物质文化是一种具体的、表层的、显性的文化形态。红色制度文化主要包括中国共产党在革命、建设和改革进程中所制定的路线、方针、政策、纲领等内容。红色精神文化是指中国人民在革命、建设和改革的实践进程中所形成的革命精神、文化传统和价值体系的总和。

红色文化与社会主义核心价值观具有相同的思想来源，与社会主义核心价值观具有共同的价值追求，二者都根植于中华民族优秀传统文化，都落脚于国家、社会、个人发展的价值旨趣。当然，红色文化也是社会主义核心价值观形成的思想基础。红色文化是中国文化体系中最具特色、最有感染力的组成部分，也是当代中国核心价值观价值共识的价值源泉。

在今天弘扬革命战争年代的井冈山精神、长征精神、抗战精神，能使我们回忆起当时的历史，了解到中国共产党夺取政权的艰难，能增强人民的爱国情感、社会责任意识和团结奋斗精神，倍加珍惜当下的美好生活。弘扬社会主义建设时期的大庆精神、"两弹一星"精神、载人航天精神、抗震救灾精神，能激发人民艰苦奋斗、开拓进取等意识。在改革开放时期弘扬红色文化，能激发人民的爱国敬业精神、诚信友善精神、改革创新精神，使我国社会更加和谐稳定，民族的凝聚力进一步增强，现代化强国的目标早日实现。

3. 发挥家风家教在核心价值观价值共识中的基础作用

"家庭是社会的基本细胞，是人生的第一所学校。"❶ 社会主义核心价值观要在社会生活中落细落小落实，让人们在实践中感知、感悟，就必须"飞入寻常百姓家"，就必须融入千百万普普通通家庭的家风家教之中。家风是一个家庭世代相传的文化风尚、生活作风和价值准则；家教是通过家庭长辈以身作则和自己耳濡目染所达到的潜移默化的教育功能，而这种教化有可能对几代人的世界观、人生观和价值观产生重大影响，此所谓"上行下效"。家庭是一个人价值观生成和行为方式养成的首要场所，家风家教是一个社会核心价值观的缩影和具体化。家庭可以通过家风家教，将符合家庭利益的道德规范和价值原则施加到家庭成员的思想中，使整个家庭外显出"自成一家"的独特气质。良好的家风家教能够在社会关系中确立家庭坐标，维系家庭和睦，帮助家庭成员将个人抱负与社会理想紧密联系起来，而这其中的原理也近乎核心价值观培育践行的"缩小版"。中国人普遍重视的家风家教，是社会最具基础性和最直接有效的一种教育方式，更是宣传、培育和践行社会主义核心价值观不可多得的途径。

家庭是社会的细胞，父母是子女的第一任老师，父母的言行对子女产生潜移默化的影响。父母在子女面前一定要注意自己的言行，在子女面前处处起到榜样的作用。好的家风对子女的熏陶约束作用非常大，也能增强个人的家庭责任感，每个公民的言行都要考虑对家庭的影响，思虑自身言行的后果。中国传统文化中关于家风家教的故事不胜枚举，家是最小的

---

❶ 习近平. 在2015年春节团拜会上的讲话 [N]. 光明日报，2015-02-18 (02).

国，国是千万个家，正是千千万万个普通家庭的优质家风传递和良好家教熏陶，净化了社会风尚的基础环境，促进了社会和谐有序发展，铸就了生生不息的中国社会主流价值观。

4. 发挥志愿服务在核心价值观共识中的实践作用

志愿服务主要是指公民基于道义、责任、良知、信念、爱心，利用自己的时间、资源、技能等服务于他人和社会的公益性活动。志愿服务具有传递爱心、奉献社会、激发人类高贵情操的功能，更是传播社会文化观、文明观的重要载体。志愿服务能促进各种社会资源服务于社会，为他人、为社会提供关爱和帮助，弥补政府或市场配置资源失灵的问题，还能够使志愿者自身的精神境界得到升华。

从社会文明进步的角度讲，志愿服务是社会发展的大趋势，应培育公民的志愿服务精神，普及志愿服务理念，提高公众对志愿服务事业的认可度，使志愿服务行为成为一种常态和自觉。要加强志愿服务的组织建设，有效整合志愿服务资源，针对不同类型的志愿组织实行分类管理，以便提供更加专业的志愿服务。要加快志愿服务的立法工作，更好地规范志愿服务行为，最大限度地维护和保障志愿者和服务对象的合法权益。要建立信息共享机制，建立全国志愿者数据库，为每位志愿者建立电子信息档案，便于志愿服务资源的科学配置，实现志愿服务资源效用的最大化。要加强政府政策支持，为志愿者提供人身安全与健康、医疗、基本生活等方面的保障，消除志愿者的后顾之忧。加大政府对志愿服务组织资金等方面的支持力度，并提供良好的制度环境。

通过对志愿服务组织、政策、法规等方面的完善，使我国的志愿服务事业获得良性可持续发展。通过志愿者的志愿服务，增强人与人之间的友善沟通，在志愿者的道德境界得到提高的同时，使被服务对象真切感受到来自社会的温暖。这既能大力弘扬社会主义核心价值观，又能强化社会成员对主流意识形态的认同。

(二) 创新价值共识话语方式

1. 创新价值共识内容表述话语方式

培育社会主义核心价值观要实现对传统价值观话语表述的继承和超越。话语方式主要解决"如何说"的问题，高明的话语方式更易捕获人心，获得的影响力与传播效果也越大；而拙劣的话语方式只会让人生厌，无法取得预期的效果。总的来看，我国比较重视核心价值观的内容表达，在 20 世纪 80 年代初期，为了纠正人们思想观念中的阶级斗争倾向，增强社会的凝聚力，提高人的整体素质，建设新型的社会主义社会，当时提出的人们社会生活的公认指导原则就是"五讲四美三热爱"，这一价值观对国民既是一种道德要求，也是一种政治要求，对提高人的素质起到积极的作用。我国从 1992 年开始推行社会主义市场经济体制发展模式，强调充分发挥价格、供求、竞争等机制的效能，这极大地调动了人们追求物质利益的积极性，进而促进了物质的丰富和发展，但也出现了人的道德境界滑坡的问题，特别是某些党员干部出现较为严重的腐败问题。我国 2006 年提出了社会主义荣辱观，目的是解决在一些人身上存在的美丑不分、善恶不辨、是非不明的问题，给人的行为确立价值标准，这丰富了社会主义价值观的内涵。新时期，社会主义价值观的话语方式得到进一步发展，特别是党的十八大以"三个倡导"的形式提出积极培育和践行社会主义核心价值观，将中国人民对核心价值观的培育从最初的"热议"提升到可推广、可践行的理论高度。从这个角度而言，社会主义核心价值观创新了话语的表达方式，是一个层次清晰、逻辑严谨、内容丰富的学说，话语内容精练而接地气，便于百姓内化于心，外化于行。

历史上相当长一段时期，我国主导价值观主要是从公民如何树立集体主义精神的角度确立的，强调集体主义至上，个人利益服从集体利益，当然也包含国家、社会对个人利益的尊重和满足。这些都对社会价值共识起到一定的推动作用，但我们也应该认识到，过去我们谈集体主义有些笼统，效果并非十分显著。社会主义核心价值观内涵丰富，从国家层面、社会层面、个人层面建构了话语系统,三个层面又各包含四个小的方面,且具有各自的内涵和特殊性,形成了一个有机统一体,国家、社会、个人三个层面良性互动、齐头并进、共同推动,凝聚成思想文化合力。社会主义核心价值观的培育和践行,强调发挥国家的主导作用,要求民众普遍参与和自律,兼容了个体性与整体性的话语诉求,比较好地处理了集体主义思想中所强调的国家、集体、个人三者之间的关系,是对过去集体主义精神的继承和超越。在更高更坚实的基础上强调整体利益,纠正了传统集体主义忽视个人利益的问题,既强调了个人的主体性,也反对忽视伤害集体利益的利己主义,非常好地摆正了国家、社会、个人三者之间的关系。社会主义核心价值观三个层面的表述非常具体,其精神实质人们也能很好领会,具有很强的实践操作性,为个人价值选择指明了方向。社会主义核心价值观借鉴吸收了人类命运共同体的价值观,吸纳了民主、自由、平等、公正、法治等人类命运共同体的话语表述,虽然文字话语表述同西方国家一样,但我国结合中华民族优秀传统文化和当代中国具体国情,赋予其新的内涵。这种话语表述方式,既有利于我国人民群众对社会主义核心价值观产生共识,也有利于中国文化走向世界,获得世界人民的认同。

2. 探索时代特征鲜明的价值共识话语方式

新时代培育社会主义核心价值观,应该实现从一般的政治性宣传的话语方式转变为注重政治性、大众性、平等性等相结合的话语方式。对公民进行核心价值观的培育有时需要宏大叙事的言说方式,但更应强调大众性语言,这样群众也容易接受。对公民进行核心价值观的培育,要多聚焦多挖掘百姓身边的故事,多采用民众喜闻乐见的话语方式,使百姓听得懂、喜欢听,并愿意去践行。核心价值观是国家主流意识形态的本质体现,要通过各种方式彰显主流价值观话语的正当性,增强主流价值观的辐射力。

创新社会主义核心价值观价值共识话语方式表述必须坚持立足于实践。马克思指出:"在思辨终止的地方,在现实生活面前,正是描述人们实践活动和实际发展过程的真正的实证科学开始的地方。"❶ 社会主义核心

---

❶ 马克思恩格斯选集(第1卷)[M]. 北京:人民出版社,1995:73.

价值观价值共识本身源于实践的现实需要,所以必须要从实践的维度,贴近中国人的现实生活,回应社会现实问题,符合中国人的思维方式和语言表述规范。首先要体现对人的自由全面发展的深切关怀,坚持以人民为中心的立场。其次要以感性的方式表达理性的理论成果,通过春风化雨的文化路径,变"灌输"为"浸润",变"强制"为"引领",变"刚性"为"柔性",使社会主义核心价值观成为人们日用而不觉的精神力量。"科学的话语内容和合理的言说方式来源于理论联系实际,创造新概念、新表述的基本出发点也在于现实生活。"[1]不仅社会主义核心价值观价值共识的话语方式要注意实现向大众表述风格转变,在凝练社会主义核心价值观的学术话语方面同样要在基于当代中国实践,具有理论的深度和接地气的表述,彰显社会主义核心价值观的意义和时代精神。只有这样才能充分发挥学术话语效能,改变中国自身价值观话语缺失的历史现状,引导人民大众形成普遍价值共识,坚定人民大众的文化自信,深化新时代人民大众对马克思主义指导思想的认同,不断充实和提升中国特色社会主义理论与实践成果。

---

[1] 李江静. 论意识形态话语转换的文化向度 [J]. 思想理论教育, 2018 (02): 42.

结　语

　　习近平总书记在纪念马克思诞辰 200 周年大会上的讲话中指出:"先进的思想文化一旦被群众掌握,就会转化为强大的物质力量;反之,落后的、错误的观念如果不破除,就会成为社会发展进步的桎梏。理论自觉、文化自信,是一个民族进步的力量;价值先进、思想解放,是一个社会活力的来源。国家之魂,文以化之,文以铸之。"[1] 社会主义核心价值观也只有被人民群众认同和掌握,才会释放出强大的精神力量,转化为强大的物质力量。形成对核心价值观的价值共识实质就是全力全面破除错误的、落后的价值观念,打破人们思想上的镣铐,引领人们走出心理沼泽的过程。"流水不腐,户枢不蠹",培育社会主义核心价值观既不能游离于时代,也不能脱离社会实践,时代进步与社会发展没有休止符,社会主义核心价值观在社会历史提供的丰厚理论资源下唯有与时俱进,才能成长为全体社会成员普遍的价值引领和行为准则。社会主义核心价值观应以开放的眼界、包容的胸怀,鉴别"历时态"与"共时态"的各式各样的文化思潮,作为高度的价值自觉,社会主义核心价值观的价值共识是一种创新意义上的融通。

　　"知其事而不度其时则败。"在信息化社会高度发达的今天,文化的更新、分化、转型也日益加快。当代中国社会结构复杂,尊重人的个性发展是国家和社会的理性价值选择,满足人们精神文化生活的个性化需要,也

---

[1] 习近平. 在纪念马克思诞辰 200 周年大会上的讲话 [N]. 光明日报, 2018 - 05 - 05 (02).

就成为文化精细化发展的必然趋势。如果说形成核心价值观的价值共识是在特定时间和空间内，人们对不断运动发展演变的文化所内含的价值观的积淀和把握，以及对价值规律的认知和运用，那么构建社会主义核心价值观所寻求的正是世事变迁中的价值观动态平衡，这种动态平衡让人们心有所依，让人们的价值评价、价值选择有所遵循。所以从哲学意义上说，社会价值观的运动演进是绝对的，这是文化发展的根本属性和存在方式。我们要用发展的眼光来看待文化，看待多元价值观对社会主流价值观正反两方面的影响。我们今天所看到的社会主流价值观的边缘化和异化，主要原因就在于符合当代中国实践要求的核心价值观尚未形成深入人心的普遍意义上的共识，只有核心价值观与人们的价值期待相一致，核心价值观与新时代中国特色社会主义实践同频共振，才能最终消解当今社会的价值危机和信仰危机。

四十多年的改革开放深刻改变了中国、深刻影响了世界。我们要充分肯定四十多年来取得的伟大成就，也要清醒看到存在的不足；我们逐渐告别妄自菲薄，但亦要时时警惕盲目自大。当代中国仍处于并将长期处于社会主义初级阶段，人民对美好生活的追求，在文化领域表现为对高质量精神文化生活的需要和对社会主义核心价值观的需求。从这个角度说，没有核心价值观的确立和对核心价值观的普遍价值共识，美好生活就无从谈起。

"中国共产党人的初心和使命，就是为中国人民谋幸福，为中华民族谋复兴。"[1] 中国特色社会主义进入了新时代。新的时代，中国共产党要担负起新的历史使命，运用新的思想和方略培育社会主义核心价值观。中国特色社会主义核心价值观从根本上讲符合最广大人民的根本利益。虽然中国目前正在进入"差异性社会"，在个体利益和局部利益上存在差别和矛盾，在价值诉求方面也不尽一致，但中华民族的根本利益和长远利益是一致的。因此，我们要认真培育社会主义核心价值观这个社会价值最大公约

---

[1] 党的十九大报告学习辅导百问编写组. 党的十九大报告学习辅导百问 [M]. 北京：党建读物出版社，学习出版社，2017：1.

结 语

数,以之为范,处理好人民长远利益与个人利益之间和当代中国核心价值观与多元价值观之间的辩证统一关系,最大限度地凝聚社会共识,汇聚精神力量,形成价值自觉。用"包容""公正"的态度审视社会主义核心价值观与多元价值观之间的碰撞,用"发展"的眼光看待社会主义核心价值观价值共识的变化运动规律,"只有民族的才是世界的,只有引领时代才能走向世界",❶ 这也正是我们对社会主义核心价值观所要形成的一个基本价值共识。

欲使社会主义核心价值观培育与时代同行,就要不忘初心、牢记使命。"坚持以人民为中心的发展思想,不断促进人的全面发展、全体人民共同富裕",❷ 人民是最高的价值主体,为人民谋幸福、为民族谋复兴是最高的价值追求,公平公正是最高的价值准则,共同富裕是最高的价值理想。发展是时代的主题,文化的发展立足于经济的发展,社会主义核心价值观势必助力社会经济可持续发展。当代中国,经济发展仍然是解决我国社会主要矛盾的基本途径,经济的发展必然推动与之相适应的文化的发展。可以预见的是,未来中国的文化发展速度、深度和维度都将是历史上前所未有的。

欲使社会主义核心价值观培育与时代同行,就要重拾艰苦奋斗精神。中国今日的成就,源自中国共产党领导下的改革开放,但也和中国传统文化,特别是革命文化赋予当代中国人的精神力量息息相关。革命文化中的艰苦奋斗和传统文化中的勤俭廉正价值取向一脉相承,共同铸就了中华民族特有的吃苦耐劳的优秀品质和坚忍不拔的创业精神。"道路不可能一帆风顺,蓝图不可能一蹴而就,梦想不可能一夜成真"。❸ 只有永远秉持艰苦奋斗的价值观,方能"富贵不能淫,贫贱不能移,威武不能屈"。

欲使社会主义核心价值观培育与时代同行,就要坚持实事求是的精神。实事求是是中华民族价值思想的瑰宝,是民族精神的精华,实事求是

---

❶ 习近平. 习近平谈治国理政(第二卷)[M]. 北京:外文出版社,2017:66.
❷ 党的十九大报告学习辅导百问编写组. 党的十九大报告学习辅导百问[M]. 北京:党建读物出版社,学习出版社,2017:15.
❸ 习近平. 习近平谈治国理政[M]. 北京:外文出版社,2014:48.

所体现的是真理与价值的统一。构建社会主义核心价值观，只有坚持实事求是，尊重价值共识规律，一切从实际出发，才能保证价值共识的方向不会出现偏差，价值共识的过程真实有效，价值共识的结果落地开花。

欲使社会主义核心价值观培育与时代同行，就要重视学习创新精神。学习是促进发展的关键一招，创新是引领发展的第一动力。当代中国无时无刻不在发生变化，不学习，无以驾驭新形势；不创新，无以引导新发展。社会实践的不断变化要求作为时代精神的思维方式和行为方式之总结与反思的哲学观也要因事而化、因时而进、因势而新。

需要说明的是，社会主义核心价值观价值共识问题内涵丰富，以上只是初步的思考与探索，纰漏与犹疑之处定然存在。从党的十六届六中全会提出"建设社会主义核心价值体系"到如今，社会主义核心价值观建设只历经了短短16年的时间。客观上讲，社会主义核心价值观仍处于不断凝练与培育阶段，社会成员对社会主义核心价值观形成普遍的价值共识仍有很长的一段路要走，这就要求我们不忘初心、继续努力、持续前行，沿着培育与践行的道路，将社会主义核心价值观构建得更加科学、丰硕和强大。社会主义核心价值培育须与时代同行，而形成对社会主义核心价值观的价值共识也始终在路上。

参考文献

一、著作类

[1] 马克思,恩格斯. 马克思恩格斯文集(第1、2、8、9、10卷)[M]. 北京:人民出版社,2009.

[2] 马克思,恩格斯. 马克思恩格斯全集(第1、2、3、7、30、40卷)[M]. 北京:人民出版社,1956.

[3] 马克思,恩格斯. 马克思恩格斯选集(第1、2、3、4卷)[M]. 北京:人民出版社,1995.

[4] 马克思. 1844年经济学哲学手稿[M]. 北京:人民出版社,1979.

[5] 列宁. 列宁选集(第1卷)[M]. 北京:人民出版社,1995.

[6] 列宁. 列宁全集(第5、36、43卷)[M]. 北京:人民出版社,1985.

[7] 毛泽东选集(第1、2卷)[M]. 北京:人民出版社,1991.

[8] 毛泽东论文艺(增订本)[M]. 北京:人民出版社,1992.

[9] 毛泽东文集(第7卷)[M]. 北京:人民出版社,1999.

[10] 习近平. 习近平谈治国理政[M]. 北京:外文出版社,2014.

[11] 习近平. 习近平谈治国理政(第二卷)[M]. 北京:外文出版社,2017.

[12] 习近平. 习近平谈治国理政(第三卷)[M]. 北京:外文出版社,2020.

[13] 习近平. 论党的宣传思想工作[M]. 北京:中央文献出版社,2020.

[14] 中共中央文献研究室. 习近平关于社会主义文化建设论述摘编[M]. 北京:中央文献出版社,2017.

[15] 中共中央宣传部编. 习近平新时代中国特色社会主义思想三十讲[M]. 北京:学习出版社,2018.

[16] 中共中央宣传部编. 习近平总书记系列重要讲话读本(2016年版)[M]. 北京:

学习出版社，2016.

[17] 中共中央宣传部宣传教育局编. 固本培元的探索：社会主义核心价值观理论文章汇编［M］. 北京：学习出版社，2014.

[18] 党的十九大报告学习辅导百问编写组. 党的十九大报告学习辅导百问［M］. 北京：党建读物出版社，学习出版社，2017.

[19] 教育部课题组. 深入学习习近平关于教育的重要论述［M］. 北京：人民出版社，2019.

[20] ［德］伽达默尔. 真理与方法［M］. 洪汉鼎译. 上海：上海译文出版社，2004.

[21] ［德］哈贝马斯. 交往与社会进化［M］. 张博树译. 重庆：重庆出版社，1989.

[22] ［德］尤尔根·哈贝马斯. 交往行为理论（第1卷）：行为合理性与社会合理性［M］. 曹卫东译. 上海：上海人民出版社，2004.

[23] ［德］马克斯·韦伯. 新教伦理与资本主义精神［M］. 李修建，张云江译. 北京：中国社会科学出版社，2009.

[24] ［德］孔汉思，库舍尔. 全球伦理：世界宗教议会宣言［M］. 何光沪译. 成都：四川人民出版社，1997.

[25] ［德］蓝德曼. 哲学人类学［M］. 彭富春译. 北京：工人出版社，1988.

[26] ［德］尼采. 权力意志［M］. 张念东，凌素心译. 北京：商务印书馆，1994.

[27] ［加］查尔斯·泰勒. 黑格尔与现代社会［M］. 徐文瑞译. 台北：台北联经出版事业公司，1990.

[28] ［美］阿拉斯戴尔·麦金太尔. 谁之正义？何种合理性？［M］. 万俊人译. 北京：当代中国出版社，1996.

[29] ［美］丹尼尔·贝尔. 资本主义文化矛盾［M］. 赵一凡，蒲隆，任晓晋译. 北京：生活·读书·新知三联书店，1989.

[30] ［美］尼尔·波兹曼. 娱乐至死［M］. 章艳译. 桂林：广西师范大学出版社，2004.

[31] ［美］塞缪尔·亨廷顿. 文明的冲突与世界秩序的重建（修订版）［M］. 周开琪等译. 北京：新华出版社，2009.

[32] ［美］塞缪尔·亨廷顿，劳伦斯·哈里森主编. 文化的重要作用——价值观如何影响人类进步［M］. 程克雄译. 北京：新华出版社，2002.

[33] ［美］约翰·罗尔斯. 正义论［M］. 何怀宏等译. 北京：中国社会科学出版社，1988.

[34] [美] 约翰·罗尔斯. 政治自由主义 [M]. 万俊人译. 南京：译林出版社，2000.

[35] [美] 赫伯特·马尔库塞. 单向度的人 [M]. 刘继译. 上海：上海译文出版社，2006.

[36] [意] 安东尼奥·葛兰西. 狱中札记 [M]. 曹雷雨等译. 郑州：河南大学出版社，2014.

[37] [英] 以赛亚·伯林. 自由论 [M]. 胡传胜译. 南京：译林出版社，2003.

[38] [英] 乔治·克劳德. 自由主义与价值多元论 [M]. 应奇译. 南京：江苏人民出版社，2006.

[39] [英] 约翰·汤姆林森. 全球化与文化 [M]. 郭英剑译. 南京：南京大学出版社，2002.

[40] 汪晖，陈燕谷编. 文化与公共性 [M]. 北京：生活·读书·新知三联书店，1998.

[41] 常士訚. 异中求和：当代西方多元文化主义政治思想研究 [M]. 北京：人民出版社，2009.

[42] 陈少雷. 文化价值观的哲学省思 [M]. 北京：社会科学文献出版社，2015.

[43] 方爱东. 社会主义核心价值观研究 [M]. 合肥：中国科学技术大学出版社，2013.

[44] 方旭光. 认同的价值与价值的认同——社会主义核心价值观论 [M]. 北京：中国社会科学出版社，2014.

[45] 江畅. 论价值观与价值文化 [M]. 北京：科学出版社，2014.

[46] 李德顺. 价值论（第三版）[M]. 北京：中国人民大学出版社，2013.

[47] 李建华. 多元文化时代的价值引领——社会主义核心价值体系建设与社会思潮有效引领研究 [M]. 北京：人民出版社，2012.

[48] 李宏斌，杨亮才. 文化哲学与社会主义核心价值观研究 [M]. 北京：人民出版社，2015.

[49] 裴德海. 从一般价值到核心价值——社会主义核心价值观培育与践行的双重逻辑 [M]. 合肥：安徽教育出版社，2012.

[50] 沈洪波. 全球化与国家文化安全 [M]. 济南：山东大学出版社，2009.

[51] 石云霞. 当代中国价值观论纲 [M]. 武汉：武汉大学出版社，1996.

[52] 石芳. 多元文化背景下的核心价值观教育 [M]. 北京：人民出版社，2014.

[53] 郭凤志, 张澍军. 德育文化论 [M]. 北京: 中国社会科学出版社, 2008.

[54] 胡海波, 郭凤志. 马克思恩格斯文化观研究 [M]. 北京: 中国书籍出版社, 2013.

[55] 梁漱溟. 东西文化及其哲学 [M]. 北京: 商务印书馆, 2000.

[56] 邵汉明. 中国文化30年 [M]. 北京: 人民出版社, 2009.

[57] 司马云杰. 文化价值论 [M]. 西安: 陕西人民出版社, 2003.

[58] 张岱年等. 中国文化概论 [M]. 北京: 清华大学出版社, 2002.

[59] 张岱年, 汤一介等. 文化的冲突与融合 [M]. 北京: 北京大学出版社, 1997.

[60] 汤一介. 和而不同 [M]. 沈阳: 辽宁人民出版社, 2001.

[61] 费孝通. 中国文化的重建 [M]. 上海: 华东师范大学出版社, 2014.

[62] 费孝通. 文化的生与死 [M]. 上海: 上海人民出版社, 2013.

[63] 侯惠勤. 马克思的意识形态批判与当代中国 [M]. 北京: 中国社会科学出版社, 2010.

[64] 侯惠勤. 冲突与整合: 如何认识我国社会主义改革实践过程对人们思想的影响 [M]. 北京: 中国人民大学出版社, 2004.

[65] 欧阳康. 社会共识论导论 [M]. 北京: 中国社会科学文献出版社, 1990.

[66] 漆思. 中国共识: 中华复兴的和谐发展道路 [M]. 北京: 中国社会科学出版社, 2008.

[67] 张洪兴. 社会共识论 [M]. 香港: 中国图联出版社, 2010.

[68] 聂立清. 我国当代主流意识形态认同研究 [M]. 北京: 人民出版社, 2010.

[69] 孙立平. 断裂——世纪年代以来的中国社会 [M] 北京: 社会科学文献出版社, 2003.

[70] 郭维平. 社会主义核心价值观生成与认同研究 [M] 北京: 学习出版社, 2016.

[71] 汪信砚. 社会主义核心价值观与当代中国文化软实力研究 [M] 北京: 人民出版社, 2018.

二、期刊类

[72] 孙伟平. "人类共同价值" 与 "人类命运共同体" [J]. 湖北大学学报（哲学社会科学版）, 2017 (06).

[73] 包雅玮. 儒家伦理文化的现代阐释及其对青年价值认同的意义 [J]. 中国青年研究, 2017 (01).

[74] 坚定文化自信的理论自觉——访中国社会科学院大学特聘教授侯惠勤[J]. 马克思主义研究, 2017 (11).

[75] 卞桂平. 知识分子群体社会主导价值认同的问题发展轨迹[J]. 理论与改革, 2017 (03).

[76] 曹德本, 方妍. 关于文化价值观的宏观思考[J]. 社会科学战线, 2001 (05).

[77] 曹典顺. "价值共识"与"宏大叙事"——社会主义核心价值体系融入国民教育的"理论前提"再认识[J]. 理论探讨, 2012 (06).

[78] 曾令辉. 论构建培育和践行社会主义核心价值观长效机制的切入点与维度[J]. 思想教育研究, 2015 (12).

[79] 柴宝勇. 社会主义核心价值观理性认同机制的建构[J]. 长白学刊, 2015 (02).

[80] 陈秉公. 论社会主义核心价值体系引领社会思潮的规律性[J]. 江汉论坛, 2009 (11).

[81] 陈付龙. 当代中国公共意识生长的文化观照[J]. 理论与改革, 2012 (03).

[82] 陈付龙. 分歧到共识: 和谐交往的价值图景演绎[J]. 思想理论教育, 2014 (02).

[83] 陈科, 周丹. "普世价值"批判与社会主义价值共识的凝聚[J]. 马克思主义研究, 2017 (06).

[84] 陈联俊. 网络空间中主流价值认同的分化与重塑[J]. 中国特色社会主义研究, 2017 (06).

[85] 陈仕平. 对达成社会价值共识路径的反思[J]. 华中科技大学学报(社会科学版), 2009 (01).

[86] 陈曙光. 社会主义核心价值观的几个元理论问题[J]. 学习与实践, 2013 (08).

[87] 陈思宇, 胡志安, 陈斌开. 技术与文化: 互联网如何改变个人价值观?[J]. 经济学动态, 2016 (04).

[88] 陈先达. 关于坚持马克思主义在社会主义先进文化中指导地位的若干思考[J]. 党建, 2011 (10).

[89] 陈先达. 论普世价值与价值共识[J]. 哲学研究, 2009 (04).

[90] 陈晓飞. 当代青年的价值认同与社会主义核心价值体系[J]. 求索, 2007 (06).

[91] 陈晓鹤. 当代大学生思想政治教育中的价值共识教育［J］. 江汉论坛, 2009 (08).

[92] 陈新汉. 社会主导价值观念导向中几个问题的哲学思考［J］. 学术界, 2016 (10).

[93] 陈章龙. 论社会转型时期的价值冲突［J］. 南京师大学报（社会科学版）, 2004 (05).

[94] 成长春, 张廷干, 汤荣光. 意识形态自觉与价值理性认同［J］. 中国社会科学, 2018 (02).

[95] 丛占修. 人类命运共同体：历史、现实与意蕴［J］. 理论与改革, 2016 (03).

[96] 代金平, 谢敏, 魏钢. 论核心价值观的社会共识构建机制［J］. 重庆邮电大学学报（社会科学版）, 2015 (02).

[97] 戴木才, 田海舰. 社会主义核心价值体系建设需要深化研究的若干理论问题［J］. 马克思主义研究, 2009 (09).

[98] 戴木材. 对社会主义核心价值观几个基础理论问题的思考［J］. 马克思主义与现实, 2017 (04).

[99] 戴木才. 伟大抗疫精神的价值观意义［J］. 道德与文明, 2020 (06).

[100] 党子奇. 凝聚价值共识 强化价值引导 新时代文化建设何以体现中国精神［J］. 人民论坛, 2018 (04).

[101] 董德刚. 关于人类共同价值的几点思考［J］. 理论视野, 2017 (08).

[102] 樊浩. 中国社会价值共识的意识形态期待［J］. 中国社会科学, 2014 (07).

[103] 范玉刚. 践行社会主义核心价值观的原则、载体与路径研究［J］. 湖南社会科学, 2013 (04).

[104] 付安玲, 张耀灿. 大学生社会主义核心价值观的隐性培育初探［J］. 思想理论教育导刊, 2016 (04).

[105] 高鑫, 孙来斌. 论中国梦的大众认同——基于价值认同的维度［J］. 当代世界与社会主义, 2015 (02).

[106] 管锦绣. 西方马克思主义的意识形态认同研究的理论转换、缺陷及其启示［J］. 湖北社会科学, 2017 (02).

[107] 郭建宁. 核心价值观：社会共识"最大公约数"［J］. 人民论坛, 2014 (24).

[108] 郭建宁. 提高文化软实力与建设共有精神家园［J］. 中国特色社会主义研究, 2008 (01).

[109] 郭凤志. 习近平文化自信思想发展脉络研究［J］. 人民论坛·学术前沿, 2017 (21).

[110] 郭维平. 转型期我国意识形态变化与核心价值共识建构［J］. 理论导刊, 2013 (05).

[111] 韩东屏. 如何达成价值共识［J］. 河北学刊, 2010 (01).

[112] 韩桥生. 当代中国道德价值共识的困境与建设路径［J］. 江西社会科学, 2017 (04).

[113] 韩桥生. 道德价值共识：防范和治理道德风险的内在要求［J］. 理论导刊, 2017 (07).

[114] 韩震. 论国家认同、民族认同及文化认同——一种基于历史哲学的分析与思考［J］. 北京师范大学学报（社会科学版）, 2010 (01).

[115] 何静. 大众文化中的价值观及其与社会主义核心价值观的融合［J］. 社会主义研究, 2015 (03).

[116] 何林. 价值多元背景下大学生社会主义核心价值观认同研究［J］. 学校党建与思想教育, 2017 (07).

[117] 贺来. 价值个体主义与道德合理性基础的重构［J］. 吉林大学社会科学学报, 2005 (02).

[118] 贺来. 寻求价值信念的真实主体——反思与克服价值虚无主义的基本前提［J］. 社会科学战线, 2012 (01).

[119] 贺善侃. 经济全球化背景下的价值认同与冲突［J］. 毛泽东邓小平理论研究, 2003 (05).

[120] 侯惠勤. "普世价值"的理论误区和制度陷阱［J］. 实践（思想理论版）, 2017 (07).

[121] 侯勇, 王建润. 论价值哲学视野下普世价值与社会主义核心价值体系的"破"与"立"［J］. 扬州大学学报（人文社会科学版）, 2010 (04).

[122] 胡春阳. 转型时期社会主义核心价值观认同建构［J］. 中国特色社会主义研究, 2015 (01).

[123] 胡春阳. 转型时期我国社会主义意识形态认同建构探究［J］. 长白学刊, 2017 (01).

[124] 胡海波. 精神生活、精神家园及其信仰问题［J］. 社会科学战线, 2014 (01).

[125] 胡建, 刘惠. 大学生社会主义核心价值观认同建构的阶段性分析［J］. 思想理

论教育导刊, 2017 (08).

[126] 胡键. 全球治理的价值问题研究 [J]. 社会科学, 2016 (10).

[127] 胡金木. 核心价值观教育的现实困境及其改善机制 [J]. 江苏高教, 2015 (05).

[128] 胡康. 文化价值观、社会网络与普惠型公民参与 [J]. 社会学研究, 2013 (06).

[129] 胡敏中. 价值规范与价值共识——与马俊峰、江畅先生商榷 [J]. 哲学动态, 2007 (05).

[130] 胡敏中. 论公共价值 [J]. 北京师范大学学报（社会科学版）, 2008 (01).

[131] 胡敏中. 论价值共识 [J]. 哲学研究, 2008 (07).

[132] 胡敏中. 论认同的涵义及基本方式 [J]. 江海学刊, 2018 (03).

[133] 黄焕汉. 中国社会转型及其价值冲突之化解 [J]. 求索, 2010 (09).

[134] 黄静, 季明博. 社会主义核心价值体系价值认同的动力机制研究 [J]. 求索, 2010 (07).

[135] 季芳. 多元文化时代社会主义核心价值观培育 [J]. 人民论坛, 2015 (29).

[136] 贾金玲. 社会主义核心价值观的道德蕴涵 [J]. 道德与文明, 2016 (01).

[137] 贾英健. 认同的哲学意蕴与价值认同的本质 [J]. 山东师范大学学报（人文社会科学版）, 2006 (01).

[138] 姜锡润, 王曼. 论社会转型时期价值冲突的根源与价值观重建 [J]. 武汉大学学报（哲学社会科学版）, 2005 (02).

[139] 蒋丽. 国家治理视域下社会主义核心价值观的培育路径 [J]. 人民论坛, 2016 (11).

[140] 孔德永. 当代我国主流意识形态认同建构的有效途径 [J]. 马克思主义研究, 2012 (06).

[141] 兰久富. 倡导社会主义核心价值观的理论前提 [J]. 哲学研究, 2014 (08).

[142] 兰久富. 社会转型与价值冲突 [J]. 北京师范大学学报（社会科学版）, 1999 (03).

[143] 李伯虎. 用核心价值观凝聚社会共识 [J]. 人民论坛, 2016 (23).

[144] 李德全, 杨全海. 坚持以社会主义核心价值体系凝聚社会共识 [J]. 思想理论教育导刊, 2013 (11).

[145] 李德顺. 普遍价值及其客观基础 [J]. 中国社会科学, 1998 (06).

[146] 李方祥. 加强意识形态工作 巩固共同思想基础 [J]. 高校理论战线, 2010 (01).

[147] 李国俊, 王芳. 生存论视域: 价值世界与生活世界的本源共生及价值认同 [J]. 学术交流, 2017 (03).

[148] 李海青. 体现公民权利的民主程序: 现代性价值共识达成的基本途径 [J]. 云南大学学报 (社会科学版), 2013 (01).

[149] 李辉, 卢屏. 当代社会价值认同的文化逻辑与解放思路 [J]. 贵州社会科学, 2013 (11).

[150] 李建华. 社会主义核心价值观与道德规范体系之关系 [J]. 道德与文明, 2017 (02).

[151] 李健. 社会主义核心价值观与西方"普世"价值的四大区别 [J]. 思想理论教育导刊, 2015 (03).

[152] 李江静. 论意识形态话语转换的文化向度 [J]. 思想理论教育, 2018 (02).

[153] 吕峰, 王永贵. 新时代我国主流意识形态话语权建构的多重维度 [J]. 社会主义研究, 2018 (04).

[154] 李洁, 廖小琴. 智媒时代思想政治教育话语发展的审视 [J]. 思想教育研究, 2021 (07).

[155] 李前进, 周赟. 中国转型期价值共识危机的根源及其破解之道 [J]. 天津行政学院学报, 2014 (06).

[156] 李威. 论大学治理现代化评估的价值共识与指标体系建构 [J]. 教育评论, 2016 (05).

[157] 李向平. 公共信仰与社会共识 [J]. 探索与争鸣, 2013 (08).

[158] 李永胜. 经济全球化时代的价值共识 [J]. 天府新论, 2015 (03).

[159] 练庆伟, 李辉. 当代大学生价值认同教育的困境及路径选择 [J]. 江苏高教, 2008 (06).

[160] 梁红军. 基于价值认同的公民社会主义核心价值观培育 [J]. 湘潭大学学报 (哲学社会科学版), 2014 (06).

[161] 廖小琴. 论社会主义核心价值观践行的逻辑起点 [J]. 思想政治教育研究, 2016 (06).

[162] 廖志诚. 论社会主义核心价值观文化认同机制的建构逻辑 [J]. 探索, 2015 (02).

[163] 林芳, 郭建彪. 论后现代文化思潮下的价值共识与教育创新 [J]. 福建论坛 (人文社会科学版), 2014 (12).

[164] 林芳. 后现代文化思潮下的叙事危机与价值共识建构 [J]. 理论导刊, 2015 (02).

[165] 林致远. 社会主义核心价值观凝聚社会共识研究 [J]. 思想教育研究, 2015 (04).

[166] 刘怀光, 季文君. 多元价值观时代的价值共识 [J]. 山西师大学报 (社会科学版), 2012 (03).

[167] 刘吉昌, 金炳镐. 构筑各民族共有精神家园 培养中华民族共同体意识 [J]. 西南民族大学学报 (人文社科版), 2017 (11).

[168] 刘静芳. 核心价值体系建设及认同的着力点——主体评价结构的完善与合理化 [J]. 思想理论教育, 2014 (06).

[169] 刘书林. 论社会主义核心价值观的几个重要关系 [J]. 思想理论教育导刊, 2014 (09).

[170] 刘义. 凝聚价值共识: 德育得以实现的关键 [J]. 现代大学教育, 2016 (03).

[171] 龙静云. 我国社会道德共同体及其型构策略 [J]. 中州学刊, 2015 (01).

[172] 娄丽景, 付天军, 韩文光. 多元文化背景下社会主义核心价值观文化认同的话语建构与实践 [J]. 兰州学刊, 2016 (04).

[173] 楼宇烈. 中国文化中以人为本的人文精神 [J]. 北京大学学报 (哲学社会科学版), 2015 (01).

[174] 罗迪. 文化认同视角下的大学生社会主义核心价值观教育 [J]. 思想教育研究, 2014 (02).

[175] 罗建文. 论中国特色社会主义的价值自觉与价值自信 [J]. 重庆大学学报 (社会科学版), 2016 (02).

[176] 罗文东. 关于社会主义核心价值观的理论思考 [J]. 山东社会科学, 2009 (12).

[177] 梅萍, 林更茂. 民族精神与和谐社会的价值认同 [J]. 当代世界与社会主义, 2007 (06).

[178] 梅萍, 林更茂. 论社会主义核心价值体系与公民的价值认同 [J]. 中州学刊, 2009 (03).

[179] 聂立清. 我国主流意识形态认同的策略定位 [J]. 河南师范大学学报 (哲学社

会科学版），2010（05）．

[180] 李辽宁．着力提升主导意识形态的竞争力［J］．思想教育研究，2017（12）．

[181] 皮家胜．价值认同与社会主义市场经济的建立和发展［J］．武汉大学学报（社会科学版），2003（02）．

[182] 秦宣．分化与整合——谈当代中国人的文化认同［J］．教学与研究，2012（02）．

[183] 邱钰斌．价值认同理论考察及核心价值观教育启示［J］．西南民族大学学报（人文社科版），2009（11）．

[184] 秋石．巩固党和人民团结奋斗的共同思想基础［J］．求是，2013（20）．

[185] 权麟春．文化认同视域下的主导意识形态认同［J］．云南行政学院学报，2016（03）．

[186] 任建东．以社会主义核心价值观为共识再塑道德信仰［J］．伦理学研究，2015（01）．

[187] 任剑涛．在一致与歧见之间——全球治理的价值共识问题［J］．厦门大学学报（哲学社会科学版），2004（04）．

[188] 任政．当代中国价值观与社会共识的建构［J］．探索，2016（02）．

[189] 沈贺．文化软实力视域下社会主义核心价值观的国际传播［J］．社会主义核心价值观研究，2018（02）．

[190] 沈湘平．反思价值共识的前提［J］．学术研究，2011（03）．

[191] 沈湘平．公共性视野中的普世价值［J］．河北学刊，2010（05）．

[192] 沈湘平．价值共识是否及如何可能［J］．哲学研究，2007（02）．

[193] 石寅．价值个体主义背景下道德价值共识的重建——兼对社会主义核心价值观出场的哲学解读［J］．云南社会科学，2016（01）．

[194] 宋小红．价值共识及其形成路径探析［J］．中国特色社会主义研究，2016（03）．

[195] 孙兰英，陈嘉楠．互联网思维与社会主义核心价值观培育［J］．天津大学学报（社会科学版），2018（01）．

[196] 孙美堂．社会主义核心价值观的几个基础理论问题［J］．观察与思考，2017（10）．

[197] 孙婷婷．论视觉文化"化人"［J］．思想教育研究，2018（02）．

[198] 孙伟平．论多元文化价值观存在的根据及意义［J］．湖南社会科学，2007（04）．

[199] 谭培文，张文雅，莫凡. 利益机制是推进社会主义核心价值认同的基本动力[J]. 理论学刊，2013（03）.

[200] 谭培文. 和谐社会核心价值认同的辩证分析[J]. 道德与文明，2012（01）.

[201] 唐志龙. 价值观的生成机制及实践指向[J]. 南京政治学院学报，2008（05）.

[202] 陶蕾韬. 多元文化发展中社会主义核心价值观认同的困境与应对[J]. 求索，2016（06）.

[203] 童世骏. 关于"重叠共识"的"重叠共识"[J]. 中国社会科学，2008（06）.

[204] 田鹏颖. 社会主义核心价值观的存在形态[J]. 社会主义核心价值观研究，2021（03）.

[205] 汪亭友. "共同价值"不是西方所谓"普世价值"[J]. 红旗文稿，2016（04）.

[206] 汪信砚. 价值共识与和谐世界[J]. 武汉大学学报（哲学社会科学版），2017（05）.

[207] 汪信砚. 普世价值·价值认同·价值共识——当前我国价值论研究中三个重要概念辨析[J]. 学术研究，2009（11）.

[208] 汪信砚. 全球化中的价值认同与价值观冲突[J]. 哲学研究，2002（11）.

[209] 王东虓，魏晓璐. 社会主义核心价值观长效机制研究（笔谈）[J]. 郑州大学学报（哲学社会科学版），2018（03）.

[210] 王冬云. 社会主义核心价值观：当代中国文化认同的核心[J]. 伦理学研究，2015（01）.

[211] 王发岐. 试论构建社会主义价值认同体系的途径[J]. 南京政治学院学报，2007（01）.

[212] 王贵贤. 新时代社会主义核心价值观的定位与作用[J]. 社会主义核心价值观研究，2017（06）.

[213] 王虎学. 多元社会的价值重建——论社会主义核心价值体系的历史生成与自觉建构[J]. 北京师范大学学报（社会科学版），2011（05）.

[214] 王丽，罗洪铁. 思想政治教育个体价值的内涵及其定位[J]. 思想教育研究，2015（10）.

[215] 王丽荣，杨玢. 传统文化价值认同的现实诠释[J]. 贵州社会科学，2016（05）.

[216] 王伦光. 论全球化背景下价值冲突与价值认同的根源[J]. 理论与改革，2008（03）.

[217] 王葎. 建构现代中国社会的价值认同 [J]. 探索, 2006 (01).

[218] 王敏. 多元文化主义差异政治思想: 内在逻辑、论争与回应 [J]. 民族研究, 2011 (01).

[219] 王锁明. 凝聚社会共识的重要性及路径思考 [J]. 人民论坛, 2014 (11).

[220] 王现东. 论价值观的文化功能 [J]. 河北学刊, 2012 (06).

[221] 王晓丽. 超越道德相对主义: 生成性思维中的道德共识 [J]. 学术研究, 2015 (08).

[222] 王新生. 市场社会中的价值共识 [J]. 南开学报 (哲学社会科学版), 2005 (03).

[223] 王永贵. 社会主义核心价值观培育的目标指向和实现路径 [J]. 思想理论教育, 2013 (03).

[224] 王玉鹏, 秦妍. 论当代中国价值观生成的三个维度 [J]. 探索, 2016 (02).

[225] 王玉萍, 黄明理. 价值共识及其当代意义 [J]. 求实, 2012 (05).

[226] 王忠勇. 近年来国内外社会共识问题研究综述 [J]. 重庆三峡学院学报, 2018 (01).

[227] 韦岚. 基于文化认同视阈下的社会主义意识形态建设 [J]. 求实, 2012 (11).

[228] 文翔. 马克思哲学视域下的价值共识问题探析 [J]. 探索, 2009 (05).

[229] 吴灿新. 不断夯实共同思想基础 凝聚全面深化改革力量 [J]. 中国高等教育, 2013 (23).

[230] 吴家华, 翟文忠. 中国社会转型中的价值矛盾与价值冲突 [J]. 求实, 2002 (02).

[231] 吴丽兵. 和谐社会构建中公平正义价值共识的达成 [J]. 马克思主义研究, 2006 (12).

[232] 吴向东. 社会主义核心价值观的若干重大问题 [J]. 北京师范大学学报 (社会科学版), 2015 (01).

[233] 吴亚林. 价值教育及其在教育中的定位 [J]. 教育研究与实验, 2011 (04).

[234] 吴永刚. 论当代中国主流价值观话权建构 [J]. 宁夏社会科学, 2016 (01).

[235] 吴玉军. 价值个体主义、怀疑主义与价值共识的困境 [J]. 浙江社会科学, 2012 (01).

[236] 吴育林, 陈水勇. 实用理性视域中的价值共识 [J]. 广东社会科学, 2012 (06).

[237] 吴云，朱宗友. 道德价值共识的重构［J］. 科学社会主义，2017（04）.

[238] 肖永辉，胡海波. 消解价值相对主义——从康德的观点看［J］. 东北师大学报（哲学社会科学版），2010（02）.

[239] 徐春喜，郭凤志. 文化价值观共识视域下大学生社会主义核心价值观的培育［J］. 黑龙江高教研究，2017（08）.

[240] 徐春喜，郭凤志. 重思关于构建社会主义核心价值观共识的几个前提性问题［J］. 思想教育研究，2017（03）.

[241] 闫顺利，王学浩. 转型中的价值冲突及社会主义核心价值认同［J］. 南昌大学学报（人文社会科学版），2012（01）.

[242] 杨建义. 着眼"价值最大公约数"培育和践行社会主义核心价值观［J］. 思想教育研究，2016（02）.

[243] 杨佩，李建群. 后哲学话语背景下价值共识的可能性探究［J］. 学术界，2018（02）.

[244] 杨晓东，马俊峰. 构建和谐社会进程中的价值多元问题［J］. 中共天津市委党校学报，2018（02）.

[245] 姚红，郭凤志. 社会主义核心价值观三个层面的理论意蕴探析［J］. 思想教育研究，2014（12）.

[246] 叶小文. 人类命运共同体的文化共识［J］. 新疆师范大学学报，2016（03）.

[247] 余永清. 价值共识与价值认同——论社会主义核心价值观的建构［J］. 人民论坛，2011（24）.

[248] 余玉花. 道德信仰与价值共识［J］. 理论探讨，2015（03）.

[249] 俞思念，苏阳. 社会主义核心价值观的坚守与国际话语权的提升［J］. 社会主义研究，2015（02）.

[250] 虞崇胜. 类文明：推进全球治理变革的价值共识［J］. 国外理论动态，2013（08）.

[251] 原宙，平章起. 价值观念多元化境遇下的主流意识形态认同探析［J］. 毛泽东思想研究，2015（02）.

[252] 苑淑娇，袁玉芳. 身份迷失与价值认同——当前西方社会主义思潮新动向研究［J］. 河南社会科学，2010（02）.

[253] 张东伟. 有效化解当前我国社会冲突的思考与探索［J］. 郑州大学学报（哲学社会科学版），2014（04）.

[254] 张汉静，葛振国. 社会主义核心价值体系的实现路径——基于价值认同的角度 [J]. 山西大学学报（哲学社会科学版），2008（06）.

[255] 张静，马振清. 全球合理交往的根基：文化理解与价值共识 [J]. 学习与探索，2002（04）.

[256] 张乐. 寻求价值共识：一种消弭价值观冲突的新路向 [J]. 南昌大学学报（人文社会科学版），2012（04）.

[257] 张莉莉. 青年对主流价值观的认同及内化机制 [J]. 吉首大学学报（社会科学版），2012（02）.

[258] 张文彦，魏建国. 国家意识形态认同探析 [J]. 理论学刊，2010（12）.

[259] 张晓敏，叶松. 中国梦价值认同的实现机制 [J]. 理论导刊，2013（10）.

[260] 赵爱玲. 论道德共识重建何以可能何以可为 [J]. 学校党建与思想教育，2013（07）.

[261] 赵静波. 多元价值观的困境与公共理性的建构——以"差序格局"的社会结构为视角 [J]. 学习与实践，2018（01）.

[262] 赵坤，郭凤志. 马克思关于构建个人与共同体共生关系思想及其当代价值 [J]. 思想教育研究，2017（07）.

[263] 赵士发. 价值观与当代中国话语体系的构建 [J]. 理论视野，2017（03）.

[264] 郑佳明. 中国社会转型与价值变迁 [J]. 清华大学学报（哲学社会科学版），2010（01）.

[265] 周成龙. 网络社会的价值认同与价值冲突 [J]. 理论探索，2009（02）.

[266] 周宏. 论加强社会主义核心价值观认同机制建设 [J]. 理论导刊，2014（04）.

[267] 周谨平. 权威性社会价值的共识进路 [J]. 湖北大学学报（哲学社会科学版），2018（03）.

[268] 周鹏. 我国社会主义核心价值观研究进展与热点分析 [J]. 重庆大学学报（社会科学版）（网络首发），2020-11-20.

[269] 周昭成. 社会主义核心价值观与中国特色社会主义制度价值认同的内在逻辑 [J]. 当代世界与社会主义，2013（04）.

[270] 朱俊瑞，赵斐. 媒介化时代中的多元文化冲突与价值共识 [J]. 中国出版，2013（10）.

[271] 朱漪. 社会主义核心价值观可能性与现实性探析 [J]. 中国高等教育，2016（20）.

[272] 朱颖原. 中国特色社会主义制度的价值认同 [J]. 科学社会主义, 2012 (05).

[273] 邹庆华. 推进主流意识形态认同机制建设 [J]. 理论探索, 2015 (04).

[274] 邹小华, 胡伯项. 构建社会主义核心价值认同的日常生活世界 [J]. 南昌大学学报（人文社会科学版）, 2013 (01).

[275] 邓军彪, 秦晴. 传播学视域下大学生社会主义核心价值观认同研究 [J]. 学校党建与思想教育, 2018 (20).

[276] 庞桂甲, 刘建军. 论社会主义核心价值观培育的审美向度 [J]. 思想政治教育研究, 2018 (05).

[277] 陈卫平. 社会主义核心价值观：优秀传统文化的传承和升华 [J]. 上海师范大学学报（哲学社会科学版）, 2018 (05).

[278] 沈少博. 高校社会主义核心价值观教育存在问题与策略 [J]. 教育理论与实践, 2018 (27).

[279] 陈烨. 认知、认同到践行：核心价值观的培育之路 [J]. 人民论坛, 2018 (27).

[280] 赵圣熠. 如何提升核心价值观的传播效果 [J]. 人民论坛, 2018 (27).

[281] 苏泽宇, 丁存霞. 新时代中国梦价值认同的逻辑演进 [J]. 哲学动态, 2018 (07).

[282] 王玉鹏. 当代中国价值观与中国道路的价值意蕴 [J]. 探索, 2018 (05).

[283] 刘飞. 道德共识及其边界 [J]. 伦理学研究, 2018 (05).

[284] 姜涌. 共同体价值观的可能性与现实性 [J]. 理论学刊, 2018 (04).

[285] 袁银传, 郭亚斐. 试论当代中国价值共识的凝聚机制 [J]. 思想理论教育导刊, 2018 (07).

[286] 周谨平. 权威性社会价值的共识进路 [J]. 湖北大学学报（哲学社会科学版）, 2018 (03).

三、报纸类

[287] 习近平. 在庆祝中国共产党成立100周年大会上的讲话 [N]. 光明日报, 2021-07-02 (02).

[288] 习近平主持召开学校思想政治理论课教师座谈会强调 用新时代中国特色社会主义思想铸魂育人 贯彻党的教育方针落实立德树人根本任务 [N]. 人民日报, 2019-03-19 (01).

[289] 习近平出席中国国际友好大会暨中国人民对外友好协会成立六十周年纪念活动

并发表重要讲话［N］．光明日报，2014-05-16（01）．

［290］习近平．共同构建人类命运共同体——在联合国日内瓦总部的演讲［N］．光明日报，2017-01-20（02）．

［291］习近平．顺应时代前进潮流 促进世界和平发展——在莫斯科国际关系学院的演讲［N］．光明日报，2013-03-24（02）．

［292］习近平．在2015年春节团拜会上的讲话［N］．光明日报，2015-02-18（02）．

［293］习近平．在纪念马克思诞辰200周年大会上的讲话［N］．光明日报，2018-05-05（02）．

［294］习近平．在庆祝中国共产党成立95周年大会上的讲话［N］．光明日报，2016-07-02（02）．

［295］习近平．在文艺工作座谈会上的讲话［N］．光明日报，2015-10-15（02）．

［296］习近平．在哲学社会科学工作座谈会上的讲话［N］．人民日报，2016-05-19（02）．

［297］陈振凯．坚持社会主义核心价值体系（解码中国基本方略⑦）［N］．人民日报海外版，2017-12-20（05）．

［298］戴木才．凝练核心价值观要站在人类价值共识的制高点［N］．光明日报，2012-04-28（11）．

［299］星海．凝魂聚气、强基固本的基础工程［N］．光明日报，2014-03-07（03）．

［300］没有文化支撑的事业难以长久——学习习近平总书记关于文化发展繁荣的重要论述［N］．光明日报，2014-01-08（02）．

［301］全面贯彻党的十八届六中全会精神 抓好改革重点落实改革任务［N］．光明日报，2016-11-02（01）．

［302］严肃党内政治生活净化党内政治生态 为全面从严治党打下重要政治基础［N］．人民日报，2016-03-30（01）．

［303］中共中央办公厅印发《关于培育和践行社会主义核心价值观的意见》［N］．光明日报，2013-12-24（01）．

［304］中共中央关于全面推进依法治国若干重大问题的决定［N］．光明日报，2016-10-29（01）．

［305］刘社欣．社会主义核心价值观的践行理路［N］．中国社会科学报，2018-11-05．

四、网络资料

[306] 韩震. 加快构建中国特色哲学社会科学的意义 [EB/OL]. http：//news. cssn. cn/zx/bwyc/201705/t20170517_3521342_1. shtml，2017－05－17.

[307] 习近平. 解决中国的问题只能在中国大地上探寻适合自己的道路和办法 [EB/OL]. http：//www. xinhuanet. com/politics/2014－10/13/c_1112807354. htm，2014－10－13.

[308] 习近平在全国宣传思想工作会议上的讲话 [EB/OL]. http：//www. cac. gov. cn/2014－08/09/c_1115324460. htm，2014－08－09.

[309] 学习小组. 习近平在兰考县委常委扩大会上的讲话 [EB/OL]. http：//www. xinhuanet. com/politics/2015－09/08/c_128206459. htm，2015－09－08.

[310] 中国互联网络信息中心. CNNIC 发布第41次中国互联网络发展状况统计报告 [EB/OL]. http：//www. cac. gov. cn/2018－01/31/c_1122346138. htm，2018－01－31.

五、外文文献

[311] Anthony Y. H. Fung, Erni J N. Cultural Clusters and Cultural Industries in China. [J]. Inter－Asia Cultural Studies，2013.

[312] James F. Paradise. China and International Harmony：The Role of Confucius Institutes in Bolstering Beijing's Soft Power [J]. Asian Survey，July/August，2009.

[313] Joe Tin－yau Lo, Suyan Pan. Confucius Institutes and China's Soft Power：Practices and Paradoxes [J]. Compare A Journal of Comparative & International Education，2016.

[314] Joseph S. Nye, Jr. Fear Factor in U. S.－China Relations [J]. Financial Express，January 14，2008.

[315] Joseph S. Nye, Jr. Recovering America's "Soft Power" [J]. Korea Times，December 18，2007.

[316] Joseph S. Nye, Jr. The Challenge of Soft Power [J]. Time Magazine，February 22，1999.

[317] Joseph S. Nye, Jr. The Impressive－But Limited－Soft Power of the United Nations [J]. The Daily Star（Lebanon），November 14，2007.

[318] Joseph S. Nye, Jr. Think Again：Soft Power [J]. Foreign Policy，March 1，2006.

[319] Joseph S. Nye, Jr. Will China Dominate the World? [J]. Miami Herald, February 6, 2008.

[320] Joseph S. Nye, Jr. The U. S. Can Reclaim Smart Power [J]. Los Angeles Times, January 21, 2009.

[321] Li Daoxiang, Ma Jiatai. Cultural Soft Power and China's Improvement [J]. International Understanding, 2015.

[322] Nossel Suzanne. Smart Power [J]. Foreign Affairs, March/April, 2004.

[323] Edward Burnett Tylor. The Origins of Culture [M]. New York: Harper and Row, 1958.

[324] Henri Tajfel. Social Identity and Intergroup Relations [M]. Cambridge: Cambridge University Press, 1982.

后　记

　　习近平总书记在庆祝中国共产党成立100周年大会上的讲话中强调："新的征程上，我们必须坚持大团结大联合，坚持一致性和多样性统一，加强思想政治引领，广泛凝聚共识，广聚天下英才，努力寻求最大公约数、画出最大同心圆，形成海内外全体中华儿女心往一处想、劲往一处使的生动局面，汇聚起实现民族复兴的磅礴力量！"❶ 新时代新征程，在世界面临百年未有之大变局之际，培育社会主义核心价值观、对社会主义核心价值观形成最广泛最深刻的价值共识，具有重大的时代价值和历史意义。

　　自古束书不观、游谈无根乃为学大忌。面对"社会主义核心价值观的价值共识问题研究"这样一个宏大的学理命题，前人成果甚夥，欲别出机杼，创立新说，可谓难矣。我坚信，业精于勤，行成于思。本书的写作就是沿着通幽曲径领略学术的激情与神圣，不可刻日而求，躁心以赴。记不得有多少次在多元价值观、社会主义核心价值观、价值共识等关键词中沉潜反复，记不得有多少次以古人的焚膏继晷精神自我砥砺，也记不得有多少次因为苦思冥想的问题茅塞顿开而欣喜不已。通过大量典籍的精读，含英咀华，心有戚戚，我真正明白了什么叫作文化的生命气场。回首研学之艰辛，确是一次自我与自我生命的修行之旅，身心似乎也被洗涤澄澈。

　　感谢我的恩师东北师范大学郭凤志教授，本书的主体框架、撰写体例、行文逻辑，都是恩师拨冗指迷与倾心教诲的结果。仰之弥高，钻之弥

---

❶ 习近平. 在庆祝中国共产党成立100周年大会上的讲话［N］. 光明日报，2021－07－02(02).

坚。恩师豁达雍容之度，鼎力扶持之恩，不胜感铭。无论读书期间还是毕业之后，恩师是永远在身后默默关心和支持我的人。感谢我的同事李挺宇老师给予我的鼓励和支持。

  本人学识有限，书中纰漏、瑕疵在所难免。所有的遗憾都会在未来的日子成为我继续思考的起点，并真诚接受各位读者的批评指正。